運輸系統導論

Introduction to Transportation Systems

Joseph Sussman　著

吳建平　譯
英國南安普敦大學交通運輸工程博士

五南圖書出版公司 印行

Introduction to Transportation Systems

Joseph Sussman

Artech House
Boston • London
www.artechhouse.com

序　言

…準確說正是顯而易見的東西需要被指出來——否則，它將被人們忽視。

Peter F. Drucker

1994 年，我在 MIT 運輸系已經執教 26 年，曾經在 70 和 80 年代對 MIT 運輸系的研究生多次講授過《運輸系統導論》這門課程。在那一年，我又有機會講授這門課程，與以往不同的是，這一次，這門課程已經成為 MIT 所有運輸科學的碩士研究生第一年的必修課。

近幾年，我有幸擔任國家運輸研究委員會（TRB，美國國家研究委員會下屬單位）執行委員會主席一職，因此有機會參與一些令人振奮的運輸論壇，討論運輸以及運輸在現實世界的作用，包括各種科技的、系統的和組織機構的問題討論。TRB 每三年推出一個「運輸關鍵問題」的陳述報告，而 1994 年恰好趕上。我集中大量精力發掘問題，協助開發該陳述報告，以便使它能從一個平衡和具有前瞻性的角度反映整個運輸世界。

我從華盛頓學術休假回來已經兩年，1991-1992 年我在華盛頓參與了謄寫《IVHS 美國戰略計劃》，一個 20 年期的，當時稱為「智慧車輛和公路系統」，現在稱為「智慧運輸系統」的研究、開發、測試和實施戰略計劃。那段經歷使我學會了如何在現代技術的基礎上開展大型運輸系統的研究和實施。

1991 年，我有幸成為 MIT 第一位 JR 東方教授（由日本東方鐵路公司授予）。在建立日本東方鐵路公司和 MIT 之間合作關係的過程中，讓我對另一個截然不同的運輸體系有了深入的瞭解和領悟。而在曼谷的一項解決交通擁堵的長期專案也擴展了我的專業視野。

在這樣的背景下，我開始重新講授這門課程。鑒於以上實踐經驗，我對運輸問題的細微之處有了更廣的理解，我開始重新設計這門介紹性的課程，以期讓這門課程比我早期的更能為運輸系統提供一個更廣泛的和更概念化的視角。

我決定將講課內容進行錄音，時間大約為 44 小時，並寫成一本大約 20 萬字的講義。最初的講義很粗糙，富有經驗的教授可以清楚地看出未刪節的講義中有許多累贅文字、重複的話以及描述不清晰之處。儘管如此，講義中還是有部分文字對運輸系統表達了清晰的資訊。

在編輯講義的過程中，我覺得有一定必要保留課程的演變和構造，及其非正式的、對話式的語調。我要努力把握這門課以使讀者瞭解它的知識內容已經發展了。讀者將會在書中的學生提問中發現錄音講課的痕跡。

　　從 1995 至 1999 年，每年秋季我都講授這門課程，並不斷改進課程內容，而且還結合進了一些全新的講授內容。

　　本書可作為運輸系研究生《運輸系統導論》課程一個學期的教學內容。它描述了我認為是運輸系統基本概念元素的內容，以及如何開始入手分析和設計某類運輸系統。

　　本書分三部分：第一部分稱為「背景、概念和特徵」，介紹了各類運輸系統的基本構成物質、系統運營的環境及其運行特徵。第二部分介紹貨物運輸，第三部分介紹旅客運輸方面的知識。儘管第一部分列出了運輸系統的基本要點，讀者可以跳過這部分直接閱讀後面有關貨物和旅客運輸的內容。

　　書中有一些章節含有數學內容；但這些章節的數學細節掌握與否不影響讀者對以後內容的理解。同時，讀者也應注意到這些章節所採用的數學處理不是非常嚴格的，而是帶有啟發性質的。對數學過程感興趣的讀者應參考閱讀其他大量運輸專業文獻。

　　我希望運輸領域的學生、教師以及實際工作者能發現此書在這個令人振奮的領域的研究和實踐工作中有一定的價值。

Joseph M. Sussman

感　謝

　　此書是在運輸領域內 30 年的教學、研究和諮詢經驗的基礎上寫成的。在此期間，我有幸任職於一些非常有名的地方--數量太多在此不一一列舉。這裏我要特別感謝在 MIT 和各專業協會，如運輸研究委員會（TRB）和美國智慧交通協會（ITS America）的諸位同事。透過與他們的聯繫，我目睹自己在運輸領域的眼界，從一個狹窄的建模觀點發展為書中介紹的一個更廣闊的，基於技術/系統/組織機構的觀點。

　　許多 MIT 的研究生為此書稿的準備提供了很大幫助，參與了文字錄入、書本格式、文字編輯以及繪製複雜圖表的工作，他們是 Camille Tsao，Louisa Yue，Michael Finch 和 James Grube。這裏我還要特別感謝每位參與《運輸系統導論》課程教學的助教，從 1994 年開始，按時間順序他們是：William Cowart，Daniel Rodriguez，Lisa Klein，Sarah Bush，Chris Conklin 和 Elton Lin。他們每人都為課程的講授以及書稿的改進作出獨特的貢獻。還有此期間選讀本課程的學生，他們在幫助我形成論點和陳述方面起了重要的作用。

　　十分感謝 Jan Austin Scott，她經歷了此書稿無數次的修改，並在修改過程顯示出她的一雙敏銳的眼睛、良好的語感和較高的品位。她的幫助和支援對展現在讀者面前的這本書的完成起了不小的作用。Denise Brehm 和 Terri Lehane 也在早期書稿修改過程中給予了有價值的幫助。

　　儘管此書稿的完成得益於許多人的閱讀、審核和建議等，書中任何錯誤和不清晰之處都由作者負責。

作者簡介

　　Joseph M. Sussman 博士是麻省理工學院工程系統部土木和環境工程系的 JR 東方教授（由日本東方鐵路公司授予），他在該學院從事教學和科研工作達三十二年。

　　Sussman 博士在多種模式環境下的大型運輸系統的規劃、投資分析、運營、管理、設計和維護等專業領域有深入的研究。他對美國和日本的鐵路服務可靠性、鐵路運營、貨物車輛維護和軌道維護、高速鐵路和鐵路風險評估等方面的研究對鐵路工業有深遠的影響，發表了數篇獲獎文章。

　　Sussman 博士還從事智慧運輸系統（ITS）方面的工作，參與制定美國 ITS 發展國家計劃。在任職美國 IVHS 協會首席傑出學者期間（1991-1992），他是撰寫 IVHS 戰略計劃的核心小組成員之一。這是一個 20 年期的研究、開發、測試和實施計劃，構成美國 ITS 的發展雛形。他曾參與多個大型專案，如曼谷「智慧交通走廊」開發，ITS 與美國國家資訊基礎設施（NII）的關係研究；西歐、日本和美國 ITS 發展計劃的對比研究；馬里蘭 ITS/商用車輛實施的戰略規劃；區域 ITS 框架構建方法研究等。目前，Sussman 博士為美國 ITS Quarterly 雜誌「Thoughts on ITS」專欄執筆，並擔任 2000 年 5 月年在波士頓舉行的 ITS America 年會程式主席。

　　Sussman 博士於 1961 年獲得紐約城市學院土木工程學士（B.C.E.）學位；1963 年獲 New Hampshire 大學土木工程碩士學位，1967 年獲 MIT 土木工程系博士學位，並於當年加入麻省理工學院。從 1977 至 1979 年，擔任負責教學的工程學院副院長；1980-1985 年擔任土木工程系系主任，1986-1991 年擔任運輸研究中心（CTS）主任。

　　Sussman 博士是美國土木工程師協會、運輸研究論壇的會員，1991-1998 年擔任交通研究委員會執行委員（TRB Executive Committee）。1995 至今擔任美國智慧交通協會（ITS America）董事會成員。他發表了大量的文章，並廣泛為美國和國際上的運輸公司、政府機構和委員會提供諮詢和講課。他還是 TRB 的聯邦運輸研究、開發戰略觀察委員會的首任和現任主席。

目　錄

PART 2　貨物運輸

PART 3　旅客運輸

背景、概念及特徵

Chapter

緒論：背景、概念及特徵

簡介

本書的目的是引導讀者進入運輸系統的殿堂。

我們把討論焦點集中在以下基本概念：運輸系統特徵的描述；運輸系統的構成；運輸網路的思想。在本書的第一部分，透過一個簡單的例子，我們確立了運輸系統的 30 個關鍵要素。毫無疑問，理解這 30 個關鍵要素對於從廣度上掌握運輸系統的性能十分必要。同時我們引入了模型和框架的概念，來實現對運輸系統的抽象，基於這種抽象，可以對運輸系統進行分析和設計。然後，在本書的第二、三部分分別介紹了貨物運輸和旅客運輸。

關注基本原則

本書討論的方法具有通用性，而且適用於地理位置不同的所有運輸方式。我們給出了一個解決運輸問題的基本框架。

當然，對運輸問題的看法是因人而異的，因此，書中的有些觀點可能引起部分讀者的興趣，而其他讀者則可能感受不到。而我們認為，有一些基本原則是運輸領域的基石。本書將介紹這些基本原則。

運輸：一個廣闊的領域

運輸是一個廣闊而又無處不在的領域，具有重要的政治、經濟以及社會意義。我們把眼光投向哪裡，哪裡就有運輸。我們每天上下班，收到優比速（United Parcel Service, UPS）送來的貨物，驅車去超市買東西，超市的東西也是用卡車運輸的，運輸所造成的環境問題同樣也困擾著我們。因此可以說，運輸已成為我們日常生活密不可分的一部分。

運輸與社會、政治、經濟環境

在世界的任何一個地方，交通運輸對政治、經濟、社會都十分重要。它可成為公共政策的主要調節槓桿，公共機構貫徹實施公共決策，往往透過運輸投資來實現。

此外，私人機構也在交通運輸領域大量投資。例如，許多國家（特別是在美國）都建立了與汽車有關的工業基地，汽車製造已經成為美國經濟的支柱產業。

幾乎在世界上的每一個國家，運輸業都提供了大量的就業機會。印度擁有雇員最多的公司是印度鐵路運輸公司。當我們審視印度鐵路的效率（印度鐵路的生產率很低）和勞動力數量（很明顯，我們可以用更少的人完成運輸任務）時，我們應該從一個廣闊的視角對其認識，即我們正在創造最主要的就業來源。進行優化決策時，不能簡單地說：「削減鐵路的職工總數吧！」。

在美國，國民生產總值（GDP）的13%都與交通運輸相關，20年前是20%。運輸業在GDP中所占比重的下降是因為美國的經濟與服務業的關係越來越密切（而不是製造業和農業）。在欠發達的國家，與運輸業有關的產業在GDP中的比重可能更大。

在交通運輸領域，我們制定的是長期的基礎設施決策。修建像波士頓中央大道／隧道一樣的鐵路和公路設施。這些設施十分昂貴，而且使用期很長，對我們的生活有巨大的影響。

運輸業對實際使用運輸系統的人都有影響，影響著運輸業的雇員、經營者、所有者。然而，它也對其他人產生影響，例如，住在鐵路線附近的人可能幾乎得不到任何好處，相反地，10分鐘就要通過一輛火車對他們是一種嚴重困擾。再比如，汽車導致都市空氣品質下降，都市居民深受其害。

理解運輸系統的維數

運輸系統是多維的。研究交通問題時，考慮以下幾個方面將對解決問題有所裨益：
- 技術；
- 機制；
- 制度。

技術

技術是指運輸系統的動力裝置、燃料、道路（如鐵路、公路），以及導向和控制裝置。技術也包括材料科學，以及材料在道路和車輛發展中的應用。

機制

第二個方面是機制。在此，我們把焦點放在網路分析和建模上，以及交通供給和需

求如何相互作用而產生運輸網路上的交通流。我們將從運營者和客戶兩個角度研究微觀經濟學，它決定了交通運輸系統的行為。

制度

第三個方面是**制度**。我們可以把制度看作一種實用方法，使人們能透過現實世界的運輸系統完成任務。交通運輸系統的運營和調度不能光靠自身來完成，需要人們的組織工作，而這種組織工作需要在複雜的社會、政治、經濟的環境下實施。

當然，波士頓中央大道／隧道專案也不能封閉進行，政府的代理機構參與了實施。作為運輸專業人員，我們參與處理各種關係，如聯邦政府和州政府層面的關係。我們還必須關注麻薩諸塞州和波士頓與經營這個項目的私人建築公司的關係。此外，我們還要關注波士頓的商人和雇主們，他們希望確認在 10 年的建設工期中都市的發展不會失去活力。

某些情況下，我們還必須考慮私有的盈利組織與政府組織的關係，如鐵路和航空公司。對於公共安全和經常乘客的適度經濟保護，政府組織負有不可推卸的責任。

這些是制度上的問題和考慮。僅僅因為我們有令人滿意的技術和交通運輸系統，就認為交通運輸業會自行運轉的想法是幼稚的，制度建立後才能做到這一點。

可以這樣講：

運輸系統不是發射火箭工程——它要麻煩得多。

這個結論是運輸系統與眾多的社會問題相互作用的結果。交通運輸系統與經濟、環境、政治存在著千絲萬縷的聯繫。我們面對的是一個日益增長的全球經濟，政治和社會組織正發生著根本性的變化，日益先進的技術層出不窮，交通運輸將會成為更加重要的領域。我們從基本的層面上理解交通運輸十分迫切，就是這一精神激勵我們去探索交通運輸系統的本質。

複雜、巨大、集成、開放的系統（CLIOS）

交通運輸系統是一類涉及廣泛的系統，我們稱其為 CLIOS（Complex, Large, Integrated, Open System，複雜、巨大、集成、開放的系統），其組成部分描述如下[1]：

當一個系統由一組相關的單元（子系統）構成時，該系統就可稱為複雜的，不完善的是其子系統之間的關係本質和關聯度還不為我們所知。即使其子系統的行為很容易預測，複雜系統的總體表現行為仍很難預測。認識複雜系統的時變子系統也是很難的，在運輸系統中，這樣的例子很常見，例如，土地利用變化與運營決策。運輸系統的長期行為和短期行為可能是迥然不同的，而且很小的輸入變化和參數變化可能會產生行為上的巨大差異。

CLIOS 的影響在數量級上是巨大的，並且會長期存在，還跨越廣闊的地域空間。

CLIOS 的子系統透過反饋環路緊密而完整的結合在一起。

我們用「開放」一詞來明確地表示，CLIOS 包含社會、政治、經濟方面。

CLIOS 的行為經常不能憑直覺判斷，至少，構建預測其行為的模型是非常困難的。通常，CLIOS 的行為度量很難定義，甚至在你看來都很難認同這種做法。在 CLIOS 中，往往人的作用也牽涉其中。

我們研究運輸系統時，應該以 CLIOS 的觀點進行思考，CLIOS 是一個具有眾多特徵的領域。

運輸系統的概念和描述

我們討論運輸系統概念時，會使用一個簡單的分類法來考察一下運輸系統的描述是如何定義的。然後，我們會介紹運輸系統的內部組成。隨後，討論運輸系統的環境組成：運輸系統本身以外的組成部分。透過我們的分類法，在運輸系統組成成分討論的基礎上，我們會探究網路的數學抽象，這是描述運輸系統的一種機制。

接下來，我們會分析一個電梯的實例──一個簡單而有趣的例子。電梯系統儘管在方向上是垂直的，但它也是一個運輸系統，可作為有用的教具。我們也會透過這個例子得出交通運輸系統 30 個要點。從這些要點可以知道我們如何投資、運營以及使用交通運輸系統。討論完模型和框架，及其在交通運輸系統分析和設計中的應用，我們將結束第一部分。圖 1.1 列出了提綱。

運輸系統的描述
運輸系統的組成
內部的
外部的
路網
一個簡單的例子
電梯系統
運輸系統的要點
模型和框架

圖 1.1　運輸系統的概念

　　首先，我們必須創造一個分類方法——一種運輸系統的描述。有很多方法可以描述運輸系統的特徵，圖 1.2 給出了一個不是唯一，但已被證明是有效的分類方法。

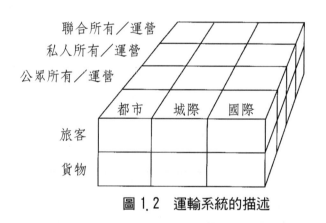

圖 1.2　運輸系統的描述

　　考察運輸系統時，對貨運系統和客運系統的進行區分是十分有用的。儘管這兩個系統的運營方式有相似性，但貨運系統和客運系統的特徵也存在本質上的區別。我們將考察都市運輸和城際運輸，也會考察複合運輸系統，最近幾年，複合運輸系統的作用尤其重要。

　　運輸系統在距離上有很大不同。人們會驅車 10 英里去上班，但飛到華盛頓有 400 英里，飛到日本有 10,000 英里。我們在城鎮間寄一封信，只有幾英里遠。而我們把貨物在城際間運送則會有幾千英里的距離，有時會穿越國家。許多幾千英里的運輸都涉及到了國際間的運輸，經常需要海洋運輸。運輸業還沒有達到外太空，但是我們會看到將來有這樣的可能。

　　運輸系統描述的另一個部分是運輸系統是歸誰擁有以及如何運營的。一種是私人、謀求盈利的組織所擁有和運營的運輸系統，一種是公共機構，如聯邦機構或地區和當地組織提供的運輸系統，我們對此予以區分。

　　通常，我們面對的是一個公私混合型企業。一個常見的例子就是聯邦公路系統。公路系統是為大眾所有的，然而，私有車輛卻在使用這一公共設施，如公路運輸公司和像我們一樣的人所擁有的車輛。

　　運輸系統也可能是完全私有或共有的。在交通運輸系統的運營中，所有者的背景十分重要。

　　這裡我們需要強調一下，運輸系統的外部有很多元素。客戶是最重要的元素，包括旅客、托運人和貨物的接收人。後面的討論中，我們將把大量的注意力放在客戶及他們的需求上。

　　下一章，我們開始討論運輸系統的組成成分。

參考文獻

1. Sussman, J. M., "The New Transportation Faculty: The Evolution to Engineering Systems, " *Transportation Quarterly*, Eno Transportation Foundation, Washington, DC, Summer 1999.

Chapter

運輸系統的內部構成

運輸系統的構成

確定運輸系統的整體分類方法後,我們現在就能討論運輸系統的構成了。我們這裡的表述不是唯一的,其他人可能以另外一種方式來表述運輸系統的構成[1]。我們從內部對運輸系統的構成進行考察,把焦點放在其實體組成(physical components)部分上。

基礎設施

我們首先討論基礎設施的概念,基礎設施是運輸系統典型的固定設備。基礎設施可以分成三類:路、終點站、中間站。

我們能看到的道路的例子很多,其中兩個就是公路和鐵路。公路是具有通用功能的道路——任何具有橡膠輪胎的車輛都可以在上面行駛。與此相反,鐵路是專用道路,這就意味只有具有合適軸距的鐵路車輛才能使用鐵路的基礎設施。我們也經常討論我們不能視覺直觀看到的、與公路和鐵路不同的道路,如空中走廊和地下管線。

接下來,我們討論第二類基礎設施——終點站。終點站與基礎設施的線路部分不同,終點站是各式各樣,如波士頓市區的公車終點站,鐵路貨場、航空港、都市公車系統的街邊拐角處的停車站。具有調度功能的終點站管理車輛的始發,在終點站貨物和旅客也能進入或離開系統。除此之外,終點站也具有庫存功能。夏季或夜間,終點站可以儲存鐵路的空車或學校的公車。最後,終點站可以作為複合運輸方式的換乘節點,例如,人們可以在終點站從航空港的航空運輸換乘到計程車進城。

中間站是基礎設施的另一示例,當乘坐地鐵時,我們可以在很多中間站上下車。

運具

運具是運輸系統的另一個組成部分,在很多運輸系統中都有運具,但不是所有的運輸系統都有運具。例如,管道運輸系統中就沒有運具。不同於道路,中間站和終點站等是系統固定設備,運具是系統的移動設備。

運具的類型多種多樣,包括小客車、卡車、鐵路機車、飛機。運具的重量、使用壽

---

[1] Edward k. *Morlok's Introduction to Transportation Engineering and Planning*, Mc Graw-Hill, 1979, is an excellent general reference Chapter 3 deals with the relationship between the transportation system as a whole and the requisite elements of the system.

命和防撞性能都依賴於運具的製造材料。因為輕型運具節省能源，但安全性能稍差，因此，運具通常存在效率與安全性能的平衡的問題。

　　想想汽車、火車機車和飛機，就能發現每種運具都有自己的動力裝置。也有許多運具不能單靠自己的力量移動。鐵路的貨車車輛需要機車的牽引。卡車運輸業中，貨櫃和拖車為了從一個地方到另外一個地方，不得不用一個牽引車牽引。我們用運具有無推動裝置來區分運具類型。

裝備

　　我們說的「裝備」是運輸系統的另一個組成部分。把它放入引號裡面是因為它並不總是字面上的意思。裝備是方便運輸企業運營的所有機具的總稱。例如，在複合運輸樞紐，起重機把平板卡車上的貨櫃舉起放到防盜貨櫃船上，起重機就是裝備的例子。鐵路鐵軌的養護設備也是一種裝備。

　　對於旅客運輸而言，機場的行李處理設備是輔助性的裝備，但卻是必須的。我們也可以把下列工具粗略的歸入設備一類，如油料、沙石、路鹽的儲存設施以及道路除雪設備。

動力系統

　　動力系統是交通運輸系統的組成部分之一。動力系統包括推動車輛的電力馬達。點火裝置和內燃機是通常使用的動力系統的例子。動力系統通常決定了車輛的最高速度和加速性能。有些動力系統採用了再生制動（regenerative braking），再生制動把耗費在制動上的能量重新蒐集起來，備做他用。

　　人力也是動力系統的一種形式，如自行車或步行。在發展中國家，畜力也是一重要的動力系統。使用風力的帆船，在歷史上是十分重要的動力系統，現在仍然用於娛樂用途。

燃料

　　燃料也是交通運輸系統的組成部分之一。汽油、天然氣、柴油、乙醇、甲醇、煤等均可以作燃料。運輸系統燃料的成本和效率具有很大的利潤空間。而且，運輸系統對環境的影響與其使用的燃料密切相關。

電力也是一種燃料。紐約的地鐵系統就是靠電力運轉的，日本、法國和美國的少部分城際間鐵路也是如此。電能主要由煤生成，通過高壓電線輸送，由車輛上的車載電動機驅動車輛。而另一方面，電力汽車使用儲存在電池內的電力來驅動電力馬達。

太陽能是電力汽車的可能燃料，這種汽車配備了太陽能電池，太陽能電池將太陽能轉化為電力。在運行中，依靠用太陽能面板來充電的電池驅動汽車的想法是非常有潛力的重要思想。

內燃機是世界汽車工業的核心和靈魂。絕大多數車輛都使用汽油內燃機。正如 1973 年和 1979 年的石油危機所證明的那樣，依賴國外石油的地理政治狀況對美國十分重要。石油的短缺及環境問題促使人們對車輛動力的其他來源進行更多的研究。對混合型車輛的研究和發展正在開展之中，這種車輛同時採用內燃機和電池來提供電力馬達的動力。支援混合型車輛的想法認為電池能夠處理加速過程中的動力高峰從而充分改善汽油消耗額定，即一加侖汽油所行駛的里程。

一般我們並不把重力作為交通動力的來源。所有騎過自行車或慢跑過的人都知道下山要比上山容易一些。實際上，交通公司利用重力作為其運輸企業動力系統的一部分。比如，Norfolk Southern Railroad 是一條運煤的軌道。Norfolk Southern Railroad 將空的運煤車運到山上裝煤，讓滿載的煤車下山到達維吉尼亞的 Newport News 港用於國內使用及國際出口。Norfolk Southern 利用其煤炭資源的開採並使用重力作為將滿載車輛運到港口的動力，這樣做不僅節約能源還意味著大量金錢的節省。

控制、通訊及定位系統

運輸系統的其他基礎部分是控制、通訊及定位系統。這些部分是控制車輛、基礎結構和整個交通網絡的各種方法。通常，控制部分是由人來充當，比如汽車、火車或飛機的駕駛員。人為控制部分也可以是運輸控制者，他不在車輛附近，但透過向駕駛員發送指令來實際控制這個系統。將乘客分派給各計程車的出租車調度員是運輸系統人為控制的另一個例子。

控制、通訊及定位系統除人為因素外還有技術因素。比如，有人認為交通信號——紅燈、綠燈和黃燈是控制運輸系統的一個因素。交通標誌（包括靜態的和可變的）也具有類似的功能。

在某些運輸系統，我們使用基於全自動車輛（即沒有駕駛員駕駛的車輛）基礎上的

控制系統。許多機場採用全自動車輛在各個站間運載乘客。

　　為了避免碰撞，軌道採用區間控制系統來防止列車進入有另一列車停靠的區間。顯然，在區間的長度、能力及安全性間應該有一個平衡。

　　在運輸產業，作為運輸企業的定位系統，一個越來越重要的相對較新的技術是衛星通訊和全球定位系統（Global Position System, GPS）。利用GPS，人們可以定位單一車輛並有幫助駕駛員完成導航任務的潛能。比如，駕駛員可以在其車內安裝GPS感測器，通過該感測器，中心系統可以跟蹤該車輛，並做出我們所希望的有關駕駛員從起點到目的地如何選擇線路效率最高的判斷。

基礎實體組成部分小結

　　下面我們來總結一下以上所討論的運輸系統的基礎組成部分（見圖2.1）。

基礎結構

路

終點

中間站

車輛

設備

動力系統

燃料

控制、通訊及定位系統

圖 2.1　運輸系統實體組成部分

操作者

勞動力

　　在我們需要關注的眾多運輸系統操作者中，第一個就是勞動力。在系統控制的討論中我們已經提到過勞動力，勞動力包括列車駕駛員、飛機駕駛員、計程車調度員、航空控制員和貨車司機。

　　在勞動力分類中，還包括與系統安全有關的人員，如執行酒後駕駛法規、限速以及

控制交通的警務人員。其他勞動力包括各種維護及施工人員，他們對基礎設施、車輛、控制系統等進行維護和建設。還有麻薩諸塞州海灣交通局（Massachusetts Bay Transportation Authority, MBTA）的收費員以及麻薩諸塞州收費公路（Massachusetts turnpike）的收費員。這些人並不直接提供交通服務，而是提供一個使交通更加安全、有效進行的環境。

我們發現，勞動力在某種程度上正被技術所取代。比如，電子收費已經被世界上的很多地方採用。電子收費的概念是由路邊的感測器讀取用戶車內的轉發器，對用戶進行確認後，從其帳戶內劃撥適當的費用。該系統因為消除了停車付費而減少了擁堵。然而，從勞動力的觀點來看，這個系統則意味著更少的職位，因為不再需要人來進行收費。

同時，我們也在尋求軌道運營中的維護自動化。在近幾十年，軌道產業由於用技術替代勞動力而在不斷的縮小規模。利用電子收費、收費卡以及降低海輪的人工需求，我們可以預見到，眾多運輸企業的勞動力都將不斷縮減。

隸屬於工會的勞動力

很多運輸公司和代理都必須處理與隸屬於工會的勞動力的關係，通常是以工會的形式進行。在工會中，工人們聯合起來處理勞動保護、工資和勞動安全的問題。在美國，工會因為19世紀末20世紀初管理能力的極端過剩而產生。當然，勞工運動並不僅僅存在於交通運輸機構中，煤炭工人和其他非運輸產業也是勞工運動的最前線。在美國，從勞工運動開始，隸屬於工會的勞動力一直是20世紀交通發展中的主要力量。

在運輸產業中，一直存在著勞動衝突。在20世紀80年代初期，雷根總統使得航空控制員的工會瀕臨崩潰。貨車運輸業的Teamsters組織，是美國最強大的工會之一。紐約地鐵系統時常受到工人罷工的影響。很多年以來，紐約市公共運輸系統的勞動合同都在1月1日期滿，參加新年聚會的人們都不能確定，如果工會號召罷工的話，他們是否還能利用公共交通回家。

許多人從管理的觀點出發認為，工會是交通運輸機構無效率的主要原因並使得某些公司的狀況不能有效的參與行業競爭。一些觀點認為，該產業缺乏競爭已經對多數公眾產生了負面影響。術語「浮報雇傭」（日本的防止失業對策）用於描述工會利用他們的力量以保證不必要的工作崗位。浮報雇傭的一個典型例子是柴油機車上的消防員。雖然

當機車使用燃煤蒸汽機驅動時，消防員的作用十分重要，但是在當代的柴油和電力列車上，他們的作用微乎其微，並且這些工作崗位最終已經消失了。

管理職能

下面，我們談論運輸管理。管理人員趨向於成為管理巨人 Peter Drucker 所說的「知識工人」。管理人員是採用一種高明的方式利用知識和資訊來發展企業的人。許多職能都隸屬於管理的範疇。

市場

市場是一項管理職能。事實上，每一個交通運輸機構中都有人在思考：他們的客戶需要什麼？他們的客戶如何評價他們提供的服務？為了獲取更大的市場份額，公司應該做些什麼？市場對於任何行業都是一項基礎職能，當然也是運輸的一項基礎職能。

市場是公共交通運輸機構和私營交通運輸機構對比最強烈的地方。簡單說，公共機構在這些年中一直存在著從根本上忽視市場職能的趨勢。「人們想用這項服務就會用，不想用就不會用，我們經受得住。」

另一方面，像美國航空公司這樣的私營公司會花費大量資金來研究人們需要哪種服務並估計人們願意為各種服務支付的費用。私營公司還利用戰略方法來建立市場份額。除了與其他的航空公司競爭外，美國航空公司還參與其他運輸方式的競爭，比如客運高速鐵路。

運輸與通訊間的競爭

航空公司還考慮參與通訊系統的競爭，現今的通訊系統可以為旅客提供一個進行交易的全新方式，而進行交易在傳統上是需要面對面商談的。

波士頓《週日環球報》在 1994 年的一篇文章中討論了關於電話的問題。在過去的 10 年中，在有代表性的一天內由 AT&T 公司提供服務的長途電話使用數從 1984 年的 3,700 萬／天增長了大約 5 倍。在一個起源於 19 世紀的成熟產業中，10 年間 400% 的增長是十分顯著的，並且這種增長還在持續快速進行。

為什麼會這樣呢？現在，人們有車載電話和傳真機，並在更加廣泛的領域使用著電話。長途電話的增長有力地說明了通訊作為運輸的替代品的概念。這個國家在過去 10

年中有多少旅次由於電話使用的五倍增長而取消？另一方面，引發了更多旅行的通訊水平又產生了多少經濟活動？有人認為，通訊會增加或減少交通需求。目前，我們還沒有關於這個問題的答案。國家資訊基礎設施（NII）是這項新業務的核心。電話資料表明通訊是一個競爭者，交通運輸機構中的行銷人員應該考慮到這一點。

戰略規劃

　　戰略規劃是運輸管理人員需要處理的另一個領域。戰略規劃人員關注資金規劃的問題，提出諸如「我們是否應該建設更多的基礎設施」的問題。在公共機構中，戰略規劃人員會問「我們是否應該修建更多的道路？」，而在鐵路機構中，這個問題會變為「我們是否應該修建一條新的鐵路或是否應該增建一條新的軌道線路來提供某個起點和終點間的服務？」戰略規劃者必須對如何在交通企業投資中做出切合實際的決策。像大多數企業一樣，交通企業的投資決策是很複雜的。投資預算需要戰略規劃者在經濟變化的不確定情況和通常不清楚其競爭對手舉動的條件下，對未來的交通進行預測。

運營

　　運營是管理的另一個領域。運營管理是從客戶服務和運營成本的角度關注目前系統的運營狀況。增加基礎設施是一項戰略決策。另一方面，還包括運營管理者做出的戰術決策，比如公車時間表及因惡劣天氣而取消班次。人們要做出各種運營決策以保持運輸系統以高效、安全的方式運營。

　　當然，為了確保進行適當的投資，保證服務能夠滿足客戶的需求，戰術運營人員、戰略決策人員及行銷人員間應該進行有效的協調。

運營與行銷的矛盾

　　矛盾在運輸行業是一個重複的話題。在運輸產業中，運營人員和行銷人員經常存在矛盾。

　　在此，我使用「矛盾」這個詞時並沒有輕蔑的意思，這是工作矛盾，很可能是創造性的矛盾，而不是個人的矛盾。

　　行銷人員希望提供高品質的服務。簡單來講，他們希望最大限度的增加收入。行銷人員希望為交通消費者提供多方面的、直接的、連續的並具有高品質的服務。行銷人員

主要是使公司的收入最大化。

簡單說，運營人員是以市場為導向的，他們通常會注重成本的最小化。運營人員希望進行高效的、有成本效益的運營。

需要重申的是，收入最大化與成本最小化之間存在著矛盾。這種矛盾存在私營的營利性機構中，當一些管理者努力最大化收入而另外一些人努力將產生最佳利潤的不必要成本最小化時，與利潤最大化未必一致。但是，力求提供高品質服務與力求系統成本效益最大的代表者之間的矛盾實際上存在於每一個交通運輸機構中──包括航空業、貨車運輸業、鐵路業及公共交通。

維護管理

維護包括基礎設施維護以及車輛維護，包含維護在內的其他管理職能是重要的管理工作。

資訊管理

資訊服務是時代的標誌，是管理職能的一部分。一些交通運輸機構中設置了CIO，即首席資訊員，負責保證企業充分利用資訊技術。

運營研究

在很多交通運輸機構中，還有「運營定量解析研究小組」，負責為運營計畫和機構的其他部分提供支援。

經營管理

經營管理是整個管理體制的另外一種概括。經營管理包括經營任何類型企業所需的各種職能，不論該企業是公有的還是私營的。比如，交通運輸機構通常設置一個法律部門。私營機構經常設置管理人員，來負責處理與公共部門中制定規章的人員的關係。在運輸企業，有負責勞資關係的人員，同時，由於交通運輸機構不得不經常求助於政府的資金市場，還有負責財政的管理人員。

由於技術的運用，管理工作正在逐漸消失──這種現象不只存在於勞動力當中。很多交通運輸機構中的中層管理也已經大幅度縮減。

上述均屬於管理的範疇。其中的一些職位、職責和職能由於機構在運輸領域的運作，已經發生了特殊的轉變。

運營計畫

現在，在系統運營中除人員、勞動力及管理外，我們還需要有運營計畫。運營計畫包括各種要素。人們很難確定其完整性。我們研究一些範例，來說明一個運營計畫所包含的內容。

時刻表

時刻表是一個運營計畫中的重要要素。火車何時出發？飛機何時出發？公共汽車何時出發？在不同的行業中對時刻表有不同的態度。在某些情況下，準時是服務的一個十分重要的屬性。在其他情況下，時刻表十分寬鬆，並非嚴格遵守。因此，各行各業在時刻表設計和實際執行中都會提出一些有關時刻表的變數。一般說來，準時在旅客運輸中比在貨物運輸中更加重要。

員工分配

運營計畫中的另一個要素是全體工作人員的分配。你怎樣管理全體工作人員——如機組、列車乘務組或公共汽車司機——並分配他們做各種工作？我想，如果你問典型的商人「這個困難嗎？或這個容易嗎？」答案會是：「在我的工作中，這很容易。我到我的工廠裡，告訴他們 8 點上班，4 點下班，所有的事都有條不紊。有時，某個人生病，我會請一個臨時工或讓某個人加一個班。這並不是大問題。」

當然，他們的工廠並不像運輸系統中的車輛那樣運轉。交通業中全體工作人員的分配是很困難的。因為勞動力是很昂貴的，因此，做好工作人員的分配十分重要。在研究機組的時間表時要做很多工作，比如，要考慮一個機組人員可允許的、能夠持續工作的小時數；機組每月休息的天數；成本最小化；使飛機駕駛員與其能夠駕駛的飛機相匹配等等。工作人員的分配在數學上和操作上都是一個困難的問題。

在公共運輸行業中同樣有分配員工的工作。同樣，也是困難的。在公共運輸行業，全體人員的分配之所以困難是因為人們對是否來工作並不十分確定。公共運輸行業中的

曠工程度可以與美國任何行業相抗衡。

公共交通運輸行業中人員安排上的另一個問題是運輸服務的雙峰式需求。很多人希望上午 7 點至 9 點及下午 4 點至 6 點使用公共運輸服務去工作和下班，但從上午 10 點至下午 3 點公共運輸工具乘客人數顯著下降。我們該怎樣為這種有雙峰式特徵的系統安排司機呢？一種方式是安排他們每天兩班制工作，即所謂的「交替分次輪班」。人們通常都不喜歡交替分次輪班，其原因，我想那些為了生計而工作的人都能夠理解。也許，這種交替分次輪班就是部分人曠工的原因。人們如何以一種有成本效益的方式來實際運作一個具有這種需求特徵的系統呢？

流量分配

在運輸系統中，我們經常注意到運輸流量所固有的不均衡性。比如：早高峰和晚高峰。早晨，人們要從郊區到波士頓；晚上，又要回到郊區，存在一個主要流量的不均衡。流量在一天內最終是均衡的，但存在著實質上的短期的不均衡。

在貨運系統中同樣存在這種不均衡。從農村地區到都市的貨物流量與從都市到農村地區的流量相差甚遠。

這種不均衡經常會產生將空車重新分配到需要的地方的需求。在認識到運輸在本質上是不均衡的情況下，重新分配運輸系統中的車輛的方法是運營計畫的一個要素。

連接模式：軸輻式網路（Hub-and-Spoke）

運營計畫的另一個重要職能是定義連接模式。航空業中一個最普遍的連接模式是「軸輻式」網路運營。在這種服務中，中心用以合併交通——人們從幾個不同的都市流向中心地區，在中心地區被合併在一起。乘客們從起點 1、2、3 被合併到一個點，可能是較大的機場，而後流向終點。有時，乘客們甚至可能匯聚在「兩個中心」，通過兩個中心從起點到達終點（見圖 2.2）。

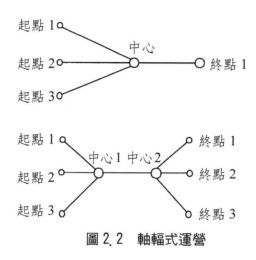

圖 2.2　軸輻式運營

　　雖然它在紙上看起來很容易，但實際運作一個軸輻式系統是相當複雜的。操作者必須考慮連接模式、從一個機場到另一個機場所需時間以及系統對惡劣天氣的敏感度。一個中心的惡劣天氣會對整個系統產生長時間的負面影響。

　　運輸網路的連接模式是運營計畫的一個重要要素。車輛的時序安排、路線選擇以及通過該系統的人是一個基本的問題。

服務成本與服務水平平衡

　　交通運輸機構很關心他們提供的服務水平。如圖 2.3 所示，服務水平是依賴於連接模式的。

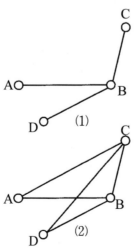

圖 2.3　兩種連接模式

　　比如，從 A 到 C，我們是否應提供直接的高品質的服務（見圖 2.3⑵）或我們是否將節點 B 和節點 D 的乘客合併到了一個從 B 到 C 的航班（見圖 2.3⑴）？

　　在這裡，服務成本與服務水平有著一些基本的平衡。你怎樣認為行銷主管的主張？他對首席執行官說了些什麼？是不是說：「將乘客集中到 B，沒有問題。」

　　不。

　　他可能會說：「我們來提供從 A 到 C 的直接服務。如果我們提供直接服務，乘客就會使用我們的航線。」

　　運營主管會有怎樣的反應呢？「哦，查理，這樣做有點浪費。沒人會選擇這樣的航班。提供直接服務根本就不划算。我們何不用一個小飛機將乘客運到 B，使之與來自 D 的旅客合併呢？這樣，從 B 到 C，我們就有一個適當的航空運量了。」

　　而行銷主管說：「哎呀，簡，如果我們那樣做，人們就不會選擇我們的航班了，因為我們的競爭對手提供從 A 到 C 的直接服務。我們航班的服務水平會很低，因為我們會讓從 A 到 C 的乘客停在 B 中待轉。」

　　這樣的爭論一直在進行著。我們一直在處理著成本與客戶服務水平間的平衡問題。是提供低價格、低服務品質的經濟服務好，還是提供高成本並很可能是高價格的優質服務好呢？在一個運輸系統的運營中，成本與服務之間的平衡是根本問題。這種平衡中所包含的問題通常比這裡所表現的更加複雜；但這裡給出了一個切合實際的介紹。

應急計畫

　　運營計畫的最後一個方面是應急計畫的概念。在應急計畫中，需要考慮的問題是，「出問題的時候，我們怎麼做？我們怎樣決定該如何調整運營計畫以應對天氣、服務需求的變化以及事故──比如列車出軌事故？」因為很多事情都會發生，在眾多的不確定性面前，建立一個健全的運營計畫是十分重要的。建立一個良好的應急計畫通常需要配置額外的資源，諸如額外的機車，用來防備高度要求的可能性。但額外的資源是很昂貴的，提供服務的靈活性也是很昂貴的，並且這些費用很可能會反映到服務價格上。這只是我們前面提到的服務水平與服務成本平衡的另一個例子。

　　運輸系統內部構成我們就討論到這裡。下一章介紹運輸系統的外部構成。

Chapter

從外部視角看運輸系統構成

運輸系統的外部構成

運輸系統的外部構成

迄今為止，我們已經討論了系統的內部情況：人員、設備、運營計畫等。除了這些內部機構外，運輸系統還有外部構成——考慮整個運輸企業時必須考慮的機構和其他團體。圖 3.1 說明了這些外部機構。

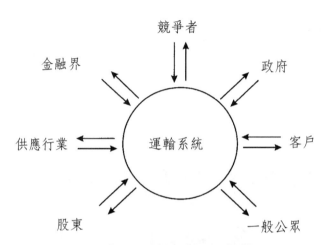

圖 3.1　運輸系統的外部機構

政府

第一個機構是政府。如果你是一個經營運輸服務的私營公司——鐵路運輸公司、貨物運輸公司等——你和政府在某種程度上是合作者（至少，你向政府納稅）。當然，政府關係到你的安全經營。

在某些情況下，政府為你提供經營系統所需的部分基礎設施（通常是免費的），貨物運輸公司靠政府的公路經營。如果你是一家航空公司，要使用公共所有的機場和航空運輸管理系統進行經營。當然，正如前面已經提到的，公共部門也為自身提供這種服務，如多數都市地鐵系統。

政府還擔心私營交通公司取得壟斷力量。其中的一些擔心可以追溯到 19 世紀末美國鐵路運輸公司掌握壟斷力量的時候。現在，100 年之後，鐵路的壟斷力量已經消失了很久，一些調節機構依然存在。而這一點當鐵路貨主的運輸需求仍別無選擇時是適用的。

競爭者

　　競爭者是運輸系統外部的第二個要素。如果你是一家航空公司,你當然會擔心與你服務於相同都市的競爭者。如果你是一家貨物運輸公司,你會擔心其他的貨物運輸公司。同時,你會擔心其他的運輸方式,如航空公司擔心鐵路運輸公司。舉例說,如果你是一家服務於美國東北走廊的航空公司,你會想知道如果沿東北走廊真的採用高速鐵路的話,會發生什麼情況。

　　正如前面已經提到的,通訊的方法可以成為交通運輸行業的競爭者。到芝加哥做生意,可以用高可靠性的傳真機、聯邦快遞公司和電子郵件來傳送資訊,而不是親自坐飛機到那裡去,其費用只是乘坐飛機的一小部分。

　　娛樂費用的競爭是另外一個例子。在美國,有相當一部分旅行的目的是度假和娛樂。如果人們決定要修理房屋而不是去度假,就會產生對可隨意支配收入的競爭,這種競爭會減少交通需求,而另一方面,家庭裝修材料的運輸會增加。

金融界

　　第三個外部機構是金融界。交通運輸行業需要資金滿足短期戰術需要和長期戰略需要。在美國,在各種證券交易所上市的許多私營運輸公司都擔心在下一個會計季度中收入會發生怎樣的變化,以及它對股價的影響。美國的商業經常具有變化過於靈敏和過於關注近期財務結果的特點。也許通常都認為,日本的商業經常具有關注長期結果並不大關心近期利潤的特點。如果美國工業的特點是正確的,則應做出使短期結果最優而在長期內無明顯效果的決策。美國的資方經常對企業可獲得的持續資金匱乏而不滿。

供應行業

　　第四個外部機構是供應行業。交通運輸機構的供應商涉及很多行業。通用汽車、福特、戴姆勒·克萊斯勒、本田等都是供應行業的一部分。他們為像我們一樣的人們提供汽車,而這些汽車反過來又被我們用於旅行。實際上,發達國家的經濟繁榮與汽車工業繁榮之間的關係已經被很好的證明和研究了。在麻省理工學院,「國際機動車輛綱要」研究了經濟增長、汽車工業繁榮和如何提高汽車工業效率之間的關係[1]。

　　通用電氣和通用汽車是供應行業的一部分,他們向鐵路運輸公司出售鐵路機車。提供燃料的能源公司,像殼牌和艾克森,都是供應行業的一部分。同樣,供應輪胎的固特

異也是供應商。波音和空中客車是航空公司的飛機供應商。提供控制技術、電腦和設備使交通運輸機構使用複雜的全球衛星定位系統和航空運輸管理系統的機構都是供應商。

我甚至還認為研究機構也是供應行業的一部分。類似於麻省理工學院、西北大學的機構和類似於 Charles River Associates 或 Arthur D.Little 的諮詢機構都可以合理地看作是交通運輸行業特殊服務的供應商。保險業也是交通運輸機構的一個主要供應商。

股東

另外，在運輸領域中，我們還有很多的股東。股東包括組織和個人，他們可能不是運輸服務的使用者或交通運輸機構服務或貨物的直接供應商，但對交通企業及其運營投資活動是非常重要的。

環保社團是股東的一個例子。倡導使交通對環境影響最小化的守恆定律基金會是環保社團的一部分。

運輸運營中，運輸基礎設施附近的業主也是股東。機場噪音幾乎是所有主要機場面臨的一個重要問題。住在機場附近的人們不斷的為飛行措施——所謂的「噪音消除」措施而活動。為了減小噪音，飛機轉移到遠離住宅的地區，尤其是在深夜。晚上的宵禁令就是一個例子。當然，航空公司、機場和倡議者之間存在一些矛盾。住在機場附近的人們非常關心他們的生活品質受到噪音的影響。而關心安全的航空公司會說，以降低噪音的名義要求駕駛員進行轉降會降低飛行安全性。

一般公眾

有人會說，一般公眾實際上是運輸企業的股東。運輸、經濟發展、生活品質和國防之間相互關聯，所有這些問題公眾都十分感興趣。因此，在不同程度上，每個人都是交通的股東。

客戶

在很多方面，客戶都是我們要討論的運輸系統的最重要的外部要素。我們在下一章介紹這個概念。

參考文獻

1. Womack, J. P., D. T. Jones and D. Roos, *The Machine That Changed the World*, New York: Rawson Associates, 1990.

Chapter

客戶及服務水平

客戶

運輸系統的客戶對於交通運輸企業十分重要，客戶可以是飛機上的旅客或煤炭經理，煤炭經理也許正在決定用哪一條鐵路來為其運輸需求服務。從運輸企業提供什麼服務的角度出發，考慮一下對客戶來說最重要的是什麼，這非常重要的。

客戶是購買運輸服務的個人或組織。客戶及其需求是交通運輸企業的生存之本。

「客戶」是 90 年代管理文獻中的時髦用語。例如，在哈默爾（Hamel）與普哈拉（Prahalad）合撰的《競爭大未來》（*Competing for the Future*）書中認為，市場機遇是交通運輸企業最重要的[1]。Drucker 認為，所有的結果對企業來說都是外部的，所有的商業目的都是客戶創造的[2]。

如果你是一個運輸業主，你的客戶真正想從你這得到什麼呢？考慮你的客戶需求的最好辦法就是考慮你的客戶的客戶在服務方面的需求是什麼。

貨物運輸客戶

貨運客戶是貨物的托運人和接收者。貨物的特點可能有很大的差異。例如通用汽車或豐田汽車從全世界各地托運汽車零件，已將其裝配成整車。一旦這些裝好的整車配送到汽車零售商，消費者在那可以購買汽車。汽車零售商就是客戶的客戶。在這個特定的例子中，有一套技術流程，把運輸的貨物如擋泥板、擋風玻璃和閘等裝配成一個整車。與其他工業一樣，貨物運輸是汽車工業一個重要的組成部分。

最近在貨物運輸方面，尤其是製造業中，有一種提法叫供應鏈管理。將運輸服務的提供者——如鐵路，看作客戶物流系統的一個組成部分。客戶在運轉其供應鏈時，由運輸企業提供可靠的貨物配送和分揀服務。

運輸企業要運輸其他的一些貨物，這些貨物與那些高附加值的「完整」產品，如電視和汽車不同。比如，我們有煤炭運輸公司，他們把原煤從礦山運到需要去的任何地方——電廠、要穿越大西洋或太平洋的巨輪、煤炭的終端用戶。煤炭是一種與汽車完全不同的產品。它意味著我們要提供一種與汽車不同的運輸服務。在遍及整個國家的範圍內運輸汽車，要求苛刻的安全條件，這與運輸煤炭完全不同。汽車公司關心的是要把新汽車完好無損的交給其客戶。在運輸網路中運輸汽車時的細心程度體現了運輸企業的敏感性。

　　煤炭是一種農礦產品，它以基礎價格售出。其他的例子有穀物和通過管道運輸的石油。與高附加值的製造商品如電視、傳真機、汽車相比，這些農礦產品單位重量的價值相對較低。農礦產品具有同質性——煤炭與煤炭之間具有第一相似性。煤炭公司通常不在意他們礦區的煤炭運到哪一個客戶。然而，汽車製造公司非常敏感，他們要確保正確的零部件運到正確的裝配工廠，如果通用汽車製造公司把 Buick 的部件運到了 Pontiac 工廠，那就是真正的麻煩了。

　　貨運服務因貨物的不同而不同。例如，對於低附加值的農礦產品，對於貨物的托運人而言，起止點之間的運輸時間是一個小問題。但運輸成本非常重要。因為農礦產品的價值很低，幾乎是以基礎價格售出的。由於客戶是為了賣一個好價格才來運輸的，因此，運費最好低廉一些。對於大多數的農礦產品，其售價的大部分是運輸成本。

　　對於製造業產品，運輸時間非常重要，因為，在途的貨物非常值錢，貨物的運輸成本也很高。將製造業產品運輸給零售商的可靠性十分重要，因為你不想儲存過時的貨物（如 6 月的婚紗）。

　　貨運服務水平的參數如下：

- 價格；
- 運輸時間；
- 服務可靠性；
- 特型設備的可用性；
- 貨物丟失或損失的概率。

　　同一個客戶在不同的時間會有不同的運輸需求。例如我是一個貨運客戶，通常我選擇 U. S. mail。當我需要快速、高可靠性的服務時，我就使用夜間郵遞服務。某些特殊的情況，我也會選擇 UPS 或 Federal Express。我也會有運輸大宗貨物的需求，如書或紙。不同的情況下，我從這些承運商那獲得的服務是不同的。

　　在選擇承運商時，和我非常相像的人也可能會做出不同的判斷，因為我們對運輸服務的各種品質會有不同的價值觀。我可能看重成本，然而，我的某個同事可能更關心可靠性。任何運輸服務的同一屬性，在不同人看來也會有差異。因此，不同的煤炭企業會產生不同的判斷。這與我和我的同事得出不同的結論相同，因為我們評價服務的價值取向不同。

　　最後，如圖 4.1 所示，我們有多種方式提供不同的服務水平。我們關心貨物運輸的

廣泛方式。貨物運輸方式可以是卡車或在內陸水道如密西西比河和聖羅倫斯河航道上運行的駁船，也可以是公路運輸和遠洋航班。這些運輸方式運距長、速度低、成本低。航空運輸也是貨運方式之一，有很多鼓動人心的空運貨物的廣告，因為許多航空公司都試圖插足這一高品質（但高成本）的運輸方式。最後，在美國的貨物噸英里（周轉量）中，管道運輸占很大比重，石油和煤泥一類的貨物都是通過管道運輸的，但我們在生活中很少看到管道，人們不如瞭解其他運輸方式那樣瞭解它。

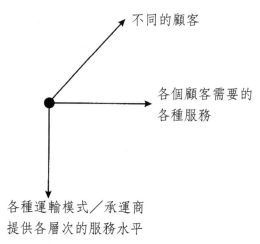

不同的顧客

各個顧客需要的
各種服務

各種運輸模式／承運商
提供各層次的服務水平

圖 4.1　運輸模式、服務和顧客

美國不同運輸方式的貨物周轉量的構成見表 4.1。

表 4.1　1993 年度貨物運輸表

運輸方式	噸－英里百分比（%）
鐵路運輸	34.8
公路運輸	24.5
水路運輸	21.9
管道運輸	18.5
航空運輸	0.3

資料來源：1994 年美國運輸統計年鑑

旅客運輸客戶

讓我們轉到旅客運輸。這裡，我們要探討都市旅客運輸、城際旅客運輸和國際旅客運輸。人們旅行的原因有很多：上學、上班、社會活動、就醫等等。旅行方式選擇會因旅行目的不同而變化。

您肯定非常瞭解旅行方式。在討論旅客運輸方式時，我們會討論私人交通工具如小客車，以及公共交通工具如公車和火車。在美國，城際間的旅行很少選擇火車，但卻是市區和郊區通勤的重要旅行方式。當然，火車在其他許多國家如日本和法國都是重要的旅行方式，在這些國家高速鐵路十分受歡迎。另外，航空運輸覆蓋了長、短距離的旅次。

輪船運輸更多是為娛樂和觀光服務，較少用於實際的運輸。然而，回顧一下，從20世紀初期直到第二次世界大戰，穿越大西洋或太平洋的交通方式是遠洋班輪。儘管人們現在仍在乘坐遠洋班輪，但幾乎都是為了娛樂，其旅客運輸的商業份額是很小的。

旅客運輸服務水平的一些重要參數如下：

- 價格；
- 旅行時間；
- 服務頻度（即班次）；
- 舒適性。

客貨運輸的選擇與服務水平

客戶，無論是托運人或者選擇旅行方式的旅客，通常（但不總是）都存在選擇。他們要在各種運輸方式中做出選擇，並在一種特定的運輸方式中選擇承運商。可以假設，客戶做選擇時考慮的是自身利益。他們會研究各種選項，尋求最合適的服務水平參數集合，並選擇一個他們最容易接受的。

服務水平是一個複雜的概念。在運輸上，服務水平是多維的。服務水平不是簡單的用一個變數來衡量，如旅行時間或安全。相反，服務水平是一些不同變數的綜合，人們——旅行者、托運人、收貨人將這些變數放在一起分析，以對運輸方式和承運商的選擇做出判斷。看似相似的個人在選擇旅行方式和承運商時也可能會產生不同的判斷。不同需求的客戶會產生差異很大的決策。你不要指望通用汽車公司會根據與把煤炭運到電

廠一樣的服務屬性來選擇其承運商和運輸方式。

客戶對運輸方式和承運商的選擇會隨時間的不同而變化，原因在於人們會改變自己的想法或者環境發生了變化。當前，我們每一個人都處於某個特定的經濟階層，而且這種經濟階層影響了我們的運輸決策。因此，當遠期的環境變化或特定的形勢發生變化時，人們的旅行選擇就會變化。例如，我的一份要提交的建議書耽擱了一些時間，但是，這份建議書明天必須送到華盛頓，而不是明天以後的一個星期，我就相應的選擇郵政快遞，而不是其他便宜的運輸方式，因為，我必須在明天把它送到那。

服務水平的變動性

承運商提供的服務水平也會變化——有時這種變化會很劇烈。不要認為運輸服務水平是靜態的，事實上，它的變化很大。也許最有趣的是，承運商提供的服務水平會受其運量的影響。因此，不僅你做的運輸選擇，而且我和其他人做的選擇都會影響你的服務水平。

簡單說，由於波士頓西部 2 號線上的流量上午 8 點在 Fresh Pond 增加，對於我來說，用行程時間表示的服務水平發生了變化。我選用 2 號線的選擇在某種程度上影響著服務水平，而真正影響我的是很多其他人也選用了 2 號線，使得對我的服務水平惡化。有時也會出現另一種影響方式，如果更多的人希望在 Massachusetts 大街乘坐 1 線公車，也許 MBTA 會增加公車的服務頻率（也有可能不會），那麼我的服務水平也將得到提高。

因此，我們所討論的是一個具有很強動態性的情況，服務水平是變化的，人們的需求也是變化的，同時服務水平也是多維的。

不同的企業會在運輸過程的不同部分中起到不同的作用，認識到這一點很重要。比如，假設我是 UPS 的客戶，我在下午 2 點打電話給他們說：「請下午 5 點到這裡，取這封到佛羅里達州，傑克遜維爾的隔夜到達的信。」在這個特定的情節中，我是客戶而 UPS 是服務的提供者。

同時，UPS 是鐵路企業的一個主要客戶，給鐵路企業提供了巨大的收入，因為，我的包裹、你的包裹和很多其他人的包裹都被成批的裝入鐵路車輛運載的貨櫃中。實際上，UPS 是美國鐵路企業最大的客戶之一。因此，UPS 既是承運商又是客戶——在這種情況下，它是鐵路企業的一個客戶。當鐵路企業考慮其提供的服務時，他不僅要考慮

其客戶的需求（這裡的 UPS），還要考慮客戶的客戶的需求（我，或其他 UPS 的客戶）。

現在，正如我有選擇的餘地一樣——我要使用 UPS 嗎？我要使用聯邦快遞嗎？我要發 36 頁傳真嗎？我該怎麼辦呢？UPS 也要進行選擇。它要使用鐵路嗎？如果用鐵路，它要用 CSX 還是 Norfolk Southern？如果不使用鐵路，用什麼呢？卡車？如果用卡車，是 Yellow Freight 還是 Consolidated Freightways？用航空運輸怎麼樣？對於 UPS，他們也已經選擇作航空承運商。他們做出戰略決策，「擁有」航空服務，而不是「購買」它。顯然，這裡存在著多種選擇。

在運輸系統中，根本的因素是客戶——使用運輸服務的人或企業。對於我們之中的部分人來說，這也許是顯而易見的。然而，在實際運輸活動中，值得注意的是，客戶不是第一位的情況的發生頻率是值得注意的，當考慮系統是如何運轉時，客戶的重要性會很低。

我確信，任何人都遇到過運輸公司的個別雇員，這些雇員並不特別的以客戶為導向。在機場、美鐵或郵局我們都遇到過這樣討厭的職員。但是，當建立管理鏈的時候，對於運營及保持系統高效運轉的想法凌駕於客戶需求的考慮之上。有關「如果我們不必為旅客停站，我們就能夠更好的保持公車準點」的玩笑經常是管理上的態度。因此，我對這一點進行諸多分析，只是因為客戶服務經常是被忽略的，即使是在客戶至上的管理時代。

難道時刻表不是由客戶需求決定的嗎？

回答通常是否定的。時刻表與客戶需求的關係是很鬆散的。就是說，早晨高峰小時內從林肯到波士頓的火車比下午的多，但時刻表還受運營效率和成本控制考慮方面的影響。客戶是一個因素，但有時他們是價值不高的因素。比如，反映客戶需求的市郊鐵路時刻表變動是不多的。我在公事包中帶著 5 年前的時刻表，鋌而走險地乘坐從劍橋到林肯的火車，而時刻表根本沒有變化。難以相信，人們到西部郊區的服務需求在那整個時期內都沒有變化。

我想，時刻表的變化是依賴於運輸方式的。在航空運輸業，時刻表隨時都在變化—

─航空公司的服務敏感性非常強。

確實。與公共交通有著顯著區別的航空業是一個獨立的營利性機構。就是說,他們的目的是營利,但不總是那樣。美鐵是國營企業,而市郊鐵路幾乎一直是公共事業,因此,他們對客戶的敏感度是不同的。順便提一下,在航空業有一條不成文的約定,即例如在波士頓和芝加哥之間,在特定的航線上的運輸方式分擔與服務頻度直接而且緊密相關。就是說,如果你是提供這裡到芝加哥60%人／公里數的航空公司,你就會得到60%左右的交通量。

航空公司也許不如你想像的那樣以服務為導向。從服務的觀點看,軸輻式並不是最佳的。

這是一個很了不起的觀點,也是我們很早就已經想到的觀點。在不提供直達服務時,航空公司和鐵路運輸公司的基本平衡是服務成本和服務水平間的平衡。當然,航空公司會說他們不能為某些都市間提供直達服務是因為沒有充足的交通需求。如果他們提供直達服務,其費用也許會比較高,而這一點從服務水平的觀點看是不好的。

我認為,根據客戶的價值來考慮會更具有經濟價值。比如,聯邦快遞已經發現人們願意為了確保其包裹在特定時間送到而支付更多的錢。因此,有充足的市場來證明該系統的投資和發展是正確的。但是你所提到的大部分公共運輸系統遇到的問題往往是,當顧客願意對更多的因素進行衡量的時候,它們並沒有提供相應的選擇機會。

確實,這些描述了服務水平的複雜性,而且不同的人在不同的時間會有不同的價值觀的事實。附帶地說,聯邦快遞還確定,人們對裝船資訊會出高價,人們願意購買可靠性和旅行時間,還願意購買資訊,瞭解他們的包裹何時到達以及它是否偏離正常的運輸都是有價值的資訊。

將多維服務水平簡化為一維變數

現在，服務水平已經明顯的呈多維性。但是，為了進行分析，我們經常需要把它簡化成一個一元變數。

服務水平變數

分析波士頓和紐約之間的航空運輸，你認為比較重要的服務水平變數是什麼？作為一名乘客，你會用什麼來評價這項服務？

旅行時間。

旅行時間，當然，我們在飛機上花費的時間是十分重要的。

機型怎麼樣呢？

還可以。我真的不願意乘坐那些 12 座的，而寧願坐更大一點的噴氣式飛機。

將其進行簡化，我們來討論一下所謂的「舒適度」。舒適度包括各種要素，如，飛機的種類及飛機乘務員是否追求高品質的服務。舒適度的概念還包括「安全」。

航班的頻度。

是的，運輸服務的頻度。這是一項合理的服務水平的標準。

根據航班的頻度，你能否簡單的討論一下平均等候時間？

我們可以做到。我們已經有了一個飛機旅行時間參數，還有什麼其他類型的時間嗎？

到達機場時間。

到達機場需要時間。白天，從西部郊區到 Logan 國際機場，可能會花費 45 分鐘，但除到達之外，服務的頻度還與等候時間有關。假設波士頓與紐約間的航班每小時一次，假定平均等候時間是半小時可能是不合理的。我認為，在那一個小時內，人們的到達分布是不一致的。如果我要乘坐飛機旅行，我知道飛機何時起飛。所以，根據自己的喜好，我會在飛機起飛前 X 分鐘到達，而 X 是因人而異的。

另一方面，如果有一種公車服務，每 5 分鐘一班，設想人們到達分布一致可能是合理的，人們不會刻意的去趕某一趟特定的公車，平均等候時間可以合理的假定為公車發車間隔的一半。

我們介紹了「等候時間」，包括在機場等候飛機的時間、在目的地等候行李的時間，還包括在拉瓜迪亞機場停靠的計程車排隊等候時間，還有其他的嗎？

費用是十分重要的。

是的，在評價服務水平時，我們還要考慮費用。很可能，我們會選用費用為 50 美元的服務而不選擇 125 美元的服務。很顯然，這是由於服務水平的不同。

我們還有一些好的變數──但每個變數的單位是什麼呢？飛機上或陸地上的旅行時間和等候時間是用時間來度量的──即分鐘。費用，當然可以假定用美元、日元或法郎為單位。

舒適度──我們必須提出一些新東西──「hugs」，它可以是舒適度的一個單位，用 hugs 來度量舒適度是一種任意的組合方式，該方式標明效率、安全及其他因素，如座位寬度和餐飲服務。

在表 4.2 中，我們列出了幾個標量和單位。

表 4.2　服務水平變數

	變數	單位
旅行時間	t_t	分鐘
到達時間	t_a	分鐘
等候時間	t_w	分鐘
費用	F	$
舒適度	H	"Hugs"

　　當然，這種想法中那些單位是不同的。Hugs 不同於美元，美元不同於分鐘，但我們需要用一種一維的方式來度量服務水平，我們需要一種方法來把那些變數轉化為一個單一變數。

效用

　　因此，我們為效用定義一個度量標準，稱之為「utils」。下一步，我要做的是將所有那些用不同單位度量的服務水平變數轉換「utils」。

　　我們來定義一個變數 V，V 是用 utils 表示的旅行者選擇的「效用」：

$$V = a_0 + a_1 t_t + a_2 t_a + a_3 t_w + a_4 F + a_5 H$$

　　我們選擇係數 a_0，……，a_5 以便所有項的單位相同——utils。因此，比如，a_0 僅僅用 utils 來表示；它是一個常數，我們用它來校準效用公式（在此，我們不討論校準的方法）。

　　a_1 用 utils ／分來表示，用來度量人們評價其旅行時間的方法，它是因人而異的。比如，收入高的人對時間價值評價傾向於會高於收入低的人。

　　a_2 也用 utils ／分來表示，並不同於 a_1。人們對於到達時間的評價會不同於對旅行時間的評價。

　　a_3 的單位仍然是 utils ／分，它有一個不同於 a_1 和 a_2 的值，雖然三者都與時間相關。

　　a_4 的單位是 util ／美元。最後，a_5 的單位是 utils/hug——包羅萬象的舒適度變數。而且，a_5 實質上是因人而異的。

　　現在，我們不是要研究怎樣生成 a_0，a_1，a_2，a_3，a_4，a_5，我們來討論那些項，以確保我們從根本上理解我們正在做什麼。我們假定 utils 是好的——就是說，utils 越多就越能夠更好的認識服務。考慮每個係數 a 的數學符號，你認為 a_1 的符號是什麼？

　　負號。

　　是的，這個係數應該為負。時間很長的運輸服務是很差勁的，除非你真的喜歡飛機並且你可以一直盡可能的在那裡等候。大多數人都希望儘快的從紐約到達波士頓，而不

是慢慢地到達。同樣可以解釋 a_2，因此 a_2 和 a_3 都是負的。大多數人都不喜歡在機場周圍等候。現在，存在一些異議，但我想總體上人們會認同係數為負。

舒適度——你認為呢？舒適度係數應該為正。你得到的hugs越多，你就會越舒適，因此，該係數為正。

費用如何呢？應該認為是負的。運輸服務越昂貴，它對於人們的價值就越低。

方式選擇

假設從波士頓到紐約，我們有三種可能的旅行方式——飛機、火車和客車——你可以衡量每一種方式的各個服務水平變數，可以計算每種方式的效用。

$$V_{air}, V_{train}, V_{auto}$$

而且，可以假定，效用最高的方式就是你要選擇的方式，而效用理論方面的大多數現代著作都使用了一種概率的方法。比如，一個旅行者選擇飛機這種旅行方式的概率如下所示：

$$P(air) = \frac{V_{air}}{V_{air} + V_{train} + V_{auto}}$$

或：

$$P(air) = \frac{e^{V_{air}}}{e^{V_{air}} + e^{V_{train}} + e^{V_{auto}}}$$

這種概率的方法力求反映出這樣一個事實：並非所有人的效用都是一樣的，不同的人有不同的效用，而且可能我們的公式不能獲得全部的服務水平變數。如果我們知道市場的總量，我們可以用市場總量乘以某一特定方式被選擇的概率來估計這種方式的容量。所以，我們現在可以將一個多維的服務水平變數簡化為一維變數——在這種情況下，我們稱之為「utils」。在這個簡單的例子中，我們使用一個線性模型來計算效用，其他模型還包括乘法模型、對數模型及其他模型。透過對這些資料進行更高級的處理，

人們會發現更加複雜的功能。

旅行時間可靠性

　　我們討論另外一個重要的服務水平變數。在交通運輸中，討論可靠性的概念——在這裡，我不是指安全意義上的可靠性（安全意義指與運具遇到的困難及毀壞），而是變化程度意義上的可靠性。旅行時間存在變化性，在人們做出決策時，如何考慮可變性因素呢？

　　這裡有一個例子。我要在 Logan 機場搭飛機去 MIT。現在是下午 5 點，我計畫乘計程車。我衝到麻薩諸塞大街的計程車停靠站，告訴他「我要到 Logan 機場。」計程車司機說：「你的航班是幾點？」我說：「5 點 45 分。」（實際上是下午 6 點——但我希望他能快點）計程車司機說：「那我們的麻煩可大了。」我說：「請盡力吧。」

　　計程車司機給了我兩個選擇。他說：「有兩條路可以走。我們可以走通常的道路，要通過隧道。而在一天當中的這個時候，這是一條不可靠的路線。這條路有時車很少，有時塞車。我真的不知道今天會怎麼樣。就像我說的，時間變化很大，但平均時間是 30 分鐘。你可能很幸運，也許只用 20 分鐘，但也可能很不幸，也許會用一個半小時，我真的不知道今天會如何。」圖 4.2 是它的一個概率密度函數曲線。

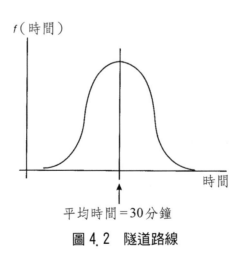

圖 4.2　隧道路線

　　他接著說：「你還有第二種選擇。我帶你穿過 Charlestown，這樣我們不必穿過隧道。我們先上山再下山，幾乎是一個圓形路線。它的距離會比較長一些。」他又說：

「但我能很有把握的預測需要的時間。因為那裡沒有什麼車。因為我們不穿過隧道，所以它正好是個圓形。」圖 4.3 表明了第二種選擇的概率密度函數曲線。

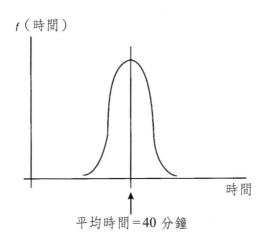

圖 4.3　Charlestown 路線

　　現在，我們對比這兩種分布，穿過隧道的平均旅行時間比避讓隧道的平均旅行時間短，按照推測，我們會選擇隧道路線，但很可能我們不會這樣做。如果我們要趕飛機，我們會說：「如果選擇平均旅行時間長但變化程度小的線路能確實保證我能趕上那班飛機，我就會選擇那條線路。」因此，我選擇這條更合理的──變化程度小──平均旅行時間長的線路，因為它確實能保證我能趕上我的航班，即使事實證明，計程車費用可能比我選擇隧道線路高 4 或 5 美元。

　　我們把旅行時間的變化程度稱為「服務可靠性」。在特定的系統中，旅行時間的服務可靠性同平均旅行時間一樣重要。運輸貨物的鐵路運輸公司和卡車運輸系統在可靠性範圍和平均時間範圍方面都是不同的。物流和庫存理論幫助我們用經濟術語來理解為什麼人們可以評價一個服務可靠性好（如：變化程度小）的較長的旅行時間。這些將在第十二章進行討論。

　　對於客戶和影響運輸系統的外部組成部分，我們就討論到這裡。我們接著要進行路網的介紹。

參考文獻

1. Hamel, G. and Prahalad, C. K., *Competing for the Future*, Boston:Harvard Business School Press, 1994.

2. Drucker, P., *Management: Tasks, Responsibilities, Practices*, New York: Harper & Row, 1974.

Chapter

運輸網路

網路

現在，我們來介紹一下運輸網路。網路是討論、顯示運輸系統特徵及運輸系統建模的一個十分便捷的方法。事實上，網路的概念是如此基礎，以至於在我們正式的介紹這個概念之前，我們已經幾次用到了「節點與路段」圖表（見圖5.1）。

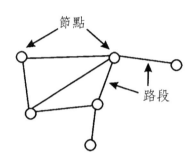

圖5.1　節點與路段網路描述

路段

路段通常是導軌、道路、鐵路線路、空中走廊等。路段能夠在一個或兩個方向承載流量，車流是一種典型的交通流。

我們將交通網絡描述為內部關聯型。通過稱為「節點」的其他基本網路要素在鏈環之間產生連接。節點經常代表終點和站點。（我們將在以後對節點進行更詳細的討論。）在大多數實際的交通情況中，網路是冗餘的。兩個節點間通常有多種路徑。路段通常存在一個明確的通過能力，但不總是如此。有時，有些人把路段的運能定義為單位時間內可通行的車輛數目。當流量大於運能以後，我們可以把旅行時間看作是無限的（見圖5.2）。

通過路段會產生成本。這些成本可以是旅行時間，也可能是某些明確的成本，如公路收費或者環境成本。有些情況，這些成本是流量的函數，比如將旅行時間看作成本的時候。根據你對公路績效的直覺，我們可以繪出路段上的旅行時間和流量的函數（見圖5.3）。

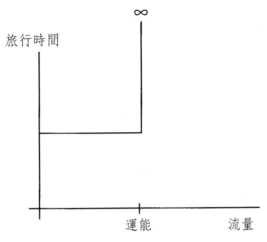

圖 5.2　旅行時間和流量

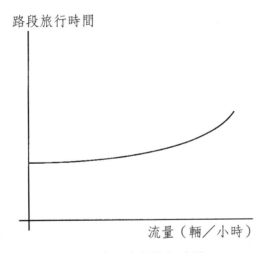

圖 5.3　路段旅行時間

Morlok 認為交通運輸網路是具有層次性的[1]。他描述了多種層次的路段。例如，在討論都市道路系統的時候，他認為最底層的是支路，比如居民小區裡的街道。這些具有集散功能的街道把交通流量彙集到幹道。最後，幹道再將流量彙集到高速公路或快速道路。

你也可以對其他運輸方式進行相似的描述。鐵路上，也有大運能、維護很好的幹線鐵路。也有一般維護、低運能的支線鐵路。在路網層次的最底層，是托運人的專用線。

複合運輸網路

　　在表示複合運輸運營時，運輸網路非常有用。例如，網路包括通往火車站和轉運站（transit terminal）的道路。你可以將你的車輛停到車站，然後進入捷運系統（transit system），比如在 North Cambridge 的 MBTA 終端站。你也可以做一些變化，乘坐捷運系統到 Logan 機場，然後搭乘飛機去其他機場，如芝加哥的 O'Hare 機場，或者把行程反過來。在芝加哥，你只能搭乘捷運系統到城市中心的環路地鐵。

　　如圖 5.4 所示，我們看見可以將一個複雜的複合運輸系統用網路圖進行表示。隨著每個路段的物理性質不同，路段上的運載工具也相應的不同。

節點

　　討論完路段之後，我們繼續討論網路中節點的概念。網路中的節點通常表示物理的地點，如：

- 鐵路運輸系統的終點站場；
- 飛機場；
- 一塊停車場地。

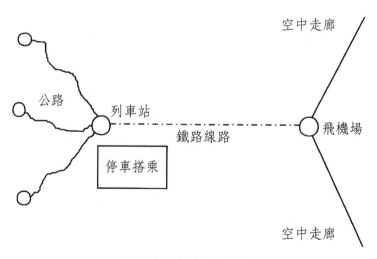

圖 5.4　多模式運輸網路

　　節點與物理設施一般具有一一對應的關係（與路段一樣）。有時，我們會用節點表

示一個路段性質發生改變的地點。例如，如果一條高速公路由兩車道變為三車道，從而具有更高的通過能力的，我們可以將採用一個中間節點來對路段通過能力改變進行建模。這個中間節點將兩車道的物理路段與三車道的物理路段清楚地區分開（見圖5.5）。

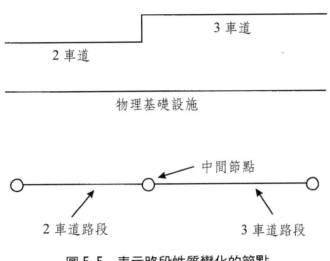

圖 5.5　表示路段性質變化的節點

　　從字面意思看網路這個詞，它代表了一種討論運輸系統的方式。更深一層的看，網路用一種簡潔的方式將運輸系統轉化為數學形式。

運輸網路的數學運算

　　為了使讀者認識到運輸網路的重要性，我們先討論圖 5.6 所示運輸網路上能進行何種類型的數學運算。

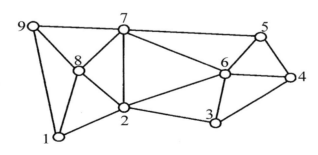

圖 5.6　典型網路

預測路段流量

例如,現有一個特定網路(如圖 5.7 所示)的 OD 矩陣。該 OD 矩陣的第一行和第一列分別列出了節點號。矩陣中的每個元素代表節點 i、j 之間交通「需求」的預測值或交通流 f_{ij}。對角線上的元素為 0。

一個經典問題是:「流量 f_{ij} 是如何分配到網路上的?」我們想知道的是每一個路段上的流量。我們為什麼關心路段流量的大小呢?

因為我們要設計路段的規模。

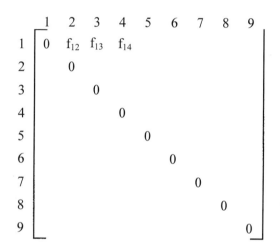

圖 5.7　OD 矩陣

路段的規模是流量的函數。因此,為了得出路段流量,我們必須把 OD 流量分配到由路段組成的路徑上。

通常情況下,我們會選擇 OD 對中的最短路徑,這反映了每個人都想追求旅行時間最短的假設。這就要求我們計算網路上所有 OD 對之間的時間最短的路徑。首先我們估計出路段的旅行時間,然後計算每一起終點之間的最短路徑。因此,系統中的每個節點,都要計算出與其他節點的最短路徑。這是運輸網路中的一個經典問題。

現在,我們假設我們已經計算出了網路上的每一對節點的最短路徑,我們現在想把 OD 的流量分配到路段上。目前,有一種稱為「全有全無」的分配法。參照圖 5.6,假設從 1 到 3 我們有 19 個單位的旅次(假設〔1,2,6,3〕是最短路徑),我們就把 19

個單位的流量分配到這一最短路徑上。

我們可以把 19 個單位的旅次流量分配到該路徑的所有路段上，本例中就是路段〔1-2〕，路段〔2-6〕和路段〔6-3〕。然後，我們就可以對所有的OD對重複這種分配方法，再將分配到路段上的流量匯總。

我們在將流量分配到路段上時，是否改變了路段的旅行時間？

十分正確。首先，我們分配的流量可能大於該路段的通過能力。路段〔2-6〕的容量可能是 16，根據圖 5.2 所示的通行能力的定義，如果我們分配多於 16 個單位的流量，該路段將會陷入癱瘓，因此，我們不可能在該路段上分配 19 個單位的流量。

因此，我們僅能將 16 個單位的流量分配到該路徑，然後尋找下一個起訖點為 1、3 最短的路徑，直到沒有旅次流量可以分配。然後，我們轉到下一個OD對，直到處理完所有 OD 對。讀者應該注意到，我們處理 OD 對的順序會影響計算結果。

但是，更精確一點考慮，路段交通狀況會隨著交通量的增加而惡化。這一點在圖 5.3 中有明確顯示。即使路段的通行能力為 50，不是 16，載入了 19 個單位流量的行程時間也會與零流量時不同。因此，我們完成了節點 1 到 3 的分配後，我們也許就要改變這些路段上的行程時間。那時，我們要重新計算最短路徑，因為最短路徑已經發生了變化。

增量分配法

一個可以解決剛才提到的問題的方法是增量分配法，也就是說，該方法在載入路段流量時，產生的預測結果與分配OD的順序有關。**增量分配法**是從數學上解決將OD需求分配到網路上的複雜問題的一種嘗試。

採用增量分配法時，我們已知一個未載入人和交通流量的網路和各路段的零流量行程時間。優先計算所有OD對的最短路徑。然後，我們從眾多OD對中隨機選取一個進行分配。使用電腦的亂數產生器，隨機選取一對 OD，如節點 5 到 2。將交通量的一小部分分配給 5-2 之間的最短路徑。我們可以分配 20%的流量給該最短路徑。然後，我們重新計算所有的最短路徑，因為我們已經改變了網路的狀態。然後，我們隨機選取下一個OD對。最後，我們已經分配了大部分或幾乎全部流量，就從數學上解決了該特定的

網路分配問題。透過對流量的隨機和增量分配，我們得到了一個比「全有全無法」更好的數學交通流分配方案。

另外，為解決這類分配問題，人們作了大量的研究，有採用數值方法（numerical methods），也有採用直接優化方法的。我們介紹這些的目的是使讀者在使用交通網絡公式時對這類問題具有感性認識，認識到研究運輸問題時網路的重要性。

逆問題（譯者註：OD 矩陣的估計）

還有一類我們稱為逆問題的網路問題。在一個現實世界的運輸網路中，我們可能不知道 OD 矩陣，這些資料往往很難獲得。然而，我們往往知道路段的流量（實際上我們可以到 Route 2，看看到底有多少卡車在上午 8 點到 8 點 30 分通過了 Fresh Pond）。因此，逆問題是給出網路上路段流量，計算出 OD 矩陣。

邏輯路段

最後，儘管我們的例子中，運輸網路上的各個物理元素、路段和節點存在著聯繫，如公路是路段，機場是節點，然而事實並非完全如此。實際上，根據網路建模的概念，路段和節點並不一定代表實際的物理系統。我們構建的網路與實際的運輸網路並不一一對應的。例如，一輛火車來到 1 號鐵路線的一個車站，幾個小時後離開該車站到了 7 號鐵路線。我們可以用一個「路段」來表示。這種路段就成為「邏輯路段」。如圖 5.8 所示。

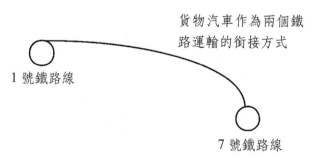

貨物汽車作為兩個鐵
路運輸的銜接方式

1 號鐵路線

7 號鐵路線

圖 5.8 用一個路段作為「邏輯路段」

以上是關於網路的討論，綜上所述，網路是運輸辭彙中的一個有用元素，也是一種

有用的分析機制。

參考文獻

1. Morlok, E. K., *Introduction to Transportation Engineering and Planning*, McGraw-Hill, 1978.

Chapter 6

運輸系統的關鍵要素 1-10

電梯的例子

電梯的例子

現在，我們準備以電梯系統作為一個簡單運輸系統的例子，透過這一例子，我們說明運輸系統的一些關鍵要素。

值得一提的是，在 19 世紀晚期和 20 世紀早期，電梯的發明對都市的發展起了很大的作用。電梯技術與建造高層摩天大樓技術的發展，使得在都市區域內的密集活動成為可能，這在以前是不可能的。

與其他複雜的運輸系統相比，電梯非常簡單，但它同樣具有教育意義和解釋性。使用這個簡單例子，我們可以洞察一個綜合系統的行為，然後將結論用於更複雜的系統。

電梯系統的構造

假設一個 60 層的寫字樓，有 3 輛電梯。每一個電梯都從樓底到樓頂運行——從第 1 層到第 60 層。如圖 6.1。為簡單起見，我們僅假設了 3 輛電梯。實際上，電梯數目是大樓設計時的一個變數。

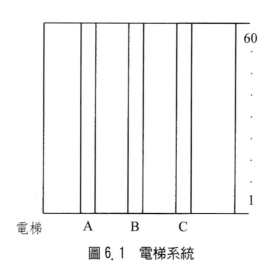

圖 6.1　電梯系統

下面我們考慮如何運營這個系統。一個最簡單但不一定是最聰明的方法就是讓所有的電梯為 60 層樓提供服務，也就是所有的 3 輛電梯中，每一輛電梯都要從 1 層運行到 60 層。從一個顧客或乘客的觀點，你可以走進門廳，乘坐任一輛電梯到達任一個樓層，因為所有的電梯都到達所有的樓層。

　　這種方法不是運行該系統的一個特別好的方法，因為電梯是一個時序系統。簡單地講，如果我們大家共同使用一個電梯，我想在 26 層下，而你想在 15 層下，電梯在 15 層停下的時候，我就必須等候。因此，時序系統的本質就影響到了服務水平。如果我要到高層去，我就必須等其他乘客先得到服務，這就意味著我們應尋求其他運營該系統的方法。下面我將討論其他運營該系統的方法。

電梯周轉

　　我們從「電梯周轉」的觀點考察上述問題。（在運輸領域，我們經常使用車輛周轉的說法。）假設電梯以第一層為起始點，電梯在某些層「出發」，有一個集中控制系統，決定電梯的離開時間，該控制系統採用的是某種動態演算法。電梯可能每分鐘都要離開起始點，也可能當重量達到一定數量時離開，電梯運行的狀況依賴於系統的複雜度。

　　如果有人使用電梯，電梯會向上走，沿途會停下來讓乘客離開。電梯可能在中間停下來，也可能繼續上升到 60 層，即使那裡並沒有人。最後，中央控制系統會根據其他電梯的情況，告訴電梯什麼時候回到第一層。它會在回來的路上搭載乘客，直到回到第一層，繼續新的周轉。

　　現在，進一步討論之前，我特別要提到 Cambridge 和 Massachusetts 的 Volpe National Transportation Systems Center，他們的電梯系統激發了這個例子的靈感。如果你去過那，你就知道這個有趣的系統——特別是如果你喜歡看顯示幕上的閃爍的燈光。四輛電梯共用一個顯示板，指示每輛電梯的位置，哪層的乘客需要服務以及要去的方向。於是，藉由看顯示板，可以知道在第七層，有乘客想上樓。但我們不知道有多少人在第七樓和他們要去的樓層。

　　如果想看看這樣的電梯系統，你可以去 Volpe Center。到那之後，你肯定會花很多時間看閃光顯示幕，因為電梯很慢。我不知道，當電梯在 19 世紀 60 年代晚期第一次開放時，有多少人在那工作，估計比現在在那工作的人要少。我去過 Volpe Center 很多次，我學會了把開會前的一些閒暇時間消磨在那，因為我要在那等電梯。〔我相信我在 Volpe Center 的朋友會在等電梯時放鬆心情。實際上，一些 MIT（例如 Stratton Student Center）的電梯情況要糟的多！〕

　　很多情況下，我們不必為等待而惱火。因為電梯的服務很可靠，頻率也很高，電梯

的運行時間遠小於總的旅行時間，但 Volpe Center 的情況有些不同，因為我從 MIT 走到 Volpe Center 所花費的全部時間中，等待電梯的時間和電梯的運行時間是其中的大部分時間，於是我會改變我的旅行方式，這就是客戶的行為會影響運輸系統的例子，在本例中，我就是客戶。

以上討論解釋了本章的第一個關鍵要素。透過這個簡單的例子，我們引入了許多關鍵要素，我們認為這些關鍵要素對於理解運輸系統是有關聯的，而且也是最基本的。

關鍵要素 1：行為

1. 旅行者會根據他們對運輸服務的期望值改變他們的行為。

我是如何轉變我的行為的呢？假設我到一層大廳，正好看見電梯要離開。如果我知道兩輛電梯之間的間隔比較短，我可能就讓電梯先走。如果我等下輛電梯要很長的時間，我就可能向電梯裡的乘客大喊「別關門」。如果他們真的等我了，就會降低在其他層等候的乘客的服務水平，因為他們的等待時間會更長。

現在，Volpe 的電梯系統的服務水平是否受到影響了呢？在某種程度上，服務水平依賴於旅行者自身。如果我去 Volpe Center 取運輸學生的資助基金，我就不可能抱怨或者停止拜訪 Volpe。如果我決定不去，學生們也因此沒有獲得資助，你認為我會不會告訴 MIT 的校長，我沒有去 Volpe Center，是因為電梯的服務不好？

問題的關鍵在於我去 Volpe Center 不是為了娛樂而乘坐電梯。旅行的目的構成了一個更廣泛目的的一部分，而在本例中是為了學生獲取資助。很多運輸問題在本質上都與本例類似，運輸服務設施僅是某個大系統的一部分──上班、商品供應等等。下面是我們的下一個關鍵要素。

關鍵要素 2：運輸系統是某個更大系統的一部分

2. 運輸系統在本質上是經濟、社會和政治系統等大系統的一部分。

回到 Volpe Center 的例子，我們想弄清楚那裡的電梯服務為什麼很差。其根本問題在於我沒有別的選擇，除非我走到 12 層去開會。這裡的電梯沒有競爭，因為作為支持資金來源，Volpe Center 沒有競爭者。這暗示了我們的下一個關鍵要素。

關鍵要素 3：競爭

3.經營者之間有無競爭是決定客戶能否獲得高品質運輸服務的關鍵因素。

看起來所有的電梯為所有的樓層服務是一個不好的系統運營方式。很明顯，我們需要一個更好的方法來運營系統。見圖 6.2。你能否想到一個更聰明的方法來運營一個 60 層建築物的電梯？

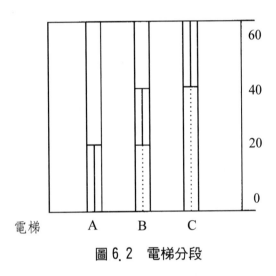

圖 6.2　電梯分段

你可以讓所有的電梯都在一層等待。電梯 A 為 1 到 20 層服務，電梯 B 為 20 到 40 層服務，電梯 C 為 40 到 60 層服務。

這確實是一個運行該系統的比較好方法。你可以設計一個分段電梯系統，於是，電梯 A 為 1 到 20 層服務，電梯 B 為 20 到 40 層服務，電梯 C 為 40 到 60 層服務。因此，如果你想到 53 層，你就不必等待那些向下到 1 到 40 層的乘客。你只要進入電梯 C 就可以了，直接到 40 層電梯，電梯在以後的每一層都停，您就可以到 53 層了。你覺得誰會不喜歡這樣的電梯呢？

從 53 層到 22 層的乘客。

為什麼不？

人們喜歡直達。如果你想從 53 層到 22 層，你就必須在 40 層下電梯，乘坐從 20 到 40 層電梯，或者下到第一層，然後再上來。

這是一個網路上的平行路徑例子。平行路徑為同一起終點提供了額外選擇，乘客可以判斷、選擇哪一條路更好。稍後，我們會詳細討論。

其他的人中，誰會不喜歡這種運營模式？考慮一個在 15 層工作的人：他們怎麼評價這個系統呢？他們喜歡它嗎？

去 15 層的乘客能得到什麼服務呢？與他們以前得到的服務相比有什麼區別呢？過去，他們總到走廊乘電梯。現在他們只能乘坐一輛電梯，但電梯的周轉速度更快了，因為它的終點在 20 層。而且，進入電梯 A 的乘客都是到 1 至 20 層的每個地方的，這就意味著乘客存在更大的可能性遇到比自己提前下電梯的乘客。

圖 6.1 和 6.2 代表了完全不同的使用電梯的方法，每個電梯在大樓內運行的時間也會不同。運送的乘客數量和時間也會因此不同，這反映了我們的資產——3 輛電梯的生產效率。這個例子說明了**車輛周轉**的概念，是我們交通運輸系統分析的另外一個關鍵要素。所有的運具，無論是電梯、貨車、飛機、公共汽車、輪船都是運輸系統的基礎，往往也是最貴的組成部分。讓這些資產具有較高的生產率是商業成功的關鍵。

關鍵要素 4：車輛周轉

4. 分析運輸網路上的車流，確定並量化它們的周轉指標，是交通運輸系統分析的基本因素。

下面，我們會認識到交通運輸系統提供的服務水平是交通量的函數。無論電梯是去往任何樓層還是分段運營，越多的人使用電梯，總的來說服務水平就會越低。為什麼這樣呢？我們已經討論了其中的一個原因，但還有更多的原因。

更多的停站？

如果今天使用電梯的人是昨天的兩倍，我想到頂層附近，電梯裡可能就不會只有我一個人，服務水平將會更糟糕。

你認為交通量的增加會不會讓乘客感覺到舒適度降低？

旅行的舒適程度是另外一個服務水平變數。如果很多乘客填塞到電梯裡，服務水平會下降——即「hugs」值下降。同樣，可能需要排隊等候，因為人們可能上不去電梯。例如，儘管電梯停下並打開了門，但是裡面已經人滿為患了，你就不可能再上電梯。因此，就服務時間來講，服務水平會隨交通量的增加而下降。

而且，電梯停留時間延長了。想出電梯的人如果站在電梯間的裡面，則會導致電梯更長時間的「耽擱」。

我們將用更多的篇幅來討論服務水平與交通量的關係。

下面，我們討論第五個關鍵要素——排隊。在這個例子中，我們是排隊等候電梯的服務。進一步來講，系統必須允許提供一定的庫存空間，也就是說，應該給人們提供一定的排隊空間來排隊等候。在一些運輸系統中，運具排隊搭乘乘客。想想在 MIT 外面麻省大道上等候的計程車，他們經常等候乘客。一般都有幾輛計程車在外面等候，車的數量當然會因每天不同的時段、天氣狀況或其他因素的影響而變化。在這個例子中，涉及一個車輛的庫存因素。有時候，我出去後發現沒有計程車，於是我就得排隊等候服務。車輛和乘客的排隊等待是運輸系統經常顯現出來的特徵。

關鍵要素 5：排隊與存放

5.排隊等候服務／乘客以及運具、貨物和旅客的存放是交通運輸系統的基本元素。

這個例子也說明了交通運輸系統元素間的換乘經常是低效率的，在電梯的例子中，一個人走進建築物後換乘電梯，因此產生等待電梯的時間，這意味著系統效率的降低。

關鍵要素 6：換乘

6.運輸方式間和運輸方式內的換乘是服務品質和成本的關鍵因素。

從這個簡單的電梯例子引出的另一個話題是運營策略以及運營策略與服務水平的關係。我們已經暗示了這個簡單案例的運營策略。下面是運營策略的一個例子。

電梯會繼續上升並等待，直到有人發出乘坐請求再下降。

這是可能性之一。我們的問題是電梯要在哪裡停，停多久。當電梯在上升的過程中運送完乘客後，你怎麼來安排電梯呢？一種運營策略是當電梯到達頂層以後，直接下樓，順路搭載所有需要服務的人。另一種運營策略是電梯在頂層等待，直到樓下有人請求運輸服務。運營策略有很多種，當然也意味著不同服務水平。很明顯，在更複雜的運輸系統，比如航空運輸，運營是一個更複雜的問題。

這還有一個例子。假設我很早就要乘電梯，在早晨 7 點就來到了辦公樓。樓裡空空蕩蕩，三輛電梯都停在一樓大廳等候。我想乘電梯到 42 層。我走進電梯 C，按下了 42 層的按鈕，電梯會在一樓大廳再等候一小會兒，因為程式設置成讓電梯在那等待。即使我知道不可能有其他人來。現在，原則上，停下來等待可能有些優點。如果有些人碰巧來到，他們可能會獲得一個較好的服務水平。然而，因為我正在等待電梯上樓，我的服務水平就會比電梯立即離開低。

關鍵要素 7：運營策略

7.影響服務水平的運營策略。

這是影響交通運輸系統通行能力的另一個關鍵要素。認識到通行能力受多種因素的影響。透過改進交通運輸系統的基礎設施水平，可以增進交通運輸系統的通行能力。在特定的例子中，我們可以增加電梯的數量，我們也可改進電梯的技術。例如，我們採用更快更大的電梯。除此以外，我們也可以透過改進控制技術和調度演算法來獲得能力的改善。這暗示了我們的第八個關鍵要素。

關鍵要素 8：通行能力

8.通行能力具有複雜系統的特徵，受到基礎設施、運具、技術、勞動力、組織機構、運營策略、外部因素（如環境、安全、管理規則）的影響。

接下來，我們討論一下交通運輸系統分析的基礎。即交通運輸系統的服務水平是其承載的交通流量的函數。我們稱其為**運輸供給關係**。在很多交通運輸系統中，系統提供的服務水平和其吸引的交通流量有非常密切的關係。特別值得一提的是，當系統承載的交通流量接近系統的通行能力時，系統的服務水平會急劇下降。

關鍵要素 9：運輸供給

9.服務水平＝f（交通流量）；當流量接近通行能力時，服務水平急劇下降，這被稱為「曲棍球棒現象」（如圖 6.3 所示）。

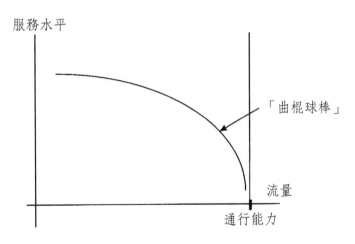

圖 6.3　服務水平與流量：曲棍球棒

為說明下一個關鍵要素，我們重新回到 Volpe Center 電梯的例子。在任意給定的時間裡，電梯的控制系統知道什麼資訊呢？它知道請求電梯服務的位置在哪裡，人們是想上樓還是下樓。更進一步，它知道目前電梯裡的人想去哪裡。

電梯的控制系統不知道什麼資訊呢？也許它不知道電梯裡的乘客數量離電梯的容量還差多少。它不能預測接下來的時間裡會發生什麼情況。例如，是不是在 12 層樓舉行的一個大型會議散會了，很多人要到從 12 樓到一樓的大廳。它還不知道每層樓等待電

梯的人數，特別是一樓大廳的人數。也許它甚至不知道今天的時間。如果它知道這些資訊，就可能意識到在下午 5 點一個乘客的高峰有可能產生，因為人們會結束一天的工作下班離開。

如果有更多的資訊，電梯系統會高效運轉。智慧型運輸系統的整個領域就是建立在掌握公路上車輛即時資訊的基礎上，使網路的控制和個人的路徑選擇能夠建立在這一資訊之上。這就是我們的下一個關鍵要素。

關鍵要素 10：資訊的可獲得性

10.資訊的獲得或缺乏引發了系統的運營、投資和客戶的多種選擇。

一個重要的問題是：我們能否有效利用資訊。例如，我們能否利用資訊提高網路的控制策略和績效？是否存在使網路運轉更有效的演算法？我們能否在合適的時間框架內運行這樣的演算法？特別是，這些演算法能否即時運用？

Chapter

運輸系統的關鍵要素
11-17

關鍵要素（續）

關鍵要素（續）

我們接下來討論下一個關鍵要素，交通運輸的基礎設施結構的「形式」影響到了整體結構的構成。整體結構不僅包括像建築物一樣的物理結構，還包括都市區域甚至整個國家的結構。

在電梯的例子裡，我們已經有了一個設計方案，用3輛電梯為所有的樓層服務，前面已經描述過了。現在，假設我們又回到設計階段，並不侷限於3輛電梯（見圖7.1）。很多天才會說：「我們需要的是直達每一層的電梯。」因此，我的假設是建造60個電梯。會有一輛電梯在1層到2層間運行，還有一輛從1層到3層，還有1層到4層，1層到5層的電梯；每個人都將享受直達每一層的電梯服務。

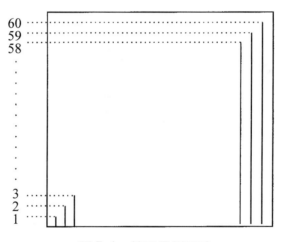

圖 7.1　管理電梯服務

顯然，這是一個愚蠢的主意，但在某種程度上，有效地闡明了客戶想要的服務水平。這種直達每一層的服務創造了無與倫比的服務水平。但不幸的是，這會改變你所設計的基礎設施的形式——為一個辦公樓提供如此多的電梯，顯得十分荒謬可笑。如果我們實際上建造了60個電梯，就不會留下任何作為辦公室使用的房間。這個辦公樓有60個電梯間，你上了樓後，發現沒有任何地方可以去，只好再回來。但是，正如圖7.2所示，如果每10層樓建造一輛電梯，建造6輛電梯是不是還是可笑的呢？

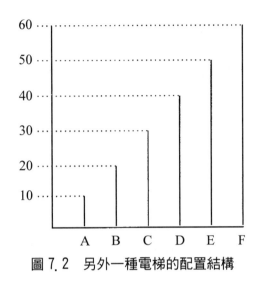

圖 7.2　另外一種電梯的配置結構

　　圖 7.2 所示的構造就可能有意義，不過這得依賴你的觀點。你應該考慮到某一電梯數量所對應的成本和利益。

　　現在，都市規劃者可能在爭論，60 輛電梯的解決方案和 6 輛電梯的解決方案與我們目前的都市道路沒有可比性。有些人可能認為，我們選擇的建造都市道路的方法和為 60 層樓建造 60 個電梯一樣怪異，為了給公眾提供一個「在任何時間可以去任何地方」的都市道路系統而構造了一個扭曲都市結構，甚至扭曲了交通運輸的真正目的和意圖的運輸系統。有些人認為，透過建造大規模的基礎設施來提供運輸服務，我們就會超出合理的投資，降低我們生存都市的功能性和適宜生存的程度。

關鍵要素 11：基礎設施的形式

11.運輸系統基礎設施的形式影響了區域經濟的結構。

　　在討論下一個關鍵要素之前，我們必須認識到取決於系統的結構和運營策略不同，不同的客戶會取得不同的服務水平。這裡的觀點是運輸服務不是平等地提供給所有的客戶，在電梯的例子裡，客戶是指在大樓裡辦公的所有人員。人們獲得不同的服務水平，在於他們處於不同的樓層以及系統是如何運營的。

　　另外，為了理解這一點，我們可以聯想到不同現實世界的運輸系統會為不同的客戶提供不同的服務水平。在公車網路中，路線的不同影響到人們是獲得較好的服務還是較

差的服務。

如果都市公車系統向所有的顧客都收取同樣的費用，但他們所享受的服務水平卻不相同，這就引起了不公正。在考慮運輸系統的設計方案時，我們必須考慮誰受益、誰買單的問題。這個微妙的問題經常與公平原則脫節。這個問題引導我們進入下一個關鍵要素。

關鍵要素 12：成本、價格與服務水平

12.提供某項服務的成本、該項服務的定價以及提供的服務水平通常不一致。

進一步來講，我們計算為某些顧客提供服務成本的能力通常是有限的。例如，如果一個旅客列車和貨物列車使用相同的鐵路線，我們該怎麼分配旅客服務和貨物服務的維護成本呢？這就提到了我們下一個關鍵要素。

關鍵要素 13：服務成本

13.提供特定服務的成本核算經常是複雜而且是模糊不清的。

下一個關鍵要素討論的是成本和服務水平的平衡問題。如前所介紹，我們談到了鐵路運營的副主管和市場副主管。在爭論成本和服務的問題時，運營副主管說：「哎呀，我們不能以這樣的頻率來運營火車，成本太大了。」市場副主管說：「如果你不這樣運營火車，我們沒有交通量，如果我們沒有業務，我們運營的意義是什麼呢？」我們會經常看到這種爭論。

在電梯的例子裡，成本和服務水平的平衡又如何解釋呢？考慮一下調度策略的主旨和在 1 層到 20 層運行的電梯。你可以讓電梯系統以這樣方式運行，當電梯回到第一層後，停留兩分鐘再開始下一個在大樓裡的周轉。這一特定的運營策略有相應的服務水平。另一個調度策略是當電梯滿的時候再出發。假設有一個電子眼在對進入的乘客計數，當 12 個人上了電梯後，電梯就出發。這是不是一個好的系統呢？

在上午的高峰小時，電梯裝滿人的速度相當快；這個主意可能並不壞。在低峰的時候，從服務水平的觀點，就有些糟糕了。11 個人站在電梯裡等待第 12 個人就顯得

令人沮喪了。你可能就是能讓電梯離開的關鍵人物。

　　另一個運營電梯的方法與某些鐵路運營的方法大致相同，存在等待時間與裝載量的平衡。裝載量與運輸能力有關。你可以採取如圖 7.3 所示的調度策略。

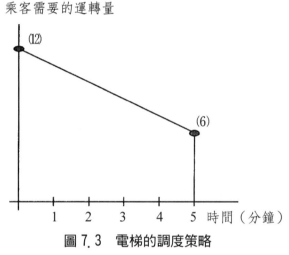

乘客需要的運轉量

圖 7.3　電梯的調度策略

　　在這個例子中，當電梯上有 12 個人後，你就可以調度電梯離開了。因此，如果現在是早上的高峰小時，每一個人都準備上班，當電梯回到第一層的時候，至少 12 個人上了電梯後出發（注意電梯的容量可能多於 12 人）。

　　現在，假設時刻 0 沒有人在電梯裡，然後人們開始陸續進入電梯。當電梯裡的人數累計到某個數字，電梯被調度離開，如圖 7.4 所示。根本上，我們不想讓我們的客戶等待過長的時間，這會影響我們的服務水平。同時，我們不想為每一個乘客安排一輛電梯乘坐，從電梯周轉的觀點來看，這樣做的效率非常低。

　　這與鐵路上某些編組列車的策略相似。他們關心的是列車的編組長度。當火車從西面的車站抵達後，他們就得編組一輛出發列車。他們可能有很多不同方向的進站車輛。什麼時候他們調度列車離開車站呢？他們對已經編組到出發列車的車輛和那些還沒有到達的車輛進行衡量。如果他們調度出發列車離開，後來的車輛就需要等待編組到後續的出發列車。

乘客需要的運轉量

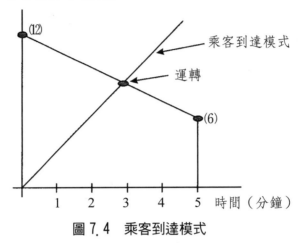

圖 7.4 乘客到達模式

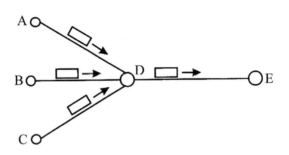

圖 7.5 列車編組

因此，有許多運營系統的方式，每種方式都有相應的服務水平和成本。等待電梯載滿乘客的運營方式具有較低的成本。我們會有一個好的滿載率，但是由於電梯沒有經常運轉，因此它的服務水平有可能很低。

另外一個方面，電梯如果經常運轉，系統的運營成本會很高（如電力成本、設備損耗等等）。儘管服務水平會很高，但成本也會很高。實際上，如果我們運轉電梯太頻繁了，比如一名乘客運轉一次，服務水平會更低，因為電梯浪費了大量的空駛時間或者電梯上只有一個人乘坐，其他乘客不得不在一樓大廳排隊等待服務。這說明了我們的下一個關鍵要素。

關鍵要素 14：服務水平與成本的平衡

14.成本與服務水平的平衡在承運商、托運人內部和他們之間的一種基本張力。

　　成本是交通運輸系統運營的一個基本考慮因素。我們經常採用「批量處理」或者把相似的需求集中起來的策略，來實現成本的最小化。前面提到的鐵路的例子是一個很好的例子。電梯例子中，需要電梯服務的 1-20、20-40、40-60 層的客戶都是批量的例子。當然，與往常一樣，通過集中交通需求的策略來削減成本也會影響服務水平。

　　集中交通需求的概念在交通運輸系統中會不斷出現。當一個航空公司以「中軸—軸輻」的方式運營時，它把不同起點但卻有共同目的地的乘客集中到飛機裡，以降低成本。鐵路貨運系統和其他許多運輸系統也採用集中交通需求的方法。

關鍵要素 15：需求集中

15.把相似的交通需求集中起來的方法經常作為最小化運輸成本的策略。

　　下面我們談談運輸能力的投資。經營者在運輸能力的投資上經常有很多方式。運能上的投資呈階梯狀，是一個階躍函數而不是連續函數。例如，我們有 2 輛電梯還是 3 輛電梯對系統的運營績效影響很大。設計交通運輸系統時，投資的階梯化是一個固有的困難，我們不能買 $2\frac{1}{4}$ 輛電梯，我們要不買 2 輛電梯，要不買 3 輛。因此，我們可以用圖 7.6 來表示這種情況。

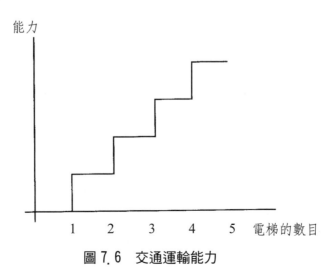

圖 7.6　交通運輸能力

我們有一個運輸能力的階躍函數和一個關於投資的階躍函數。以鐵路系統為例，一個替代方案是在我們路網上的兩點建一條單線鐵路，但是，由於我們希望提高兩個方向的服務能力，我們需要能夠讓兩個方向的列車都通過的機制，這與卡車不同，火車不能離開鐵軌。我們為此建設了所謂的到發線，它能讓我們把火車停到幹線以外的地方，因此，從另外一個方向來的列車能夠通過。到發線也可以讓同一方向的更快的列車越行。

另一個替代方案是我們可以在起止點建立一段雙線鐵路，如圖 7.7。我們就同時擁有向西和向東的線路，所有向西的列車使用一條鐵路，向東的使用另一條，二者之間沒有干擾。

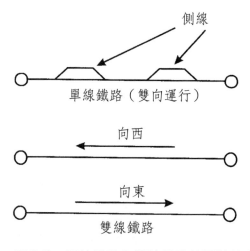

圖 7.7　單線鐵路和雙線鐵路的運輸能力

因此，我們就要在基礎設施投資上做出決策——建造雙線鐵路要比建造有到發線的單線鐵路昂貴得多。我們必須在「階梯式」的成本、運能和服務水平上做出決斷。

關鍵要素 16：階梯式投資

16.在運能上的投資通常是階梯式的（如基礎設施投資）。

現在，考慮一下我們裝有 3 輛電梯的建築物。如果，我們建造的 3 輛電梯都在一層到 60 層之間運行（見圖 6.1），這就是我們的基礎設施投資方案。即使現存的基礎設施能夠讓 3 輛電梯從一層運行到 60 層，我們仍然可以重新對運營方案做出選擇，可以讓

電梯A在1到20層間運行，電梯B在20到40層間運行，電梯C在40到60層間運行。

我們現在有三個60層高的電梯井，雖然上面的運營方案沒有充分利用它們，但我們卻保留了一定的靈活性。如果這些電梯的使用模式變了，我們還有能力改變運營方案。例如，如果樓上有很多乘坐電梯的需求，我們就可能改變我們運營電梯的方式（如：電梯A在1到40層運行，電梯B、C在40到60層之間運行）。然而，由於電梯井不是憑空形成的，如果我們選擇降低建造成本，只讓電梯井分別通到20、40、60層，我們就不能再有別的運營方案選擇（見圖7.8），這樣我們就犧牲了運營上的靈活性。

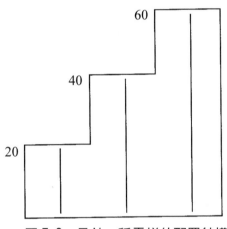

圖 7.8　另外一種電梯的配置結構

這個簡單的電梯例子有一個問題，由於系統的構造，我們討論時總是一個電梯對應一個電梯井（在一個電梯井裡運轉多個電梯很不容易，電梯不能一個接一個的運轉）。在許多其他運輸系統裡，如都市公車系統在都市道路上運行，這些車輛是一個接一個運行的。在公車系統裡，我們可以以小「階梯」的方式增加系統的運能，不像增加電梯井那樣規模大。我們藉由購買更多的公車，可以比較連續地擴充都市公車系統的運能（見圖7.9）。

鐵路系統中也存在相同的情形，在鐵路系統裡，我們可以增加貨運車輛。我們國家裡有幾百萬輛鐵路貨運車輛，因此，如果我們擴充運能時，採用增加車輛的辦法而不是像增加電梯井那樣擴建基礎設施，運能增加就會清晰地表現出連續性。

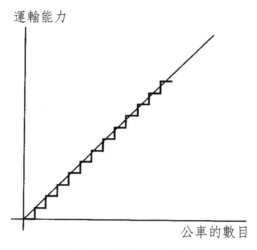

圖 7.9　運能與公車的數目

　　然而，當我們在擴充運能上投資時，馬上就有新的問題需要決策。美國的火車機車的數量比車輛的數目少幾個數量級。因此，這就會產生階梯性。如果我們新建鐵路，我們必須在單線還是雙線間作選擇。如果我們透過增加火車機車來擴充運能，運能增加呈現的階梯性比擴建基礎設施要弱，但還是有階梯性。如果我們通過增加貨物車輛來增加運能，投資大體上是連續的，然而，理論上還是呈階梯狀的。

　　我們還有其他什麼運輸資源可以探討呢？前面，我們已經談到了運具、基礎設施和控制系統。除了前面討論到的，我們還可以透過增加或者減少其他什麼運輸資源以有效改變系統的運能呢？除了上面討論過的資源外，還有什麼資源可以改變系統的運能呢？

　　航空公司的員工數量會影響運能。

　　不錯，勞動力是與運能大小有關的運輸資源。在下面這個特定的例子裡，假設我們安排一個人在收票口收票，另外一個人檢查登機證，與一個人同時做這兩件事相比，對運能大小的影響是不確定的。這對運能可能會產生影響，但不會很大，但肯定對服務水平有影響，乘客登機的速度會受此影響。

　　下面是另外一個例子，考慮一下在調車場工作的調車組工人。如果我們增加工人，我們實際上在勞動力上追加了「階梯式」投資，調車場的產出量會相應發生變化。綜上所述，我們發現了許多改變運能的方法，正如我們在關鍵要素 8 介紹的一樣。

清新的空氣對運能有什麼影響？它是不是一種在運輸決策時該考慮的因素呢？

很好，在南加利福尼亞，大多數的運輸決策都是根據 Clean Air Act 來制定的，不是根據任何運輸業的客戶組織和人們的想法制定。

因此，我們得把清新的空氣納入影響運能的因素來考慮，就像列車機車和你的客車一樣。

我們要以一個廣闊的視角來考慮運輸資源和擴充運能投資。（回顧一下關鍵要素2——運輸系統是廣闊系統的一部分。）

有許多明確的運輸資源如基礎設施、車輛、勞動力和控制系統，但是也有許多不明顯的有用資源。也許我們將來可以巧妙地利用某些特殊技術，擴展運輸系統的運能，比如使用電動汽車來減少對空氣的污染，這是一個正在發展的概念[1]。

階梯式電梯投資

在電梯的例子中，關於電梯數目的決策是階梯式的，我們不可能有兩個半電梯。如果我們用 Y 軸來表示運輸能力，電梯的數目用 X 軸表示，我們就會看到一個階躍函數。

更進一步來討論，無論我們資金投在基礎設施、車輛、控制系統還是其他任何地方，在運輸成本和運能投資上都會存在某種聯繫。如果我們「購買」運能，我們就必然以一種階梯的方式來支付。如果我們購買另外一輛電梯或少量公車，這不僅會改變我們的運能，也肯定會改變我們的成本結構。也就是說，運營系統的固定成本的比重更大，而且也是階梯式的（見圖 7.10）。

運輸成本和運輸系統的運能確實存在某種聯繫。然而，我們應認識到這種關係存在平衡過程。我們可以選擇不昂貴、低運能的系統，也可以選擇比較昂貴、高運能的系統。決定哪一個是我們需要或想要的運輸系統是交通運輸系統領域持久的話題。

除此之外，我們應該瞭解，服務水平與運輸成本和運能的平衡相關聯。也就是說，運輸系統提供的服務水平是交通運輸系統所承載的交通流量的函數（參見關鍵要素9——運輸供給）。

例如，如果我們有很多人用電梯，電梯就會很擁擠，我們就不得不排隊等候。在輪到我們乘坐電梯之前，我們只好等待數量不多的電梯。以舒適性和旅行時間來衡量的服務水平就會急劇惡化。圖 7.11 顯示了服務水平和客流量之間的典型關係。

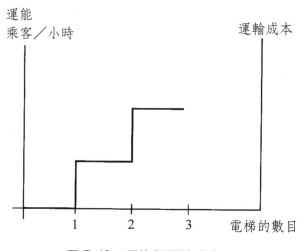

圖 7. 10　運能與運輸成本

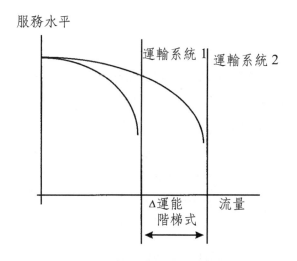

圖 7. 11　典型供應函數

　　通常情況下，當流量接近運能極限，服務水平會急劇惡化，有時我們稱其為「曲棍球棒」現象（見圖 6.3）。因此，假設階梯式投資模式和「曲棍球棒」現象存在，我們就不得不重新考慮我們運輸投資的數量。

　　以上討論引出了交通運輸系統設計最有挑戰性的問題。如果我們在運能上的投資過低，我們的服務水平就會沒有競爭力。如果投資過高，服務水平可能很好，但是成本可能會很高使得價格可能沒有競爭力。面對階梯式投資與服務水平和流量間的「曲棍球

棒」現象，制定決策時真的很困難。

關鍵要素 17：運能、運輸成本和服務水平

17. 運能、運輸成本和服務水平之間的聯繫——投資的階梯性與服務水平和流量之間的曲棍球棒式的函數共存，是進行交通運輸系統設計時的核心挑戰。

參考文獻

1. Sperling, D., *Fulure Drive: Electric Vehicles and Sustainable Transportation*, Washington, DC: Island Press, 1991.

Chapter

運輸系統的關鍵要素
18-24

關鍵要素（續）

供需平衡的機制

運輸高峰

關鍵要素（續）

下面，我們討論下一個概念──運輸系統的「高峰期」。回顧一下電梯的例子。我們把電梯的客流量的日變化函數用圖形表示出來。

我們先看一下上升的趨勢。假設人們正在使用電梯上班，而且在這棟樓裡的人大都在上午9點和下午5點間工作。選取有代表性的一天，我們就可以得出時間和系統流量之間的關係。如圖8.1所示。這種現象是我們在運輸系統中經常看見的──每天都有需求高峰期。這種模式與上下班有關。

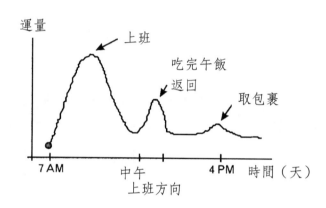

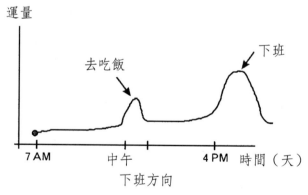

圖8.1 運量日變圖

我們作為系統的運營者，必須弄清一個問題，在考慮到運輸需求並不是保持不變情況下，我們能夠提供多大的運能。我們可以決定提供運輸能力1所示的最大運輸需求（見圖8.2）。這個系統可以運轉，因為流量不會超出運能。我們確實需要建立一個高服務水平的系統，但同時，毋庸置疑這也會導致運輸成本居高不下，因為我們必須投資

達到這一運力水平,這個系統可能在上午 9 點看起來是合理的,但在下午 1 點 30 分看起來就不太明智了。

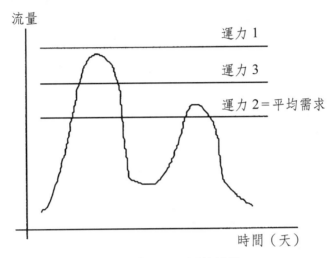

圖 8.2　不同運能決策

　　另一方面,我們應從平均運量的角度來考慮問題,每小時的運輸需求為 X 人,系統能提供的運能為平均運輸需求,如運力 2 所示。我們選擇忽略需求的時變性這一事實。在「平均」水平上,系統能運轉。當運量超出了運能時,比如在高峰時期,客戶不得不等待服務,這時服務水平就惡化了。儘管有些客戶不得不在早高峰時等待服務,但所有的客戶最終都還會得到服務,系統在高峰過後也會恢復正常。

　　從基礎設施成本的角度考慮,建造這樣的系統成本比較低。但由於運輸高峰的存在——運輸高峰就是以運輸需求的高峰為特徵,許多乘客,特別是在高峰時期乘車的,就要面對惡劣的服務水平。人們需要排隊等候運輸服務。

　　我們該怎麼辦呢?我們選擇這麼低的運能,高峰時期的客戶服務水平是不可接受的。同時,我們提供的這樣一個沒有人等待的服務水平,因而是不經濟的。於是,運力 3 可能是一個比較好的妥協方案。關鍵要素 18 涉及了設計運能的問題以及我們如何供給運輸高峰需求。

關鍵要素 18:運輸高峰

18.運輸需求高峰:一個基本問題是運能設計——我們不能滿足交通運輸需求的頻率

是多少？

現在假設電梯系統的運能只能讓上午 8 點 55 分到一層的人，在上午 10 點 30 分才能到 42 層的辦公室。3 個星期都是如此，你的老闆看見你 10 點 30 分走進辦公室後就不會有好臉色，你也許會說：「我確實想保住這份工作，我需要它」。你不再 8 點 55 分到一樓，然後在那等 1 個小時 25 分鐘，而是 8 點 20 分就到那，只要等半個小時。你就可以按時上班了。

因此，視具體的情況不同，你可能在非高峰時間旅行，不是提前，就是延後。如果你想獲得較高的服務水平，你可能安排自己在高峰後旅行。後面我們還會繼續討論這個觀點。

在洛杉磯，交通的高峰期不斷延長，想按時上班的人，早晨 6 點就要出發。

在加利福尼亞以外的地方，在曼谷發生的交通擁擠十分嚴重，高峰小時幾乎延伸到一整天。系統幾乎總在運能附近運轉。

我們必須認識到的下一點是，運輸系統吸引的運量是系統向乘客提供的服務水平的函數。如果服務水平惡化，運輸服務需求就會減少。當然，具體減少的數目會視情況而定。但仍然符合上述規律，即吸引的流量是提供的服務水平的函數。這是一個微觀經濟學的概念。例如，如果電影院把價格加倍，看電影的人就會減少，即價格越高去電影院的人越少。如果電影院把價格減半，就會有更多的人去。

需求和提供的服務水平的關係如圖 8.3 所示。一般來講，我們假設人們喜歡便宜的東西。因此，例如，與昂貴服務（如緩慢、不安全、不可靠）形成鮮明對比，人們就傾向於「購買」更多便宜（比如快捷、安全、可靠）公路運輸服務。這是一個基本的經濟觀點，對運輸服務業也同樣成立。

關鍵要素 19：運輸需求

19.流量＝f（服務水平）；運輸需求。

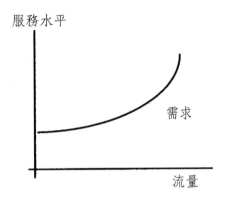

圖 8.3   運輸需求：服務水平與流量

我們在討論服務水平以前，曾經稍微地介紹了一下「多維」的概念。我們不能用諸如旅行時間一類的單個變數來描述服務水平，相反，我們需要用多個服務水平變數來描述它。通常情況下，我們不得不把多個變數合併成一個變數——效用。例如，效用 V 是所有類型的服務水平變數的線性逼近，比如第四章描述旅行時間、在途時間、等待時間、費率、舒適性等。也可以採用其他函數形式。

關鍵要素 20：多變數影響的服務水平

20. 服務水平通常是多維的。為了分析問題方便，我們通常需要用我們談到的效用把它簡化為一個一維問題。

在電梯的例子裡，假設建築物已經建好，相應的服務水平已經確定。然後，一個新來的租賃戶遷入了 47 層，他有 200 個員工，於是電梯需要承載的人數增加了。新增加了 200 個員工，電梯的服務變得更差了。你認為在近期會出現什麼情況呢？過了下週又會怎樣？

人們可能會改為爬樓梯，而不再乘坐電梯。

這是一種可能性。但是我認為在一個摩天大樓裡，你的旅行方式選擇有侷限性。也許，走到 3 層還有可能，對於一個真正的運動員，可走到 8 層樓。但是，假設人們要繼

續上班，從短期運營的觀點來看，電梯的乘客數目不會有很大的變化。運量的變化很可能發生在下樓的方向。很明顯，人們更傾向於走下樓而不是爬上樓。人們可能從 8 樓走下來，但爬到 8 樓就不太可能了。一般來講，選擇走樓梯的人很少，因此，這裡沒有有競爭的旅行方式。如果假設樓裡的人為了不失業都想在這棟樓裡繼續工作，電梯運量不會有很大變化。

然而，在某些情況下，存在旅行方式選擇的問題，如果某個運輸方式的服務水平下降，運量就會大幅下降。比如，你每天開車上班，但交通阻塞越來越嚴重。最後，你只好攤開雙手，無奈地說：「我要把車放到車庫裡，改乘地鐵。」於是，你改變了你的旅行方式。

事實上，如果我們這座大樓裡的電梯服務很糟糕的話，上述的情形也會發生，只是要經過更長的時間。在我們的大樓裡具體發生什麼情形呢？

最後，人們可能會遷出這座大樓。

非常正確。通用電氣在 42 層有一個銷售辦公室，最後他們說：「太荒唐了。我為這地方付了錢，可是我的員工每天上午要花 20 分鐘在電梯上。這條街上又新建了一座樓，我們要搬到那裡去，這裡的電梯服務水平太糟糕了。」於是，我們這座大樓裡的電梯運量會下降。當然，這種情況不會立即發生，需要過一段時間，從長遠來看肯定會如此的。

正如在關鍵要素 2 提到的，競爭是提高運輸服務的潛在驅動力。在電梯系統的例子裡，幾乎沒有運輸方式之間的競爭——大樓裡的住戶必須乘坐電梯。但更通常的情況是存在競爭的。例如，如果你提高公路貨運服務的價格或者服務水平以某種方式下降，你的客戶就會轉移到你的競爭者那裡——比如鐵路或其他的公路運輸公司。在電梯的例子裡，競爭以另外的形式發生了，人們最終搬到了其他大樓裡。這裡的競爭存在於不同的層次上——是戰略的而不是戰術的。

Manheim 在他的概念框架裡，根據運輸系統討論了活動系統的變化，反過來也如此[1]。在使用框架時，我們要區分短期、中期和長期影響。典型情況下，活動系統經常

---

[1] Manheim, M. L., *Fundamentals of Transportation Systems Analysis*, Vol. 1, Cambridge, MA: The MIT Press, 1979. This book is a classic treatment of transportation systems analysis.

在長期發生變化。

關鍵要素 21：不同的時間座標

21.不同時間座標下的不同運輸系統組成部分和相關的系統運營和演化（比如，短期——運營政策；中期——客車所有權；長期——基礎設施和土地利用）。

現在，我們介紹運輸供給與需求平衡。我們已經提到，一方面服務水平是運量的函數。當運輸設施變擁擠的時候，客戶的服務水平開始惡化，如圖 6.3 和關鍵要素 9 運輸供給所示。

另一方面，從微觀經濟學的觀點來看，服務水平變化，需求也會發生變化。當服務水平提高時，需求增加了；服務水平惡化，需求也降低了。

我們用圖 8.4 表示這種關係。這裡，我們描述了服務水平和運量之間的關係，根據效用的概念，量化服務水平時採用了一維化方法。無論提供的服務水平多大，總存在一個最大的流量。我們也有一個供應函數，如前面所介紹的，大體上表明了流量的增加，提供給客戶的服務水平衰減，反之亦然。

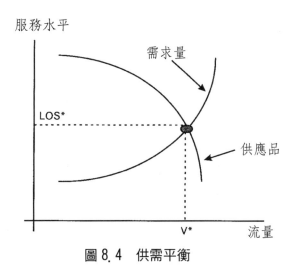

圖 8.4　供需平衡

供給和需求之間存在一個平衡，因此運輸系統存在某個平衡流量 V* 和某個平衡服務水平 LOS*。

關鍵要素 22：運輸平衡

22.根據運輸供給和運輸服務需求的平衡來預測運量是運輸網路分析的基本方法。

這是研究運輸系統的一個有用方法，但只是概念性的方法，是一個研究運輸系統的框架，也許在某些細節上並不完全正確，但卻是概念化運輸系統的有效方式。

這個簡單的框架忽略了一些問題，如不同的客戶對不同的服務水平變數有不同的敏感性，以及系統的不同部分在不同的時間發生不同的作用和變化（關鍵要素 21）。例如，一個客戶一夜之間就可以由公路運輸改選鐵路運輸。但建設公路的單向行車道卻要花費很長的時間。因此，運輸系統可能趨向於平衡，但是可能實際上永遠都達不到平衡或者很多年以後才平衡。看看電梯的例子，運輸供給和需求都隨時間變化（見表 8.1）。

表 8.1　運輸需求與供給

	運輸需求	運輸供給
短期	人們步行上或下樓	電梯運營方案──減少停滯的時間
中期	公司改變工作時間	技術改造──採用新的控制系統
長期	公司搬遷走	高技術、高速度的電梯。新的電梯井

這個簡單的框架忽略了運輸系統內部的競爭因素。如果你有一個卡車運輸公司和鐵路運輸公司，正在計畫改善自己的服務水平，你的競爭對手是不會靜觀其變的。（見關鍵要素 3）這些就是提供給客戶的有關服務水平的資訊，然而卻是可能遺漏掉的資訊。

因此，供需平衡模型不完全正確是由很多因素造成的。然而，我仍然認為供需平衡模型是研究運輸系統的一種有效途徑。一位不知名的智者曾說過這樣的話，可以啟迪我們領會這一思路：

所有的模型都是錯誤，然而，有些確是有用的。

任何模型都存在某種程度的抽象，不可能把現實世界的系統考慮的面面俱到。為了理解系統、設計系統、改變系統的運營計畫等等，模型就成為有用的系統表示。因此，實際上，任何模型的努力在某種意義上都是錯誤的，因為這種努力實際是把系統簡化為

抽象形式。然而，這些模型可能依然有用，確實，我們將要談到的許多模型都是錯誤但很有用的。

很快，我們就要談到模型問題的細節，以及它們怎麼和運輸系統聯繫在一起的。（見第十章，模型與框架，以及第十一章，建模的概念）。現在，我只要瞭解下面幾點：

- 運輸系統是複雜的、運動的，不僅內部相互聯繫而且與外部的其他複雜、動態系統（經濟、環境）也有聯繫。
- 運輸系統隨時空不同而變化，不同的系統組成部分在隨著時間發生變化。運輸服務是在複雜的網路上提供的，其本質是隨機的。
- 具有複雜決策運算能力的人類決策者做出的決定，刻劃了運輸系統的形式。
- 對整個運輸系統建模是難以想像的。我們的主要工作在於選擇與我們的需要相關的子系統和模型，從思想上確定未建模的組成部分的邊際影響。

供需平衡的機制

接下來我們討論一下供需平衡共有的某些機制。通常，我們需要使用一些迭代的數學步驟來尋找平衡點，即供需函數相交的地方。有些時候平衡點很明顯，有時則不是。

在確定供需平衡點時，我們估算一個靠近平衡點的流量。在此流量的基礎上，計算服務水平（這個服務水平可能與我們開始選擇的流量不一致）。然後，我們改變流量，使其與服務水平一致，此時流量可能是錯誤的。於是，我們就沿著這樣的一個迭代過程，直到我們找到平衡點（見圖 8.5）。

改變供給

既然我們已經理解了模型的意義，接下來我們就討論如何使用模型。假設已知確定的服務水平和系統運量，於是，我們就有了一個需求關係和供給關係。我們還假定這是一個公路系統，並同時決定擴建公路的基礎設施，從而改進我們的運輸服務供給。在這個例子中，可以將其表述為供應函數的曲線從左向右移動（見圖 8.6）。

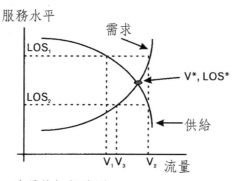

流量的初始猜測

LOS_1決定流量 V_2

LOS_2決定流量 V_3，等等

直到找到 LOS^*和 V^*

圖 8.5　尋找平衡點的收斂過程

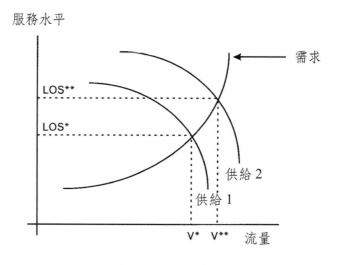

圖 8.6　改變供給

　　因此，原先的系統平衡建立在服務水平 LOS^*和流量 V^*，另一方面，當我們增加系統的供給後，可以預見，經過一段時間後，系統會調節到一個更大的流量V^{**}和一個新的服務水平LOS^{**}。流量增加後，我們可以看到這樣的事實，即公路運輸系統更「便宜」（如更快）了。

人是有目的性的。如果公路系統變得越「便宜」，人們就會「購買」得越多。

改變需求

乘客從哪來呢？他們是否從鐵路運輸轉移到公路運輸呢？他們是否從收費公路轉移到普通公路呢？這些需求來源有許多解釋。可能存在潛在的需求——人們以前根本沒有計畫旅行，但現在由於「便宜」才旅行的。

如果我們用一段時間把 2 號公路的運能加倍，會發生什麼情況呢？（如圖 8.7）在我們改善公路設施以前，從 Fresh Pond 去 128 號公路的路很難走。現在變得容易了，因為 2 號公路變得更寬、品質更好了。隨之而來的開發者說：「我會把 Raytheon 的總部遷到 128 號公路和 2 號公路的交叉口」；而在 2 號公路的另一側，一些房地產開發商說，「我們要開發這片土地」。

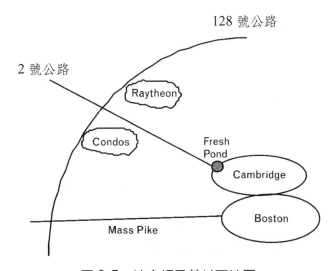

圖 8.7　波士頓及其以西地區

由於擴建 2 號公路，改善了服務水平，更多經濟活動吸引到了該地區。經過一段時間以後，需求曲線從需求 1 轉移到了需求 2（如圖 8.8）。

公路建設的結果導致了更大的運輸需求。通過改變這一區域的基礎設施，刺激了人們的活動。過了一段時間後，我們的系統又在另一個平衡點（V***，LOS***）運轉。經過一段時間，系統運動調整了，經濟活動增加了，新的建築物開始建設，運輸需求增加了，於是又產生了一個新的平衡。

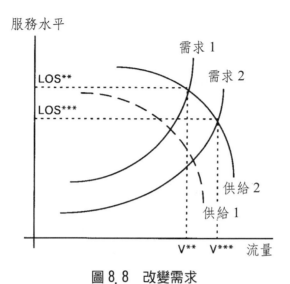

圖8.8　改變需求

　　看一下圖 8.9，改善的交通運輸設施提供的服務水平 LOS***看起來大致等於改善前的服務水平 LOS*。我們研究運輸問題時，就會聽到類似的不厭其煩的故事，「哎呀，我們剛修的路怎麼又堵塞了——擴建了道路，但是道路依然擁擠」。

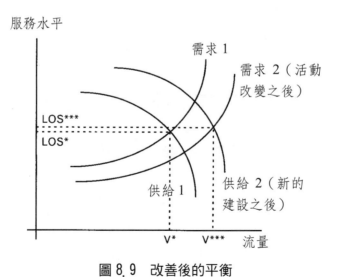

圖8.9　改善後的平衡

流量增加：是好還是壞？

因此，運量增加了，但服務水平依舊未變。與我們改建以前比，是好事還是壞事呢？你會傾向於什麼呢？

有人認為，更大的流量對環境會比以前有更大的潛在破壞力。

「破壞」是具有煽動性的詞語，但卻是有意義的。增加的交通量肯定會對環境產生影響。

然而，我們也可以認定這些流量是有益的。增加的流量表明了經濟活動和人們就業改進。新增加的流量可能是建新房的木料，或人們為了娛樂去看電影。如果把流量視作經濟活動，現在流量比以前增多了，也許表明現在的情形比過去好了。

我們也可以持相反的觀點，流量對環境有很大的影響。流量增大後，我們正在使用其他類型的資源，這些資源沒有被明確的包括在運輸系統內。我們曾經談到，清潔的空氣可以看作我們正在消耗的資源之一，而且我們正在過度消耗它。由於清潔的空氣沒有明確地納入個人用戶的運輸成本，因此現行的價格體制的運行方式，正導致我們以過快的速度消耗它。

這些爭論突出了運輸系統的可持續發展問題，可持續的概念是指經濟發展和環境影響相平衡。認為流量增加是好事的人，支持經濟發展的一方；對流量增加持懷疑態度的人更多地關心環境影響和資源消耗。不能簡單化地回答可持續性問題。採用平衡思路的研究框架可能是一個考慮問題的好方法。

運輸高峰

我們接著回到運輸高峰問題。讀者可能還記得我們討論過日運輸高峰。然而，日高峰不是唯一的運輸高峰，卻是較常見的運輸高峰。在客貨運中，有許多不同時間框架內的運輸需求高峰，比如，周高峰在許多運輸系統中也能觀察到。週五的公路運輸比其餘的幾天要糟糕。在美國，週二往往是航空運量最少的日子。如果你週五晚上去乘飛機，就會感覺到與週六早上有明顯不同。我們可以看到運輸系統的季節高峰，比如，航空客運服務中，感恩節是一年最大的高峰。而在貨運系統中，運輸高峰往往發生在農作物收穫季節。

回到電梯的例子，電梯系統的高峰每天都產生。假設建築物人口增加，更多的公司決定遷入這座樓，過去客流平穩的電梯突然變擁擠了，原來我們可以 8 點 55 分走到一樓大廳，8 點 58 分肯定就能到辦公室，現在我們不得不排隊。高峰小時就會產生擁擠和延誤。

我們討論一下，在這種情況下，人們會採取什麼行動。我們認為有些人可能會來得早一些，有些人可能計畫來得晚一些，有些人可能正在思考如何適應這個高峰。大樓裡的老闆可能也聚集到一起，準備想出些削減高峰需求服務的方法。大樓裡的眾多租房人可能努力錯開上班時間，於是運輸高峰在某種程度上得到了某種緩和。如果業主們能夠就那個老闆採用的工作時間達成一致，這可能成為緩解運輸高峰的方法。

價格調節

另外一種選擇方案，我們也可以像很多系統那樣，把價格作為一種調節手段，讓人們不要集中在運輸高峰旅行，例如，我們可以向使用電梯的人收費。假設，現在乘坐電梯有一個費率。一般情況下，電梯是免費的，電梯的客戶不必付費，但是，現在要對它收費了。不必考慮實施的細節，在實際情況下，收費是困難的。我們可以安置這樣一個設備，如果乘客在 8 點 45 分和 9 點間乘坐電梯，可能要交 X 美元。如果乘客願意在上午 8 點 30 分和 8 點 45 分之間或 9 點到 9 點 15 分之間使用電梯，儘管這些時間剛好在高峰期以外，我們還是讓他們免費乘坐。如果乘客願意在 8 點 30 分以前和 9 點 15 分以後乘坐，離高峰期很遠了，他們乘坐電梯，我們給他們一定的補貼。（很明顯，現在還需要設置這樣一個系統，防止大街上的人在非高峰時期來乘坐電梯，以獲得我們的補貼）。

理論上，我們可以做這樣的工作。我們根據經濟學理論，認定人會根據外界刺激做出反應，從而緩解運輸需求高峰（見圖 8.10）。價格調節可能成為重塑高峰曲線的機制，讓它更分散。

擁擠定價（Congestion Pricing）

這就是所謂的「擁擠定價」。願意在高峰期支付旅行費用的人在高峰期旅行，不願意的人在非高峰期旅行。研究運輸系統的人都知道，現在顯然還不容易做到這一點。運輸學者對這個概念討論得很多，特別在公路運輸系統領域。直到最近，在公路上實施擁

擠定價的技術才成為可能。

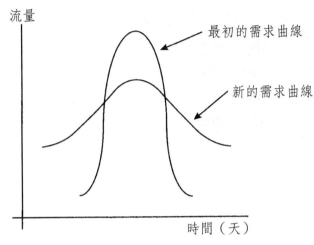

圖 8.10　改變需求曲線

　　採用價格機制有很多問題需要考慮。首先，對曾經免費的某些東西進行收費有一個政治問題。在電梯的例子中，願意在 8 點 45 分至 9 點之間高峰付費的人把錢支付給了錯開高峰旅行的人，這些錢發生了轉移支付。

　　除了政治問題，平等性是另外一個問題。擁擠定價機制有可能被看作有利於富人。不是每一個人每天都能支付 X 美元。也有利於那些時間靈活的人。有些人為其岳父工作，他們想什麼時候來就來，每天照樣掙 Y 美元，因為他們可以早上 11 點使用電梯，而不是早上 9 點。然而，有些人的老闆卻會說：「我不管他們如何向你收費，你必須 9 點到這。」平等性問題確實是我們在實施擁擠定價計畫時應該考慮的。通常情況下，時間上有靈活性的人都是有支付能力的人。

　　在現今世界運輸系統中，擁擠定價正被作為一種趨勢得到認真考慮。隨著智慧型運輸系統（ITS）的到來，出現了新的收費技術，費用的大小可以為時間或其他變數的函數，而在進行收費時汽車不需要停下。這種技術提供了公路擁擠定價方案實施的可能性。因此，採用價格機制來減緩運輸高峰已經漸漸來到。

運輸服務的定價

　　我們可以把這一點歸納為運輸服務的定價。在討論關鍵要素 12 時，我們指出，人

們支付運輸服務的價格可能與運輸服務的成本不一致。進一步來說，我們使用運輸服務設施的成本可能不僅施加在我們身上，而且也施加在他人身上。例如，當我們選擇在高峰時間旅行，我們進一步加劇了其他旅行者的延誤。我們駕車旅行時，引起了環境品質的下降，我們把這種成本施加給了整個社會，因為我們沒有直接付錢。

經濟學家使用「負值外界效果」的術語來描述這些效應。我們使用運輸的決定使別人增加了成本，從社會角度看，可能導致資源的非優化利用。價格機制──擁擠定價或向引起擁擠的人收費是減少「消極的外部成本」的可行方法。見關鍵要素 23。

關鍵要素 23：定價機制

23.運輸服務系統的定價機制改變了人們的行為方式，是降低其客戶引發針對其他用戶和社會的「消極的外部成本」的一種機制。

交通流量的不均衡性

運輸系統的特徵之一就是流量的不均衡性。在電梯系統中，也存在不均衡性。早晨，每個人都想上樓。而在晚上，每個人都想下樓。在貨運系統中，也存在不均衡性。從環太平洋地區有大量的貨物海運到西海岸港口──長灘、洛杉磯、西雅圖─塔科馬，然後通過雙層貨櫃火車運往東部海岸。這些貨櫃都是從西部海岸滿載向東行駛的，然而，這些貨櫃只能空駛回到環太平洋地區再裝運。

這是許多運輸系統的基本特性，即交通流量是不均衡的。在鐵路運輸中，也要處理這個問題，貨車的排空就是一個例子。卡車運輸中，也要重新配置貨車，術語叫做「返空配貨」，卡車司機非常不希望貨車空返。當卡車司機從斯卡奈塔第到匹茲堡，他們試圖找到從匹茲堡到其他地方的運輸業務。大多數的卡車司機都不願意空載返程回到斯卡奈塔第，為通用電氣裝運下一批貨物。流量的固有不均衡引起了許多類似的問題。

當然，旅客和貨物運輸的不均衡性存在一些差異。客流在經過一段時間後最終會平衡。也就是說，在我們的大樓裡，每個人早晨上樓，晚上下樓。在全年範圍內，如果我們說到從寒冷的東北部飛到佛羅里達的乘客，肯定是不平衡的客流。在 11 月份和 12 月份，人們傾向於飛往佛羅里達。在 4 月和 5 月，人們傾向於飛回新英格蘭。經過一年的時間，人們大體上又回到出發點，但是，在短期內，比如冬季或春季，存在不平衡性。過了一段時間，客流又趨於平衡。

　　然而，貨流卻不平衡，因為在運輸過程中，貨物在不同地點有不同的表現形式。如果把穀物從堪薩斯州運到新英格蘭，這些穀物在 6 個月內不會再回到堪薩斯州，因為這些穀物被使用了。因此，在貨運系統中，即使過了較長的時間，流量也不會平衡。在美國的鐵路運輸業中，大約 42%的貨車英里都處於空駛的狀態，反映了流量的不平衡，需要調度空車。綜上，可得出下一個關鍵要素：

關鍵要素 24：流量的不均衡性

　　24.流量的時空不均衡性是運輸系統的特徵。

Chapter 9

運輸系統的關鍵要素
25-30

關鍵要素（續）

下一個要討論的關鍵要素是網路行為。因為電梯的例子是十分簡單的網路，對網路行為沒有很強的解釋性。在電梯的例子裡，我們上升和下降。儘管在大樓裡存在如我們前面所述的可替代路徑，但不是我們在航空網路和公路網路及其他複雜網路上的那類可替代路徑。然而，理解和預測網路行為是我們在運輸系統分析中的核心工作。當我們改變運輸網路，預測會發生什麼情形非常複雜。

讀者回憶一下，我們談到大樓裡有 3 輛電梯，一輛為 1 到 20 層服務，下一輛為 20 到 40 層服務，第三輛為 40 到 60 層服務，這是一個簡單的系統。假設我們一個新來的大客戶遷入了 15 層樓，產生的運輸負載主要集中在為 1 到 20 層服務的電梯上，我們會看到什麼樣的網路行為呢？在新的房客搬入 15 樓後，人們使用網路的方法與以前不同了，人們會做出什麼樣的決定呢？任何人是否都能想到一些使用方法，使個別用戶可以改變網路的行為？是不是呢？

如果你去 18 層，你可以直達 20 層，然後走下兩層樓梯。

是的，這是一種選擇。我們可能看見某些使用網路的變通方法。如果這些變通方法是有價值的，就顯然會影響網路的其他部分。

儘管電梯是一個簡單的例子，但還可以說明，預測需求模式的變化非常麻煩，因為電梯系統中網路行為的改變非常微妙，因為用戶個體是以自己最優做出選擇的。在複雜的運輸系統中，經常有「常發擁擠地段」。在波士頓地區的公路運輸系統中，Central Artery 就是一個常發性擁擠地段。當交通事故發生時，表現出來的對網路行為影響可以傳播到離事故點很遠的地方。

我想起來有幾次，我給家裡打電話，臨走前向我妻子說一聲，她說：「你知道嗎，我聽到收音機裡說發生了重大交通事故。」我說：「為什麼你不厭其煩地告訴我這些，那不是我要去的地方。」但事實證明，我經常晚回到家，即使發生的交通事故與我走的路線沒有直接的聯繫。但交通溢流和車輛路線調整還是發生了。高峰小時裡，當路線流量接近運能時，即使發生了很小的流量變化，服務水平對這種變化也很敏感。有些司機的回家路線並不靠近發生事故的路線，但由此發生的車輛路線調整對他們也有影響。

綜上所述，網路行為是重要的。我們關心的是當網路變化時，預測流量會發生怎樣

的變化。當我們談到交通運輸系統能力的概念時，我們正在討論的是系統路徑和節點的能力。另外，網路能力是個更複雜的概念。網路是如何作為系統運轉的呢？網路流量接近運能時，它會如何運轉呢？如何改善系統的運營，使其更有效呢？理解這些問題是微妙而又複雜的事情。

關鍵要素 25：網路行為和運能

25.網路行為和能力起源於網路的節點和路段的運輸能力，以及在可替代路徑的流量重新調整，是交通運輸系統分析的重要內容。

網路的下一個特徵是「迂迴性」，即兩點之間的直線距離與它們在網路中路徑距離的比值。在鐵路網中，是個很重要的因素，因為鐵路網非常有限，因此網路上的距離比直線距離要長很多。

下一個關鍵要素處理運輸系統績效中的隨機性概念。這裡，我們指的是外部因素作用下，運輸系統運營方式的隨機效果。例如，在中央大道一輛車在高峰小時突然沒有汽油了。基礎設施也可能有缺陷，比如一個引起相關路段通行能力下降的凹坑，因為人們都要避開它。天氣，如大雪和大霧這樣的例子。

人的行為也是不可預見的。由於旅行方式的選擇也不同，我們可能有不同的效用函數。油料的價格和經濟狀況也是不可預見的。所有的這些因素，與出現交通事故和公車司機曠工一樣，都會都影響網路上的流量。

關鍵要素 26：隨機性

26.運輸供需的隨機性是運輸系統的特徵。

在公路系統中，我們區分了常發性擁擠和偶發性擁擠。我們談的常發性擁擠是指高峰小時擁擠。在新塘（Fresh Pond），每天上午 8 點的交通會變得十分擁擠，因為使用這條道路的人數超過了道路的通行能力。

我們也討論偶發性擁擠，它起源於運輸系統的隨機性質，如道路上的交通事故。根據定義，這類擁擠的預測，如果不是不可能的話，也是非常困難的。與我們每天都看見的常發性擁擠相比，偶發性擁擠對交通延誤的影響更大。

這表明了像智慧型運輸系統一類技術的有用性。智慧型運輸系統可以提供運輸系統的即時資訊。如果我們在合適的位置放置感測器來檢測事故,以具有快速解決事故的能力,可以減少偶發性擁擠。

在鐵路系統和其他非公路運輸系統裡的擁擠是什麼情形呢?

這有一些不同。美國的鐵路運輸通常不太擁擠,除了一天的少數幾個小時。在大多都市,它都呈現出一個尖尖的高峰,這就是每天幾個小時擁擠的原因。

看一下航空運輸系統,不同系統組成部分的擁擠水平各不相同。直觀而言,當你想乘飛機的時候,如果不能預訂到機票,這就是擁擠。也可能是飛機沒有足夠的座位,比如在晚上 5 點到 7 點,從這裡到芝加哥的飛機就沒有足夠的座位提供給每個人。機場也有擁擠情況,在某個的高峰時間裡,飛機的數目超出了機場跑道能夠處理的能力。

順便提一下隨機性及由隨機性引起的擁擠問題。運輸高峰和隨機性之間存在區別。像早高峰和晚高峰一類的運輸高峰是系統性的。這種情況每個工作日都在發生,比如,夏季週五下午去 Cape Cod。我們知道運輸高峰發生的時間。隨機性是指在估計的平均值附近存在某些波動,這與運輸高峰不同。我們用圖 9.1 把這一點概念化。

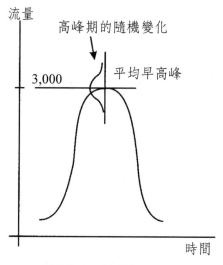

圖 9.1　隨機性

　　該圖表明，在上午 8 點，一般來說，預期的交通量是 3,000 輛／小時。然而，由於隨機性的存在，不會恰好是 3,000 輛，有時可能是 2,500 輛，有時是 3,200 輛。因此，特定一天的高峰交通量是一個隨機變數，但運輸高峰本身是系統性的。

　　請看下一個關鍵要素。

關鍵要素 27：運輸系統，經濟發展和土地利用

27. 運輸、經濟發展與人們活動地點之間的關係——運輸／土地利用的聯繫——是基本的。

　　人們的活動可以是因公或因私的，與他們選擇的居住地有關。從貨運的角度看，便宜的運輸促使效率最高的地區的生產集中，這是一個基本的經濟學理論。

　　假設我們有兩個都市 A 和 B，都市 A 能以便宜的價格生產某種特殊的貨物，我們假設是非常便宜的電力，這與尼加拉瓜瀑布的情形類似。由於都市 A 具有的優勢，故可以較低的價格生產製造便宜的貨物。假設都市 B 有非常肥沃的土壤，豐富的降雨，充足的日照，它就可以種植農業產品並且生產效率很高。（見圖 9.2）

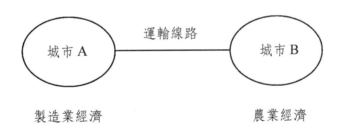

圖 9.2　兩個城市與它們的經濟

　　如果兩個都市之間的運輸非常昂貴，這兩個都市都能為滿足其自身消費而生產印刷品和穀物。如果在兩個都市之間，我們具備高效率、便宜的運輸服務設施，會發生什麼樣的情況呢？現在，如果把印刷品從 A 運輸到 B 的成本很低，而在都市 B 由於沒有便宜的能源，生產成本很高，我們可以在都市 A 以便宜的價格生產它，然後把他們運到 B，其成本要低於在 B 生產的成本。

　　相反地，都市 A 的穀物生長條件不好，都市 B 就可以較低的成本運輸到都市 A。

因此，在都市 A 形成了製造業上的規模經濟，都市 B 形成了農業的規模經濟，我們因而看到了經濟活動的集中。這兩個都市間運輸服務設施的改善使這種情形成為可能。原則上，都市 A 和 B 都能產生經濟效益，同時，我們也能獲得運輸業的規模經濟。

與運輸系統相關的人們活動基地的轉移

Manheim[1]談到了運輸網路和人們活動基地之間的相互作用。談到了運輸投資的重要性，以及人們生產活動向運輸成本更便宜的地區轉移。當然，如果運輸投資是明智的，就會對人們的生產和生活品質產生積極的作用。多年來，我們把這一點看作運輸系統的基本原則。但這一原則並不是放之四海皆準的。如果我們的基礎設施投資不恰當，情況就會變得更糟糕，因為資源原本可以採用更好的方式來使用。然而，運輸系統基礎設施的建設是經濟的發展動力的觀點非常重要的。

果真如此嗎？

人們工作旅行方式和都市地理模式又會如何呢？

很明顯，運輸基礎設施的發展增進了人們的可及性，從而影響了人們居住地點的選擇範圍。都市規劃者提出了「45 分鐘規則」，因為他們認為在人類歷史中，某些東西是相對不變的。我們看一下古代都市的地圖，人們穿過都市的基本旅行方式是步行，人們傾向於定居在這樣的一種都市模式，即從居住地到能賺來麵包的任何地方的路程是45 分鐘。步行穿過古代都市常常是 45 分鐘或一個小時。

由於運輸技術提高了，都市和都會區域的面積也增加了，但「45 分鐘原則」依然保持不變。當人類學會騎馬和乘馬車、學會了駕駛汽車、學會了乘坐高速鐵路後，都市的面積依然不斷增長，因為運輸系統能讓人們居住地離他們的工作地點更遠。

例如，在日本，新幹線的火車以 150-175 英里／小時的速度運行。在新幹線上，有很多人每天從距離東京 100 英里的地方來到東京市中心上班。這是一種例行的折返，儘管非常昂貴。在康涅狄格州格林威治鎮居住，在華爾街上班的人，上班距離只有 30 英里，但和這些通勤者速度一樣。目前，這些新幹線的使用者要為交通支付很高的費用。新幹線是以每英里計費的，旅行費用非常昂貴。但是，東京能夠吸引用戶的區域大大擴張了，至少在新幹線走廊地區是如此。在新英格蘭地區，該距離相當於一個人住在緬因

州的波特蘭，工作在波士頓，但由於沒有高速鐵路服務設施，上述情形就很難實現。

運輸系統績效的度量

下一個關鍵要素討論運輸系統績效的評價。我們如何著手評價運輸系統的績效是要解決的根本問題。表面上這個問題十分簡單，但在實踐中很重要。

客戶覺察到什麼？

在評價運輸系統的績效時，我們需要理解幾個不同的概念。第一個概念是，我們想把績效的評價與客戶覺察到的服務水平聯繫起來。意識到績效評價是多維的，例如，我們不能僅用旅行時間來評價旅行狀況，而也要考慮其他因素。我要強調一點，我們評價績效的方法應該與客戶評價我們和競爭對手的方法聯繫起來。

運輸系統績效度量和運輸成本

第二個概念是，在某種程度上，運輸系統的績效評價要與運營成本和收入聯繫起來，它們都來源於系統的運營。這表明了，我們討論的或者是營利組織或者是非營利組織——我們或者討論太平洋聯合鐵路，它們透過商業營利，或者討論 MBTA，它們得到了大量的公共補貼。在任何情況下，我們都會使用財政手段，用其來管理成本和收入。這些財政手段可以評價我們提供運輸服務的有效性，以及其在市場上的吸引力。成本反映了我們創造運輸服務的有效性；收入度量了我們吸引顧客的能力。

系統與組成部分績效

第三個概念是，綜合系統的績效和系統組成部分績效之間存有差別。典型情況下，客戶看到的是綜合績效。如果我們用太平洋聯合鐵路來運輸貨物，我們一般不會觀察到或者可能都沒有注意到該公司複雜路網上的 A 點到 B 點發生了什麼情況。作為客戶，我們關注的是旅行時間、服務的可靠性，這是對我們有直接影響的度量指標。實際上，在途中貨物的換裝次數對運輸服務的績效有影響，但是，我們不直接關注它。我們關心的是我們能夠看見的績效。

儘管客戶只考慮綜合性的績效指標，但是運營管理經常建立在部分系統組成部分的

基礎上。對整個系統進行管理很困難。相反，我們只能運轉系統的部分組成部分，如貨運站、車隊等等。如果我們能夠很好地運轉系統各個組成部分，我們就有希望很好地運轉整個系統。通常情況下，系統組成部分的有效運轉是系統運轉的必要條件，但一般不是充分條件。如果我們的系統有缺陷，儘管系統各組成部分會運轉得很好，系統的整體績效仍會很差。

績效度量與人的行為

我們度量系統組成部分績效的方法將會對操縱系統組成部分的人產生影響，影響他們如何決策。例如，考查一下在麻州大道運營的公車一號線的一位司機，假設我們以時刻表的準時性來考察這位司機。「我們想讓你準時離開，並且準時到線路終點。如果你不能準時到那，我們就會懲罰你。如果你能做到，我們就給你獎勵。時刻表的準時性就是我們評價你的方法。」這位公車司機將會以與此適應的方式運營車輛。

現在，假設我們決定以運營期收到的票款來評價司機的工作。我認為，公車司機在這兩種情況下會採取不同的措施。如果時刻表的準時性是評價司機的標準，你就會採取所有必要的手段按時到達終點，也許他甚至在最後四個站不停車。另一方面，如果以收入最大化作為與司機個人利益掛鉤的工作績效評價指標，他可能讓車輛盡可能的滿員，也許他可能在兩站之間停車，只是想裝滿乘客。

現在，很明顯，我們的目的是在這兩類評價指標之間達到某種平衡，但這一點不能採用圖解說明。管理和運營系統的人會受到績效度量指標的影響，他們是由這些指標度量的。對於鐵路車站的經理，我們可以想出各種方法來度量他的工作績效，會使他以不同的方式運營系統。假設我們告訴車站的經理：「我們的鐵路上有編組很長的列車，我們相信長編組能夠使鐵路運營更經濟。我們根據列車編組的長度來考核你。如果你的編組長度短，你就陷入大麻煩了。」

因此，那位經理可能會延緩車輛的出發，從而可以編組長列車。另一方面，如果我們告訴車站經理：「我們要用換班時車場裡剩餘的車輛數來考評，剩餘的車輛越多，你的績效考核就越差。」他就有可能從車場發出更多的車輛，即使這些列車的編組長度很短。

如果我們告訴他評價指標是運行圖的準點率，他就會以另外的方式運營系統。如果我們告訴他評價的指標是使用的資源，如轉換機車和工作人員數目，他就會以迥然不同

的另一種方式運行系統。由於我們施加給人們的刺激不同，就會產生不同的運營策略。

人們（和組織）都是根據刺激做出反應的。

路網績效

運輸系統的績效評價問題非常複雜，這是由運輸業的運營者是在綜合網路的環境裡運營，他們對運輸網路可能有適度的控制或者沒有控制。假設我們有一個對車站經理的特定刺激系統。現在，假設進入我們車站的火車誤點了幾個小時，是因為其他車站的經理發車誤點，而我們不能控制這種情況。我們如何能公平地度量我們的車站經理的工作績效呢？這不是一個簡單的問題。人們一直在就這個問題展開研究。我們的經理不得不處理超出他控制的問題，我們如何評價他的工作績效呢？

關鍵要素 28：績效度量

28.績效度量影響運營和運輸投資。

我們在控制運輸網路和研究績效評價指標時，在以下兩類人中存在一種重要的緊張平衡，一類人認為集中化的運營可以實現優化，一類人認為瞭解即時發生的情況也很重要。如果集中化控制真的能夠即時掌握系統的資訊，那麼綜合優化在原則上是可行的。但是，在實踐中，控制系統不可能掌握全部資訊。這引出了我們下一個關鍵要素。

關鍵要素 29：集中決策和分散決策之間的平衡

29.在集中控制和由系統組成部分（如車站）的經理所作的決策之間進行平衡是系統運營的重要挑戰。

我們最後的關鍵要素涉及到我們前面討論中介紹的組成部分。這些組成部分包括基礎設施、運具、控制系統，它們必須被作為一個綜合系統實施有效率的運營。在設計和運營這些組成部分時的判斷必須考慮它們之間的相互作用。

在電梯的例子中，電梯尺寸必須與電梯井適合。其他例子如下：挖掘輪船航道和港口需要與大船的尺寸相匹配；確保火車能安全經過公路的大橋；以及設計的公路能夠承

載較重的現代卡車。

關鍵要素 30：運具／基礎設施／控制系統決策的集成

30.運具／基礎設施／控制系統的投資、設計和運營決策的集成是運輸系統設計的基礎。

下面是 30 個關鍵要素的匯總。

關鍵要素概要

1. 旅行者會根據他們對運輸服務的期望值改變他們的行為。

2. 運輸系統在本質上是經濟、社會和政治系統等大系統的一部分。

3. 經營者之間有無競爭是決定客戶能否獲得高品質運輸服務的關鍵因素。

4. 分析運輸網路上的車流，確定並量化它們的周轉指標，是交通運輸系統分析的基本因素。

5. 排隊等候服務／乘客以及運具、貨物和旅客的存放是交通運輸系統的基本元素。

6. 運輸方式間和運輸方式內的換乘是服務品質和成本的關鍵因素。

7. 影響服務水平的運營策略。

8. 通行能力具有複雜系統的特徵，受到基礎設施、運具、技術、勞動力、組織機構、運營策略、外部因素（如環境、安全、管理規則）的影響。

9. 服務水平＝f（交通流量）；當流量接近通行能力時，服務水平急劇下降，這被稱為「曲棍球棒現象」。

10. 資訊的獲得或缺乏引發了系統的運營、投資和客戶的多種選擇。

11. 運輸系統基礎設施的形式影響了區域經濟的結構。

12. 提供某項服務的成本、該項服務的定價以及提供的服務水平常常不一致。

13. 提供特定服務的成本核算經常是複雜而且是模糊不清的。

14. 成本與服務水平的平衡在承運商、托運人內部和他們之間的一種基本張力。

15. 把相似的交通需求集中起來的方法經常作為最小化運輸成本的策略。

16. 在運能上的投資通常是階梯式的。（如基礎設施投資）

17. 運能、運輸成本和服務水平之間的聯繫——投資的階梯性與服務水平和流量之間

的曲棍球棒式的函數共存，是進行交通運輸系統設計時的核心挑戰。

18. 運輸需求高峰：一個基本問題是運能設計——我們不能滿足交通運輸需求的頻率是多少？

19. 流量 =.f（服務水平）；運輸需求。

20. 服務水平通常是多維的。在了分析問題方便，我們通常需要用我們談到的效用把它簡化為一個一維問題。

21. 不同時間座標下的不同運輸系統組成部分和相關的系統運營和演化（比如，短期——運營政策；中期——客車所有權；長期——基礎設施和土地利用）。

22. 根據運輸供給和運輸服務需求的平衡來預測運量是運輸網路分析的基本方法。

23. 運輸服務系統的定價機制改變了人們的行為方式，是降低其客戶引發針對其他用戶和社會的「消極的外部成本」的一種機制。

24. 流量的時空不均衡性是運輸系統的特徵。

25. 網路行為和能力起源於網路的節點和路段的運輸能力，以及在可替代路徑的流量重新調整，是交通運輸系統分析的重要內容。

26. 運輸供需的隨機性是運輸系統的特徵。

27. 運輸、經濟發展與人們活動地點之間的關係——運輸／土地利用的聯繫——是基本的。

28. 績效度量影響運營和運輸投資。

29. 在集中控制和由系統組成部分（如車站）的經理所作的決策之間進行平衡是系統運營的重要挑戰車輛／基礎設施／控制系統的投資、設計和運營決策的集成是運輸系統設計的基礎。

30. 運具／基礎設施／控制系統的投資、設計和運營決策的集成是運輸系統設計的基礎。

討論完這些關鍵要素作為運輸系統之後，現在我們繼續討論在運輸系統中非常有用的模型和框架。

參考文獻

1. Manheim, M. L., *Fundamentals of Transportation Systems Analysis*, Vol, 1, Cambrodge, MA: The MIT Press, 1979.

Chapter 10

模型與框架

模型和框架簡介

接下來，我們討論模型和框架的概念。我們將在運輸系統的環境中討論它們，但這些思想在其他領域也很有用。我們首先談一下模型和框架的區別。我們的用意是用模型來代表系統。使用框架來分析系統，這意味著我們採用了定性的組織原則。分析時，我們可以同時使用模型和框架，使用模型時，得到是定量結果（比如數字或等式形式）；使用框架時，得到的是定性結果（通常是文字的形式）。

我要強調一點，上面的兩點都是分析方法，只是形式不同。接下來，我們會提供一些模型和框架的例子。在開始前，我們將問這樣一個問題：

運輸專業人士的職能是什麼呢？

作為運輸專業人士，我們真正需要做什麼工作呢？既然我們理解了一些運輸系統的基本前提，如何應用它們呢？我們能說出很多運輸專業人員的職能，如設計更好的運輸系統，在運輸系統的氛圍內有效地從財政角度和其他角度利用資源、優化系統運營以及有效維護運輸系統。

這些都是值得讚賞的目標，「更好的、有效果的、最優的、高效率的」，但對這些有價值、有分量的描述運輸專業人員職能的話之理解是因人而異的。系統優化意味著什麼呢？Union Pacific Railroad的CEO、Surface Transportation Board的主席、Environmental Protection Agency 的主任、都會有不同的理解。在任何情況下，無論你持有什麼觀點，都應該讓事情變得更好、有效果、更優化、有效率，需要開發出對應的工作框架來研究問題。

運輸系統分析的結構

圖 10.1 所示的流程圖，不僅適用於運輸系統，也適用於一般的系統分析。我們的想法是，在流程圖的頂部，就開始尋求現實世界系統的替代方案。在公車系統運營、航空公司投資、公路系統建設時，我們要提出更好的方法。提出替代方案後，我們要預測特定替代方案的系統績效（如第二個框圖所示）。然後，我們開發出方案評價指標，也就是說，在決定我們的系統是否有效運營問題上，我們可以採用描述系統優點的定量化

指標是什麼？考查一下多種替代方案的期望績效，遍歷一下這些替代方案的評價，然後選擇一個或多個有意義的替代方案。這就是我們工作的基本流程。

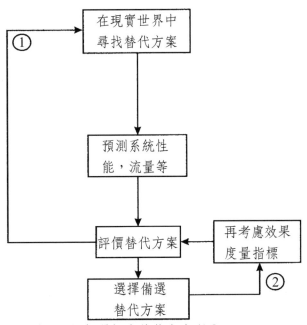

環路 1：評價還提出其他方案嗎？
環路 2：效果度量指標合適嗎？

圖 10.1　系統分析框架：最初形式

流程圖有幾個環路。標有 1 的反饋環路起於「替代方案的評價」，止於「尋找替代方案」。評估完這些替代方案後，評價的結果就可以讓我們發現一些其他需要考慮的替代方案。我們再一次遍歷迴圈過程，替代方案的評價結果——模型結果的解釋會引導我們發現我們以前沒發現的替代方案。

環路 2 起於「選擇方案」止於「有效性度量」。人們也有可能會基於最初有效性度量不是特別好的方案進行決策。

選擇有效性度量指標的複雜性

下面是一個例子說明這一點。考慮一個如圖 10.2 所示的典型的都市地區。

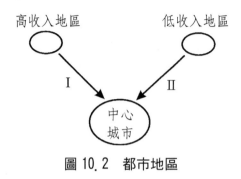

圖 10.2　都市地區

假設都市西北部居住著高收入的人群，低收入的人群居住在東北部。我們準備決策是否為高收入群體服務的擴建高速公路系統，還是為低收入群體服務的適用的公車系統，轉而為他們修建一條更有效的鐵路。

在分析交通運輸系統時，常採用的經典效果度量方法是計算節省的時間；方程中包含了單位時間的價值。特定種類的運輸系統的實施能夠節約多少時間，就可以計算出節約了多少錢。通常情況下，時間的價值差異很大，經常是收入的函數。運輸系統規劃中，我們通常使用每小時工資的百分比——通常是 70%或 80%，來衡量時間的價值。很明顯，每年賺 50 萬美元的人的小時工資肯定比低收入的高。

因此，當我們根據時間價值進行分析時，可能會得出這樣的結論，「很好，很明顯，我們要做的事情就是修建公路系統，節省高收入者而不是低收入者的工資。」經過進一步的評價，我們會做出結論，我們現在使用的效果度量方法不合適。因此，在我們選用的評價方法和開發效果度量方法之間有一個反饋環路。

現實世界抽象成模型和框架

圖 10.1 中，我們在「尋求替代方案」和「績效預測」之間預留一些空間，這個空間就是把現實世界抽象成一個模型和框架（見圖 10.3）。

把現實世界抽象成模型和框架是非常重要的步驟，因為通常情況下（幾乎是任何時刻），我們不能直接對現實世界進行試驗。Union Pacific Railroad 或 Delta Airlines 不可能對一個研究人員說：「好吧，我們聽說了你這個系統運營的新方法，你為什麼不把它拿過去做些試驗呢？」這種情況是不大可能發生的。

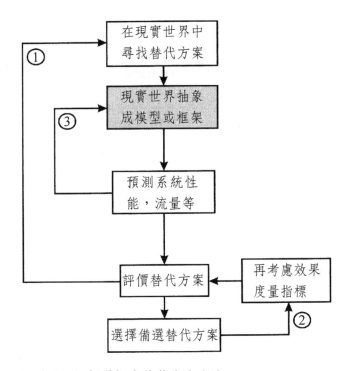

環路 1：評價還提出其他方案嗎？
環路 2：效果度量指標合適嗎？
環路 3：抽象的模型和框架適合做預測嗎？
圖 10.3　系統分析框架（第二次改進）

模型

我們先把討論的焦點放到模型定量研究的方法上。然後，我們再介紹框架定性方法。

我們不直接在現實世界中進行實驗時，就必須建立一個現實世界的數學抽象，通過它來進行試驗。我們嘗試了許多替代方案，並且想出了許多改進 Union Pacific Railroad 運營的方法。我們在模型上進行試驗，而不在鐵路本身。

這種抽象合適嗎？

這導致了我們的另一個環路。環路 3 提出，我們構建的數學抽象在績效預測時有用嗎？也就是說，我們需要一個代表現實世界的模型，比如，我們從抽象模型中以合理的

方式改變一個變數、輸出或預測。如果預測沒有任何意義,我們需要回到上一步,改變我們的模型,以使其與我們對現實世界的看法一致。

現在有了三個環路:根據對初始方案的評價結果,提出新的替代方案;完成方案的初始選擇後,提出方案效果評價的新方法;考察在預測現實世界績效時,模型是否有用。

我們為什麼建模?

即使在項目的早期階段,一個合理的問題就是「我們為什麼要建模?」,我們建模時,在我們思維裡的問題是哪些呢?這些問題表明了我們該怎樣選擇模型?我的關於 Union Pacific 的模型與你的有很大差異。我們要想知道建立什麼樣的模型,必須回到為什麼建模的根本問題上來。

洞察力

我們建模的原因有很多。首先,為了洞察系統是建模的原因之一:透過考察模型對現實的抽象,可以更多瞭解系統的績效。最近,我讀了一本書叫 *Science and Ideas*,其中一篇文章是由一位叫 Perry Bridgeman 的物理學家寫的,他當然談論的是物理,不是運輸。他的一個評論與我對建模的想法類似,他寫道:

透過理解與複雜情況類似的簡單形式,我們就可以洞察它。

我們一直是這麼做的。對現實世界的所有細節進行表示是很難的,很容易令人迷惑,而且也很容易混淆。因此,很多人都使用的技巧是,採用簡單的模型,儘管這模型是錯誤的(所有模型都是錯誤的,然而,有的是有用的),當然,模型不能解釋所有的現實;但它們能讓我們洞悉系統運行的方法。實際上,我們不能使用一個簡單的模型來制定如何運營 Pacific Ocean Railroad 的決策;為了制定這樣的決策,我們需要考慮更多現實世界的複雜性。但是,透過研究一個簡單的(錯誤的)模型,我們可以更清楚的洞察該如何運營 Union Pacific Railroad。因此,我們把模型稱為「洞察力模型」。

在我們的流程圖裡,我畫了一個分支,叫做洞察力框。在我開始研究在現實世界中該如何做的時候,我使用了一些簡單的模型,讓我能夠洞悉複雜系統的運行方式。(見

圖 10.4）。在許多情況裡，當我著手研究一個新問題時，上面的方法就是第一選擇。

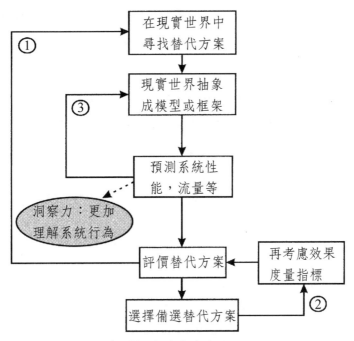

環路 1：評價還提出其他方案嗎？
環路 2：效果度量指標合適嗎？
環路 3：抽象的模型和框架適合做預測嗎？

圖 10.4　系統分析框架（第三次改進）

選擇最佳的可行方案──最優化

　　我們建模的第二原因很直接：為系統運營、投資、維護選擇一個最佳方案。有時，模型本身能產生最佳方案。我們先建造一個模型，輸入資料，然後求解，如果模型構造恰當的話，得到結果數字就是優化的結果。

　　有時直接獲得優化方案是不可能的。通常情況下，我們使用模型是為了輔助決策，而不是產生最佳方案。因為我們不能精確描述方案實施效果的度量結果，因此模型只能給我們提供三種運營系統的方法；我們單獨考慮這個三個方案，採用大腦裡的全部知識來決定這些方案中哪些是好的，哪些是不好的，然後選擇一個。我們可以從常識的、實用的或政治的角度來選擇其中一個。

系統運營

建模的第三個原因是為了指導系統運營。我需要一個即時模型來操縱波士頓的交通信號燈協調系統，就需要實實在在的資料來驅動該系統。這種條件限制了我們能使用模型的類型。如果我們根據模型的輸出即時操控該系統，這個模型就要以足夠快的速度即時工作。

對即時模型的需要是一個長期困擾著天氣預報的問題。氣象學家建立繁複的模型，聲稱可以預測波士頓一小時後的天氣；他們也許能做到，也許不能。然而，需要 24 小時的時間才能預測出結果，這是一個現實的問題。因此，想即時使用這些結果顯然是不可能的。運輸系統中也存在同樣的情況。如果我們要建立一個能控制信號系統的模型，也就是如何在 5 分鐘內改變信號燈的設置，它就不能用 25 分鐘來得出模型的結果。如果真是這樣的話，這個模型在即時應用方面就沒有絲毫價值。

在建模的過程中學習

建模的第四個原因就是在建模的過程中更好的瞭解現實世界，因為建模就是對現實世界抽象的過程。我常常發現建模對輔助瞭解系統非常有效。寫電腦程式也與此類似。當我們為電腦編寫程式的時候，就把一切都書面化了，我們要非常詳細的一步步地考慮演算法，以指導程式如何運行。我們對現實狀況進行抽象時，必須清晰地考慮哪些要包括進來，哪些不需要包括進來；系統如何運行；如果我們以某種方式投資，會發生什麼情況等等。因此，透過建模，可以簡單的瞭解系統，這非常重要。在某些情況下，已經證明建模就足夠了。建模時獲得的知識，可以讓我們獲得洞察力以制定出關於現實系統的某些決策。

為協商而建模

第五個原因我稱之為：為協商而建模。通常，在運輸領域中以及更一般的系統分析中，我們作為運輸專業人員，都工作在有競爭環境下。競爭可能存在於多個運輸公司，兩條鐵路，鐵路和卡車運輸公司，以及管理者和勞動力之間。競爭也能存在於負責運營的領導與負責市場的領導之中，前者想最小化成本，後者想最優化服務。當我們處於這些競爭中時，我們必須確立雙方協商的基礎。一旦基礎確立，我們就可以坐下來說：「這是我想要的，那是你想要的。我給你這個，你給我那個。在實際中，我們一起朝著

對我們雙方都有利的方向努力。」

我們曾發現，模型可以提供一個協商的框架，以討論系統該如何部署。這是一個非常有用的應用。有一個服務設施規劃模型（SPM）在很多鐵路系統中得到應用，是由Carl Martland 和 J. Reilly McCarren 在 19 世紀 70 年代末開發的[1]。它只是個鐵路網路的簡單表示[2]，比那些可用的繁複的微觀類比模型簡單多了。然而，這個模型與現實特別接近，模擬並預測了所研究網路的成本和服務水平的平衡。

SPM模型被鐵路經理廣泛採用，以使運營人員和市場人員間可以進行有效的協商。他們會坐下來說：「如果我們真的增加了這輛列車，看看會發生什麼情況，成本會怎麼樣，運輸服務會怎麼樣？我們再看看讓 50 輛編組的火車每天跑兩班，而不是讓 100 輛編組的火車每天跑一班，會發生什麼情況呢？這是成本的變化情況，這是服務的變化情況。」然後，負責市場的經理說：「如果你能忍受這種情況，我就能忍受那種情況。」他們經過反覆的討論，最後通過協商確立了優化方案。模型就是他們協商的機制。

在都市背景下，為了協商而建模的例子是 Prodyut Dutt[3]所做的研究。他注重研究發展中國家，如曼谷和孟買這樣的都市，與開發國家倫敦和芝加哥相對照，那裡的運輸規劃者該怎樣工作？他的研究精華在於考察了在兩種環境下都必須的規劃方法學有什麼不同。

部分程度上，Dutt 開發了「協商建模」的方法。他談到了透明模型的觀點，透明模型可以讓規劃者看見模型的內部，在某種程度上，可以清晰地看見驅動模型的設想。比如，在決策都市裡的交通通道的位置時。與此相反的是黑箱模型，它不讓外面的世界看見裡面發生的事情。與規劃者在美國看見的模型相比，這是一種非常簡單、透明的都市交通模型。儘管簡單，但在協調土地利用和運輸決策時，Dutt 的模型非常有效，因為這些模型能夠看見多種設想的宏觀結果與甄選標準。因此，這些模型是協商的有效機制。

因此，提供簡單的模型使協商成為可能，是非常有幫助並且很重要。當然，在任何情況下，我們使用簡單模型時，儘管有適應性而且容易理解，但我們必須有十足的把握，對現實世界的抽象不是特別簡單，以至於該模型不能解釋正在發生的事情。我認為與其說這是科學還不如說這是一種藝術。簡單的模型有適當的資料和計算條件，很難確定它的好處是否勝過了減少該模型的有效性。

模型產生結果的精確性也很重要，但是依需要而定。如果有一個實際應用，其精確

的結果對試驗成功很重要，如計算一個人造飛行器的返回路徑，我們要對其使用模型的話，就要構建一個非常詳細的模型，能反映與這項任務相適應的現實世界的規律。另外一方面，如果最需要的是某種形勢發展的趨勢，比如利率是升還是降而不關心到底是多少，採用一個粗略的模型是合適的。下面是一般性的描述：

　　建模的方法依賴於我們如何使用這些結果。

模型重塑對現實世界的認識方法

　　我們如何抽象現實世界，影響了我們對研究系統的思考方式。我們一旦決定使用某個模擬模型，或者我們一旦決定用網路平衡模型，我們就決定了考慮這個系統的思維方式。因此，我們得出一個模型時，我們也確定了與其相一致的研究這個系統的思考方法。

　　建模的概念重塑了我們考察系統的方法，也許是正確的，也許是錯誤的。有個古老的笑話說，如果每個人都有了一個錘子，任何東西看起來都像個釘子。如果我們對系統的動態變化感興趣，我們就會喜歡系統的動態模型，就會從動態系統的角度來思考現實世界，即使這種考察世界的方法是沒有用的。其他種類的模型也是如此。喜歡上某個特定的建模方法，就對一切事物應用它，但有時並不合適，這是建模時的通用錯誤。

　　研究如何抽象以及如何表示現實世界非常複雜而微妙的過程。在一個 lighter note 裡，有個流傳了多年的笑話，說的是兩個好朋友，一個是工程師，另一個是物理學家，他們一起到一個農場去度假。他們在討論工程和物理的相關性。兩個人都在爭論自己的學科是代表終極真理的方法，可以回答人們想問的任何問題。

　　於是，工程師對物理學家說：「好，那就看看你在這一點上有多高的造詣。你看見那隻吃草的牛了嗎？我想看你用物理學的原則為那隻牛得出一個能量守恆模型。太陽照到牛吃的草上；這就出生了浪費。我想看你根據物理學得出一個有用的，表示現實世界的模型。」物理學家說：「我可以這麼做，只要給我一到兩個小時，我就能得出一個非常有用的模型。」他們吃完飯，然後工程師說：「好，我想聽聽你的模型。」物理學家說：「好，我得出了你需要的一切，首先假設我們有一個球形的牛。」

　　我懷疑這根本不是一個笑話。球形是物理學中的一種表示方法，而且恰好在定量分

析中通過了檢驗。在這類問題上，用球形來代表牛可能很精確。這就是上面的想法，也可以說是藝術。

模型影響人們思維方式的另一個例子來自於經濟學，在這個例子中，模型限制了我們得出正確的答案。David Warsh 在 *The BostonGlobe* 中發表了一系列文章，討論近 40、50 年的經濟學思想的發展歷史。在他的一篇文章裡，他談到了數學抽象與現實世界之間的關係。下面是從他的文章裡引用來的一段話。我們不討論裡面的細節，他說的是不完全競爭，這是思考經濟學系統運營的方式之一。他寫道：「現在席捲經濟學理論的新的研究重點是各種形式的不完全競爭。這種經濟現象被排除在經濟學課本外，認為它不令人感興趣長達多年，僅僅是因為它在數學上難於處理。」

從根本上來講，他說的意思是，由於不完全競爭的數學形式一直（在經濟學思想發展的早期）難於處理，因此，不完全競爭的思想沒有用來解釋現實世界。我們選用模型時，應該十分謹慎，確信我們的目的不是為了能求解，我們不能因為不能找到合適的數學表示而進行錯誤的抽象。下面這個輕鬆的故事說明了這一點。

這個故事說的是在一條黑暗的街上，有一個人站在路燈下，他低頭環顧四方，一個員警過來了，問道：「怎麼了？」那個人說：「嗯，我鑰匙丟了。」員警說：「嗯，你在哪丟的？」那個人指指街上說：「在那丟的。」員警說：「嗯，那麼，為什麼你在路燈下找？」那個人說：「這裡的燈比較亮。」在某種意義上說，這個故事表明了某些建模方法，也存在這裡的燈比較亮一類的問題。我們可能精通系統類比，或者精通如何處理系統動力，因此，我們可能僅在我們所熟悉的領域進行建模，儘管該模型可能跟現實沒關係。這就恰恰反映了「這裡的燈比較亮」的情況。

建模方法

在多年的運輸系統分析中，下面的建模方法證明是行之有效的。

- 網路分析；
- 線性規劃；
- 非線性規劃；
- 模擬模擬；
- 確定排隊論；
- 隨機排隊論；

- 回歸；
- 神經網路；
- 遺傳演算法；
- 成本效益分析；
- 生命週期成本法；
- 系統動力學；
- 控制理論；
- 差分等式；
- 微分等式；
- 隨機風險評估；
- 供需平衡理論；
- 博弈論；
- 隨即決策理論；
- 馬爾科夫模型。

這些建模的方法不存在缺點的問題。選擇的藝術在於我們什麼時候用，以及幹什麼用，然後選擇其中合適的方法。

從模型中獲取答案

根據上面的部分方法得出數學模型與根據這些模型獲取答案，相互之間差別很大。例如，我們可以開發一個非常複雜的隨機排隊網路來研究運輸問題。我們把這些等式用公式表示出來，然後寫下來。這些等式非常精美，也許你會拿著這些隨機微分方程，說：「從這些等式集合中就能得出答案」，但是實際上模型求解又成為一個新問題。因此，在進行這類工作時有一個技巧，即選擇模型要根據模型再現現實的能力以及考慮模型求解的可能性。

根據運輸的實際情況，建立精美的數學模型不那麼難。困難的地方在於建立我們知道如何求解的精美模型，我們可以直接用眼睛從等式中得到答案，或者使用電腦軟體。如果等式是線性的微分等式，我們知道它可以求解。但是如果我們有一個錯綜複雜的網路，而且還考慮隨機行為時，用公式來表達模型與獲取答案之間就有天壤之別。因此，瞭解建模的最新現狀非常重要——什麼樣的模型能求解。

　　得出一個不能計算結果——提供答案的模型是沒用的。我們可以把這點和我們前面建模的討論聯繫起來。在把現實世界抽象成一個模型和框架的這一步驟的後面，在績效評價這一步驟的前面，我們插入一個新的步驟——模型求解可能性；能產生結果嗎？如果是這樣的話，後面的預測又可以滿足我們的意圖，就萬事大吉了。如果不是，我們就回到上一步，重新抽象一個能求解的模型，儘管原來的模型能夠很好代表現實世界；見圖 10.5 的環路 4。通常情況下，我們這兩步放在一步完成，因為有經驗的建模者都知道模型能不能求解。

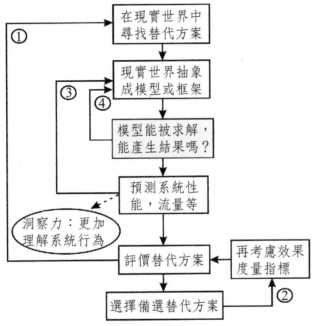

環路 1：評價還提出其他方案嗎？
環路 2：效果度量指標合適嗎？
環路 3：抽象的模型和框架適合做預測嗎？
環路 4：開發新的抽象方法

圖 10.5　系統分析框架（第四次改進）

模型與框架

　　前面，我們談到了模型和框架。我們必須再強調一下模型和框架是有區別的。下面的討論選自哈佛商學院的 Michael Porter 教授的部分思想。

框架

　　框架是對現實世界的數學表示，其本質是定量的。框架一般來說是對複雜系統的定性思考。這是一種思考方式，是研究複雜系統時的思維組織方式，不一定是數字上的，而是一種組織形式。框架可能以一系列概念的集合或者理解某個複雜系統的組織形式。它是描述性的、定性的，而不是數學化的和定量的。

　　迄今為止，我們看到了幾個相對簡單的框架形式。例如，為了思考這本書應該講些什麼，我們談到了一個框架。我們用一個三維矩陣來描述它，從某種意義上說，這也是思考問題的框架，目的是為了組織運輸系統的知識（見圖 10.6）。

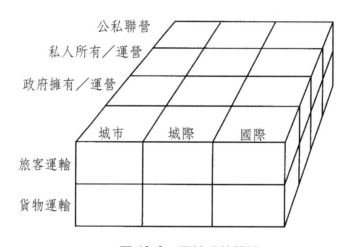

圖 10.6　運輸系統描述

Porter 框架——戰略上的相對優勢

　　Porter 的框架是一個最好的例子。他在稱為「戰略上相對優勢」領域裡做了許多工作[4]。他一般稱其為存在於競爭的實體之間的，如公司間，也許在國家間的相對優勢。

　　在公司的例子中，他得出了一個用於分析問題的框架。這裡面的細節對我們並不重要。但是，他談到了如何著手思考相對優勢——談到如何描述公司之間的敵對狀態，市場中買賣雙方的討價還價，市場中新的進入者的威脅，替代產品的威脅。在研究競爭形勢時，這只是一種考慮競爭情形的組織原則。

　　我們可以用這種方法來研究鐵路運輸，或者用來理解西歐與日本、美國、東南亞之間的競爭關係。這只是思考問題的一種方法。

　　另一個框架稱為「再工程（re-engineering）」。有些讀者可能看過 Hammer 和 Champy 的書，書中把再工程看作重組結構和過程的思考方式[5]。結構上的再工程是用於分析的框架。從根本上來說，是用於思考、理解和解決問題的框架。

　　談到模型時，我們討論的是模型的構建。談到框架時，我們討論的是概念的理解。模型和框架都是分析工具。很明顯，採用模型分析是數學化的──它們是方程，能產生數字結果。採用框架進行分析是定性的──它們產生洞察力，產生觀點。我們思考複雜問題時，它們可以組織我們的思想。由於這一點常被誤解，我們再一次強調模型和框架都能用於分析。

簡單性與複雜性

　　下面的矩陣顯示了可以做出的選擇：我們可以選擇一個系統，然後用數學方法為其建模，或者我們可以在一個框架裡來定性地（或概念上）理解系統。在任何一種情況下，我們都可以簡單地或者複雜地分析系統（見圖 10.7）。

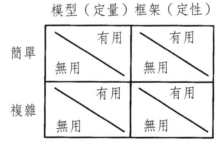

圖 10.7　簡單與複雜的模型和框架

　　我們可以使用簡單的數學模型，也可以使用複雜的數學模型；框架也是如此。我們該質疑的地方是：什麼是有用的？什麼是有助於理解具體情況的？

　　在矩陣中的每個方框裡，都有「有用」和「無用」兩部分。無論是定性的還是定量的，複雜性還是簡單性，都不能保證一定有用。無論採用定性方法還是定量方法，都要仔細考慮表示系統的詳細程度和複雜程度。僅僅因為我們將事物定量化，並不意味著就一定正確。進一步來講，僅僅因為我們不能把事物定量化，也不意味著我們不能進行有效的、解析的研究。框架可以是有組織、有次序、標準的，簡而言之，就是有用的。

現在，很明顯，定量表示很有用。定量模型在理解、設計與運營運輸系統時用處很大。把我們的討論延伸到概念性框架，它也是研究運輸問題的方法。我們應認識到，在思考運輸問題時，有很多非定量的方法非常有用，甚至在某些情況下超過了定量方法。這裡有什麼疑問嗎？

如果我們研究一個鐵路系統，我們該採用模型還是框架呢？

我懷疑我們可能需要採用兩種表示系統的方法。數學模型有助於推斷出我們該如何計畫，但我們也需要框架——一種組織原則，以弄清楚該如何改善從 Massachusetts 的 Commonwealth 到 MBTA 的資金流，這可能是個定性問題。研究資金流的問題需要一個有組織的原則集合，即一個用於增進理解的框架，它能讓我洞悉該如何改善這一過程。因此，模型和框架都會運用到鐵路系統中。這個例子很好，它說明了我們在研究一個系統時，可以同時使用模型和框架：高度數學化的方法解決其中的部分問題；更加定性化的方法用於評估剩餘的問題。

預測運輸服務需求會如何？

與上面類似，其研究方法也包括模型和框架。例如，在 Moshe Ben-Akiva 和 Steven Lerman 的著作中，採用高度定量化的數學方法來表示人們的行為[1]。他們可以評價人們的所作所為；告訴人們應該怎麼做，並且開發了資料集合，試圖預測當增加新的旅行方法時，人們會怎麼做，或者當運輸服務的品質極大改善時，會發生的一切情況。

但是，我們同時也採用定量的框架來理解人們如何做決策。Ben-Akiva 和 Lerman 教授也談到用作運輸需求分析的框架應該考慮什麼。他們從短、中、長期三方面來考察決策過程，作為思考決策問題的一個基本框架。我們制定的長期決策是決定人們的工作地點，短期決策是路線（如，我們今天是走 Cambridge 的後街，還是 2 號線？）模型和框架都是思考運輸需求機制的方法。這既是定量的也是定性的。

我接下來繼續討論建模概念的更多細節，討論的焦點放在常用的運輸模型上。

---

[1] Ben-Akiva, M. and S. R. Lerman, Discrete Choice Analysis: Theory and Application to Travel Demand. Cambridge, MA: The MIT Press, 1985. This is the definitive reference on transportation demand.

參考文獻

1. McCarren, J. R. and C. D. Martland, "The MIT Service Planning Model", *MIT SROE*, Vol. 31, December 1979。

2. Van Dyke, C. and L. Davis, "Software Tools for Railway Operations/Service Planning: The Service Planning Model Family of Software.", *Computer Applications in Railway Planning and Maragement*, Boston, MA, 1990, pp. 50-62.

3. Dutt, P., "A Standards-Based Methodology for Urban Transportation Planning in Developing Countries", Ph. D. Thesis, Department of Vrban Studies and Planning, Massachusetts Institute of Technology, Cambridge, MA, September 1995.

4. Porter, M., *Competitive Strategy: Techniques for Analyzing Industries and Competitors*, The Free Press, 1980.

5. Hammer, M. and J. Champy, *Re-engineering the Corporation: A Manifesto for Business Revolution*, Harper Business, 1993.

Chapter

建模的概念

模型簡介

現在我們開始討論建模的概念，討論的重點放在運輸建模型中，什麼是重要的？如果我們考慮開發一個波士頓大都市地區的運輸模型，我們很快就能提出許多建模的問題，這些問題是我們表示波士頓運輸系統時必須處理的。

例如，我們必須確定研究波士頓問題的規模。我們用多少個節點來代表波士頓？5個？50個？500個？5000個？多少路段呢？在路段上，我們要做出選擇：交通量是用單個汽車的集合（離散模型）？還是用交通流（連續模型）來表示？在節點中，我們可以用一個確定的延誤函數來代表公車站，也可以採用一個微觀模擬模型，每輛車的延誤都有隨機的表示。這些決定意味著什麼呢？

在波士頓運輸系統的模型中，我們要考慮多少種不同的旅行模式呢？很明顯，我們要把客車和鐵路的模型分離出來，但是我們是否需要專門的步行者和騎自行車者的模型呢？上述的這些模型是否都要聯繫起來呢？或者，我們是否每種運輸方式都用獨立的模型來表示呢？我們是把網路上的流量看作靜態的，還是看作動態的——隨時間變化的函數？

我們考慮的是短期問題還是長期問題呢？我們是否允許土地利用的變化呢？是否考慮交通平衡問題？我們談到了平衡可以作為研究運輸系統的一種方式，大家也都贊同這一點；但是，有意思的是，我們得出的有用的模型中有很多都忽略了交通平衡。

模型的層次性

模型的層次性是一個關鍵的建模概念（見圖 11.1）。通常情況，我們用系統組成部分模型來表述單一的路段和節點的行為，描述交叉口和公路路段處如何運轉。我們可以描述燃料消耗、車輛廢氣釋放與車輛速度和加速度的函數關係。我們的模型根據經驗資料描述了顧客在各種運輸方式中如何進行選擇。所有的這些模型都符合層次關係，可以大致再現像波士頓這樣的區域。

上面的討論可以引出經濟增長模型、土地利用模型、網路行為模型，這些都是建立在底層模型、詳細模型基礎上的，如研究燃料消耗、車輛排放、路段行為或節點行為的模型。這些詳細的模型描述了系統組成部分的行為，在此基礎上，我們可以構建合適的描述綜合系統行為的宏觀模型。

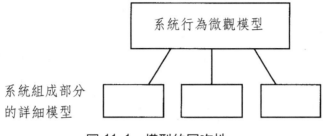

圖 11.1　模型的層次性

建模的問題

　　建模中還有許多核心問題。根據經驗，下面的一些問題在決定如何開發運輸系統模型時非常重要。

邊界

　　第一個問題是邊界。結構工程（structural engineering）領域有自由體受力圖的概念（見圖 11.2）。我們取出一個元素，把它與外界結構隔離；分析時，我們把這個結構的其餘全部用一系列力和力矩來表示。因此它被稱為自由體。

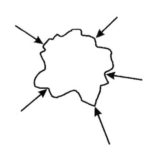

圖 11.2　自由體受力圖

　　在運輸系統的建模中，存在同樣的問題（見圖 11.3）。研究系統時，我們要施加什麼限制呢？我們在哪劃定邊界呢？界內是什麼，界外是什麼呢？我們是否要考慮技術隨時間而發生的變化？我們是否要考慮土地利用的變化？我們是否要考慮競爭的後果，或者這個模型只要告訴我們接下來的兩個小時該怎麼做，因而只要假設我們的競爭在這個時間框架裡不會產生什麼影響？我們是否要考慮一下經濟影響、環境影響和都市區域的增長？

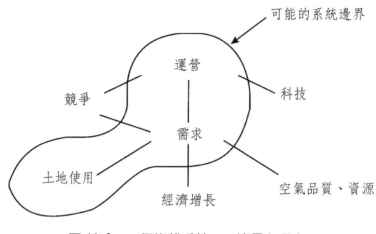

圖 11.3　一個複雜系統──邊界在哪？

宏觀模型與微觀模型

　　另一個建模的問題是模型的詳細程度──宏觀模型與微觀模型。例如，正如我們前面提到的，在為車站建模時，是採用一個簡單的確定性延誤函數，還是採用微觀模擬的方法。

靜態模型與動態模型

　　下面區分一下靜態與動態模型。在我們研究運輸系統時，使用模型的關鍵變數是否與時間無關，或者與穩態運營相反，是否正在研究與時間有關的，以試圖反映高峰小時情形的模型。我們是否假設人們的行為是靜態的，還是考慮人們因形勢變化而作出反應的行為？

隨機模型與確定模型

　　我們把運輸系統表示成隨機系統還是確定系統呢？這是個基本問題。我們談到隨機性是運輸系統的特徵，但是，事實已經證明，在某些應用中使用確定性模型，仍然可以獲得對系統的洞察力和資訊。

線性模型與非線性模型

　　接下來討論線性與非線性建模。當我們談到使用線性規劃的方法來優化一個系統

時，基本上就假定了用線性的觀點來研究現實世界。這可能存在一些問題，但儘管非線性規劃模型可能更確切一點，但很難求解。構建容易求解的模型，還是構建很難求解但能很好表示現實世界的模型，這種權衡在線性與非線性模型的選擇上表現得淋漓盡致。

連續模型與離散模型

下面討論連續模型和離散模型。用數學專業語言來說，我們可以用微分等式的集合來表示現實世界，即連續等式；也可以用差分等式的集合來表示世界。人們生活中有很多情形，要對某個函數進行積分，比如我們為了獲得 X1 和 X2 之間的面積，但是，不知什麼原因，函數的形式讓我們怎麼查積分表，也找不到答案（見圖 11.4）。

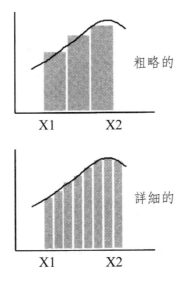

圖 11.4　粗略的表示和詳細的表示

這個例子裡，我們要做的是尋求數值答案。比如，「我們可以把這個區域分成許多小矩形，然後把小矩形加起來計算總面積。我們知道，誤差的大小是矩形數目的函數。」如果我們用粗略的矩形逼近，誤差就會很大；如果用細小的矩形表示，就能得出一個相對精確的答案。這個問題的實質是用連續方法還是離散方法來表示提到的曲線，離散表示法與連續表示法有多接近。

粗略表示模型小矩形比較少，可以快速產生答案。這樣你付出的代價是精確度的降低。詳細表示模型可以產生精確的答案，但要花費更多的時間——這也是建模型過程中

的一個經典權衡問題。

如果有一個函數 y = f(x) 能夠進行積分，計算曲線下面積的方法就是簡單的積分。但是，如果有個函數，我們不知道該如何積分（這種情況經常發生），我們就要用線性形式逐步逼近它。如果水平軸是時間，我們就用時間來逐步逼近。

數值模擬和解析方法

下面是數值的或模擬的分析方法。在產生結論方面，它們被證明是非常有效的，因為我幾乎任何情況下都可以採用數值分析和模擬分析。然而，有時這樣做成本會很高，因為花費的時間很長。解析方法得到的解析解會更好，如果它能合適的表示現實世界（見圖 11.5）。

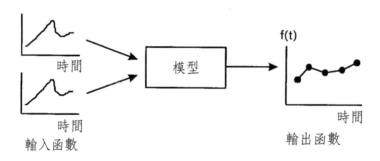

圖 11.5　一個模擬例子——時間步進模型

我們把上述觀點推廣到隨機系統，可以採用叫做亂數產生器的電腦程式來實施隨機模擬，用以模擬研究物件的隨機行為。

行為模型與集計模型

另一個建模問題是行為模型與集計模型之間的選擇。在模擬人們如何在運輸問題及相關問題決策時，採用了離散選擇模型，也就是所謂的行為模型。

也可以採用集計模型。最通常的例子可能就是重力模型，在這個模型裡，兩個地理位置不同的地點之間的流量，與它們之間的某種距離（通常叫阻抗——如距離、道路品質等等）的函數成反比。重力模型的開發者從牛頓的力學思想中得到啟發；其思路是都市和地區也以同樣的方式運轉。它們之間的流量與阻抗（或其他的某種力量）的平方成

反比，因此稱其為重力模型。行為模型和集計模型在特定的應用中都有用。

物理模型與數學模型

物理模型和數學模型存在差異。在某些系統的領域，我們可以實際建造一個模型。在流體力學實驗室，我們可以看到造波水池；它是與現實系統成比例的物理實體表示，我們可以對其進行直接試驗。結構模型也是同樣的例子。

求解技術

最後，我們提一下求解技術。在運輸專業人員基本上是從模型中獲取答案。在優化複雜系統處理大型問題時，使用窮舉法是沒有用的。運輸專業人員有成千上萬種選擇，因此，使用優化理論，得出有效的方法在決策空間上進行數學上的探索，這一點非常重要。

有時，在開發對系統性能進行預測的模型時，透過降低問題的規模，使其較為容易求解，也是一個恰當的方式。正如前面所說，在使用閉環數學解法的簡單再現模型與採用複雜的類比模型產生答案這二種方法之間做出決定是很重要的。

理解系統

在表示現實系統時，非常關鍵的是知道什麼可以近似化。在運輸系統的案例裡，理解系統因此變得很有必要。我們之所以能知道我們可以做出什麼簡化，需要哪類模型，是因為我們理解運輸系統，知道了哪類問題需要回答。在本質上，我們的興趣不在模型上，儘管它們自身就很有吸引力，我們的興趣在運輸問題上，模型只是幫助我們改善運輸系統。

現在許多運輸專業人員在構建模型上都取得了重大進步，改進了建模技巧，比如，優化演算法速度更快，採用先進的統計分析等等。我（也有其他人）觀察發現，這些進步都是被許多思考困難問題，如從事運輸的人做出的。為了解決這些問題，他們改進了建模的技巧。

這種舉動很重要。許多人發現，缺乏某個特定的問題時，在理論上提高建模技巧很困難，甚至是不可能的。我認為很多應用問題很難處理，但又需要答案，人們為了處理這些應用改進了建模技術。

我們怎麼決定該使用哪類模型呢？為了回答這個問題，我們不得不再回到我們為什麼而建模的問題。

爲什麼建模

我們建模的目的是為了理解系統、解釋系統、預測系統和改進系統。我們決定選用哪類模型時，要問的一個根本問題是：

我們要用模型的結果做什麼？

不管這些結果是數字的，還是僅僅是一種解釋，我們該如何使用這些結果呢？這一點支配了我們選擇模型的方式。比如，我們要探討一個生死攸關的模型，如果模型是錯誤的，宇航員就要犧牲，此時對模型的需求就不同於我們開發運輸模型，因為我們只是把這個模型用作理解運輸網路。

記住：

所有模型都是錯誤的，然而，有的是有用的。

所有的模型都是抽象化的，忽略了某些現實。在我們感興趣的領域，模型能否產生有用的結果，要經歷嚴格的測試。

運輸系統很複雜，動態的，而且內部相互聯繫，與外部的其他複雜動態系統也相互聯繫（如環境、經濟）。

不同的系統組成部分在不同的時間量程裡發生著時空變化。運輸服務在複雜的網路上提供給客戶，系統具有隨機性質。

具有複雜決策能力的人類決策者做出的選擇，決定了運輸系統的形式。

對整個系統進行建模是難以想像的。我們面臨的挑戰是，為了達到預期的目的選擇相關的子系統進行合理的建模，要注意反映出未被建模的組成部分的邊界效應。

如果我們正在考慮即時應用某個模型（我們確實需要即時控制現實系統），我們必須考慮到，為了它能發揮作用，模型的求解速度必須足夠快。

如果我們使用模型進行敏感性分析，比如，給車隊增加 6 輛卡車，並預測服務水平的變化，建模時就要考慮敏感性分析的問題。我們建模時必須考慮到開啟模型的關鍵。如果我們對優化波士頓的交通信號有興趣，我們最好不要把整個交通燈網路看作一個集計延誤函數。如果我們需要的是交通口的微觀表示，上述的表示方法終究會失敗。

建模過程中的問題

在建模的過程中，有許多實際的問題需要處理。這個模型「真實」的嗎？模型適用嗎？我們引用 John Dewey 關於如何判斷模型為真的論述。

一個模型，儘管它是真實的，但它不一定能用；同樣，我們不應該由於一個模型在現實中能用而認為它是「真實」的。

時間與資源

我們一定很關心時間與資源——金錢、電腦和人力。老闆什麼時候需要答案？我們的預算是多少？

數據

我們必須考慮資料的問題。我們需要什麼資料？為了讓模型正確運行，可用的模型校驗資料是什麼？收集更多的資料有多昂貴？現實的運輸系統中，資料是一個主要的考慮。

設計一個成功的模型

我們都希望成功。我們如何設計一個能夠成功的模型。成功意味著有用，在某個層次上，我們為其設計和實施的模型能夠為決策者所用。成功的建模與其說是一門科學不如說是一門藝術。下面是衡量一個模型是否成功的方法。

使用便利性

使用便利性的觀念，也就是開發用戶介面友好的模型，這一點非常重要。開發一個提供的結果在形式上與組織決策的方法一致的模型，這點非常重要。如果模型產生的輸出結果在某種程度上偏離了運營副總運營網路時的決策方式，該模型就不會被採用。

模型可信性（Convincing Model）

建立具有可信性的模型，讓使用者產生信賴的直覺，這非常重要。

擴展方式

應為模型提供一個擴展方式，這樣，當時間隨形勢發生變化時，我們可以對其進行修改、擴充，這對於模型的長期適用非常重要。

創造效益

模型能創造效益，這是最基本的。我們希望能這樣說：「我用了這個模型，現在MBTA 運行得更好了。」產生效益是指，透過模型應用，管理層獲得了洞察力，或者能夠使用直接結果，從而創造了新的效益，這點非常重要。成功孕育著成功，創造一系列有效果、有效益的模型的結果是非常重要的。

模型成功的度量

實際工作人員與大學裡的研究者度量模型成功的方法差異很大。作為一個研究者，當我看到一個模型時，會考慮其思想，如是否有唯一解，並確保有牢固的理論基礎。

然而，當我們進行實踐時，人們會問：「這對我的工作有幫助嗎？它能讓我成為一個更稱職的市場經理嗎，我原來用的是另外一個模型。」在某種意義上，這種思想就是，我不在乎你是否透過一個通靈板（Ouija Board）來告訴我這些結論，我不在乎這個模型的基礎，我就是想改進工作。學院裡的研究者和該領域的實際使用者在觀點上存在一定矛盾。有時，這種側重點的差異導致某些學院式模型在實際使用中沒有發揮本來應有的作用。

運輸領域我們有兩種方法改進系統績效，一個是改進建模的方法，另一種是增進對現實世界的理解。一種建模方法屬於方法論範疇，一種是在應用的驅動下完成的，兩種

情形都是合理的。

模型和框架的新發展

上面談了許多模型和框架的內容，但從建模和建立框架的角度來看，在我們當前的運輸領域中，哪些真正令我們感興趣呢？

大型運輸問題的求解

現在，由於電腦技術和數學方法的進步，我們可以求解和優化大型運輸問題。例如，我們現在可以處理過去難以想像的網路規模，求解規模非常大的網路問題。如果我們看看複雜的航線網路，再想想要對乘務計畫、航班計畫和服務水平進行優化，需要理解和優化的系統規模非常大。

IT 環境

近幾年來，無論從技術還是成本的角度，資訊技術的發展都可謂日新月異。面向物件的語言可以相對簡便地讓我們編寫複雜的模擬程式。各種各樣的硬體、局域網、資訊平台使我們很容易使用各種資訊技術，從而可以更有效的完成運輸任務。

即時求解

同樣，電腦可以讓我們即時求解運輸系統運營問題。例如，智慧型運輸系統領域（ITS）在一定程度上，就建立在我們能對複雜網路演算法進行即時求解的基礎上。

蓬勃發展的運輸業

最重要的是，運輸業正在蓬勃發展。國際競爭與運輸系統的有效性之間的聯繫更加緊密。國防策略的轉換為技術人才或與技術有關人員裝移到民用尤其是轉移到運輸系統提供了大好時機。特別是環境問題和運輸業造成的環境影響成為國內外的關注主題。制度框架正在改變。我們看到國家對經濟干預的減少以及私有化的加劇，使新的組織方法成為可能。因此我們要解決很多重要問題，因為運輸系統處於許多政策爭論的前瞻領域。

我們這裡所談到的模型和框架，解決的是如何理解運輸系統中的重要問題。開發有用的模型和框架，使我們理解技術系統行為以及制度因素，是運輸領域的核心問題。

我們接下來進入第二部分：貨物運輸。

貨物運輸

Chapter

物流系統和貨運服務水平

貨運

物流模型：雨傘店

配送時間的不可靠性

缺貨

及時供貨系統（Just-In-Time System）

結構化倉儲模型

全程物流成本（TLC）

運輸服務的全程物流成本（TLC）和服務
　水平（LOS）

其他服務水平變數

貨運

我們以一個簡單的物流模型開始討論貨物運輸，把它作為介紹重要的服務水平變數的機制。然後，介紹貨物的運輸方式：鐵路系統、卡車運輸系統、國際海洋運輸、複合運輸系統和航空運輸。

- 貨運服務水平——庫存模型；
- 貨運方式；
- 鐵路；
- 公路；
- 輪船；
- 複合運輸／國際聯運；
- 概要——共性和差異。

物流模型：雨傘店

一個零售店銷售衣服、鞋子和雨傘，有多個倉庫為其供貨。

訂貨

商店從倉庫訂貨。我們希望這些貨物及時送達，但是成本要盡可能低。成本包括傘本身的成本和運輸成本。我們要決定訂貨的頻率。每天一次？每月一次？每年一次？我們訂貨時，要訂多大量？

這些都是與訂貨有關的成本，但是這些成本與傘的訂貨數量無關。我們可以訂半打（每打 12 個），也可以訂幾羅（每羅 12 打），也可以訂整個倉庫的貨物。訂貨過程中的文書工作的數量不會變化很大。有些固定的處理成本與訂貨次數有關。

運輸成本

現在，看一下與訂貨有關的運輸成本，大規模的單位運輸成本一般要低於小規模的。如果你訂購一把傘，存在相應的運輸成本。如果你訂購 100 把傘，大規模運輸帶來的規模經濟效益，一部分被運輸公司分享了，一部分給了訂購者。

進一步來講，雨傘供應商開出的價格通常是你購買量的函數。如果你想買少量的雨

傘，你支付的貨物的單位成本要高於大量購買。因此，一次訂購更多的雨傘，每把傘的運輸成本和貨物自身成本都會降低。

因此，我們可以這樣講：「一年訂購一次，估計好雨傘的年銷售量，比如500把。因此，一次訂購500把雨傘，然後我們就可以增加很多好處。單位運輸成本降低，雨傘的採購成本降低，業務處理成本降低，一年只要進行一次採購中的文書工作。」這就是你想做的嗎？如果你是零售商店的經理，你會每年一次訂購500把雨傘嗎？可能不會這樣。讀者能想出不能這樣做的原因嗎？

你把這麼多傘放在何處呢？

庫存

這確實是個問題。如果這個零售店歸你所有。你是否想把地板的四分之三空間放上雨傘？可能不會，因此，儲存空間是個問題。還有其他問題嗎？

雨傘樣式改變後，你就會被套牢。

很好。雨傘樣式在零售也很重要。今天，粉紅色的雨傘很暢銷，明天，就沒人要了。你賣了5把以後，就會剩下495把積壓下來。既然它們已經不流行了，供應商當然不會把它們收回去。這種採購方式就包含有風險。

另外一個問題就是，「每年訂貨一次」的策略有現金成本問題。如果你以每把20美元的價格批發了500把傘，這就是10,000美元。這些錢從你的帳戶中支出，而這10,000美元在這一年沒有賺到任何利息，你什麼都沒賺到。因此，你的現金被流動性差的固定資產──雨傘束縛住了。這一點駁斥了每年一次的訂貨策略。

所以，我們採用截然相反的訂貨方式。也許我們需要每天都訂購雨傘。如果以一年250個工作日計算，我們每天將訂購2把雨傘。這種經營方式好嗎？很可能不然。因為如此一來，雨傘的訂購和運輸費用將會很高，從而抬高了店中雨傘自身的成本。

因此，實際上，你要做的是平衡這些因素。也許，你每年可以訂購12次貨物。這種情況下，你就對商業條件很敏感；對樣式的考慮也會很敏銳；你不會讓雨傘占太大的空間；不會承受太高的訂購和運輸成本；也不會束縛現金流動。

確定使用率和配送時間

為了討論方便,我們假設這個零售店每天訂貨,雨傘的運輸時間為一天。在每天早晨訂貨,第二天清晨雨傘運達。運輸服務是確定的。

我們再假設雨傘的需求是確定的,每天 4 把(一會兒我們會放鬆這個假設)。如果我們繪出商店庫存隨時間的變化,二者的關係見圖 12.1。

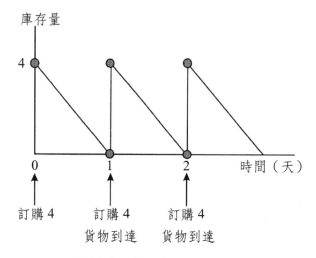

圖 12.1　店內庫存與時間

在 0 時刻,我們有 4 把傘。在第 0 天開始處,又訂購了 4 把。一天之中,庫存降為 0,因為人們購買了 4 把傘。

第二天,天一亮,4 把新的粉紅色雨傘出現在門口,你開始了同樣的工作。

除了你的店內庫存外,還有在途庫存——雨傘的運輸路徑,正在從倉庫運往商店。這個例子中,在途的庫存雨傘始終為 4 把(見圖 12.2)。

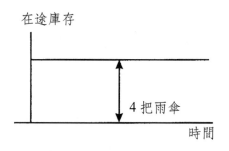

圖 12.2　在途庫存供應線

更長的配送時間

現在，假設送貨需要一天時間的供應商歇業了。你找到了一個新的供應商，但他的距離有點遠，從他那裡到你的零售店，要花兩天時間。我們繼續假定採購和使用率是確定的每天 4 把傘。這種商業形勢下，會發生什麼變化呢？

首先，你的運輸成本可能會增加，因為雨傘需要運送更遠的距離。其次，因為需要提前兩天訂貨，你現在的送貨時間長達兩天了。儘管每天早晨還是 4 把雨傘運達，但是，它們是你兩天前訂購的，而不是一天前。

在圖 12.3 中，每天清晨，你收到 4 把雨傘，還有 4 把雨傘剛離開經銷商。每天清晨，你的商店運營還是在有 4 把庫存的情況下開始的，以零庫存結束一天。然而，由於送貨路徑更長，在途庫存更大了。在前面的例子中，任意時間裡都有 4 把雨傘在傳遞路徑上，現在是 8 把。因為，商店裡的庫存和在途庫存都增加了，你就得從你的資金市場中花更多的錢，轉化為雨傘。

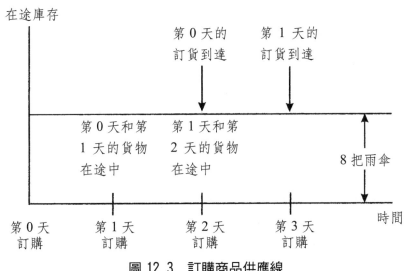

圖 12.3　訂購商品供應線

因此，由於離倉庫距離的增加，引起了額外的運輸成本；而且由於送貨路徑的增長，你就要準備額外的庫存。

更新、更快的運輸方式

假設現在有了一種更新更快的運輸方式，一天內就可以從新的供應商到你的零售

店，而不再是兩天。你的庫存成本就會減少。你的送貨路徑就只有一天了，不再是兩天，這對你很有利。你可以權衡一下獲得的益處與因使用高速、優質的運輸方式所要支付的成本。

配送時間的不可靠性

更進一步，優質的運輸方式只要一天的時間，而不是原來的兩天，現在假設它也不是完全沒有問題。有時候，這種運輸方式在某一天並不提供服務（見圖12.4）。假設運輸系統不工作的概率為0.3，系統運轉並且提供一天直達服務的概率為0.7。

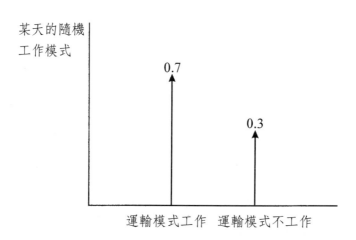

圖 12.4　不可靠的運輸方式

如果運輸服務在第 N 天中斷，那麼在第 N＋1 天，就要運 8 把傘；如果第 N＋1 天也不提供服務，在第 N＋2 天就要運 12 把傘。因此雨傘的平均流量為每天 4 把，由此，最終滿足零售店的所有需求，儘管某些客戶不得不等待購買雨傘。某個特定的 4 把雨傘的配送時間見圖12.5。

數學上，$P(t=N)=(0.7)(0.3)^{N-1}$。平均配送時間是$(1/0.7)=1.43$天。

假設由於這是一項新的服務，運營者也在試圖完善系統，他們會在運輸費率上給您打折。你正在思考是否使用這項新的服務。你說：「過去，我的舊供應商給我提供了可靠的（確定的）一日送達服務。那時我很滿意，但是他歇業了。我找到了一個新的供應商，他給我提供了確定的兩日服務，但是在途庫存的成本太貴了。現在，這個高科技的運輸模式出現了，但只有70%的情況能一天抵達，30%的情形，我們貨物不能抵達。」

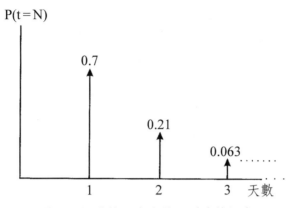

第 0 天訂購的雨傘在某天到達的概率

圖 12.5　不同運達時間的概率

　　因此，我們該如何考慮這項不可靠的新服務對我們是否有利呢？在這種情形下，我們需要處理什麼樣的問題呢？過去，我們有確定的配送時間，客戶需要服務，我們就可以提供。購買率也是確定的，我們 9 點開門的時候就確信，放在門口的 4 把傘，今天就能賣出去。現在，我們可能有好幾天的時間無傘可賣。

　　我們該如何表示這種情形呢？考慮一下延期交貨的思路（見圖 12.6）。假設我們的雨傘店有非常好的客戶關係（或者說是壟斷）。也許第一個客戶來到店裡，發現我們沒有雨傘，但其他客戶第二天會回來買傘。於是，就有 8 個客戶來買傘。在延遲交貨的情況裡，我們假設後來的庫存為負。當貨物最終運達後，我們就能把它們賣出去了。

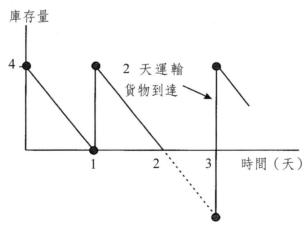

圖 12.6　延期交貨

另外一種情況，也許當客戶到了以後，我們沒有傘賣給他，他就說：「你們商店櫥窗的大字寫著賣傘，我走進來買傘，你們卻沒有。既然這裡買不到，我就去你的競爭者那裡買，我今天就要。」可能更糟糕的是，他說：「這裡沒有傘，我也經常在這裡買領帶，但是這個商店沒有商品。我不會再到這買任何東西。」

因此，至少我們稍微惹惱了顧客，也許他還會來第二次。也許我們失去了賣出東西的機會，他們去別的地方買傘了。更糟糕的是，我們可能會永遠的失去這位顧客。有時，第二天顧客根本不會回來，我們到了 8 把傘，但只能賣出去 4 把。我們此時的庫存就會大大高於我們的需求（圖 12.7）。

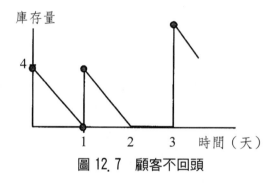

圖 12.7　顧客不回頭

我們正在感受這不可靠的運輸方式。當我們每天都提前訂貨時，我們按時收到貨物的概率只有 0.7。由於這種服務不可靠，我們可能更喜歡 2 天能肯定到達的運輸服務（見圖 12.8）。

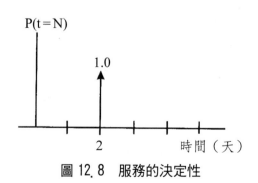

圖 12.8　服務的決定性

通常意義上，2 天到達的服務不好，運達路徑長（長達 2 天而不是平均 1.43 天）。但是，新型服務不可靠。我們可能會選擇一個配送時間長，但是確定的服務，而不是選

擇一個配送時間短但不可靠的服務。

　　作為一種替代方案，我們可以選用不可靠的運輸服務，但要保持一個安全庫存。比如，在商店裡放 4 把傘備用，防止運輸系統的不可靠性，然而這些額外的庫存要花費金錢（見圖 12.9）。

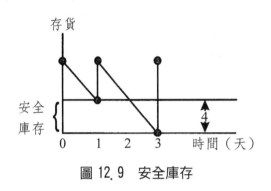

圖 12.9　安全庫存

缺貨

　　如何估價缺貨是個關鍵的問題。庫存殆盡時，缺貨就發生了，此時有需求，但沒貨物。如何估價缺貨，各個行業不同。如果我們在一個小鎮壟斷了雨傘銷售，就不會失去銷路，我們可能就不會擔心不可靠的運輸方式。另一方面，如果我們的老闆經營了一系列的雨傘商店，就會說：「如果你再像上周那樣缺貨，你就走人吧！」我們可能就開始厭惡缺貨了，就會選擇最不容易發生缺貨的運輸方式。

　　缺貨的影響千差萬別。通用汽車組裝廠的經理發生方向盤缺貨後，裝配線就要停 12 個小時，由此產生重新啟動的高昂代價，因此這個工廠就會持有安全庫存，而且使用可靠的運輸方式。也有些情況，缺貨成本不高，但在每種情況裡，缺貨成本都要以某種方式進行估計。

作為服務水平變數的服務可靠性

　　貨物從起點運到終點的時間變化是缺貨的基本原因之一。我們用來描述運輸時間變化的術語是「服務可靠性」。這是由客戶察覺到的運輸服務的可靠性，在這個例子裡，零售商店就是客戶。

組成部分可靠性與服務可靠性

我們分析一下這兩者之間的差異。組成部分可靠性是類似於車輛故障的平均時間的概念，這是運營者直接感興趣的指標，他關心運營系統的成本。客戶對組成部分可靠性的關心是間接的。客戶感興趣的是服務可靠性。當然，組成部分可靠性會影響服務可靠性。車輛發生了故障，服務水平也就相對惡化了。但在交通運輸系統的運營中，即使組成部分可靠性不好，服務可靠性也可能好，這是透過向系統中引入冗餘因數實現的。在這個例子中，就是準備好額外的車輛。

隨機使用率

迄今為止，我們一直把使用率（本例中就是購買率）看作固定的（每天 4 把傘）。然而，大多數的庫存系統裡，使用率都是隨機的。假設下面的數字代表了零售商店的隨機購買率（見圖 12.10）。

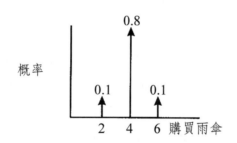

圖 12.10　雨傘的隨機使用率

這個特定例子裡，平均使用率是 4 把雨傘，但具體數字每天都在變化。這意味著，實際上我們會發生缺貨，即使有一個很好的（確定的）配送系統。由於產生了高於預期的使用率（一天賣出了 6 把傘），我們就缺貨了。

回顧一下「一天確定運達」的配送方式，上午 9 點我們訂購雨傘，一天以後肯定到貨。如果不允許缺貨，某些情況下確實如此，如醫院的血液供應，我們在這個特定情形下，該怎麼辦呢？

假設我們開始有 6 把雨傘的庫存（見圖 12.11）。因為這 6 把雨傘的庫存是為防止缺貨而準備的。我們第一天就會用光全部 6 把傘的概率等於 0.1。於是，我們第一天要

訂多少把傘呢？現在是早上 9 點，系統初始有 6 把雨傘的庫存。我們現在要訂多少把雨傘呢？（這些是第二天早晨能運到的雨傘）。

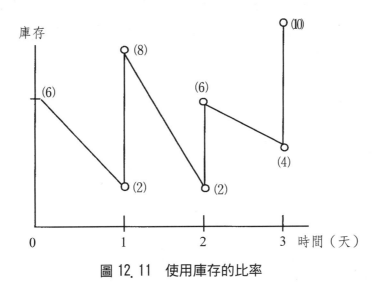

圖 12. 11　使用庫存的比率

6 把。

第二天你真的需要 6 把傘的概率不大。具體是多少呢？

1%。

對，$0.1 \times 0.1 = 0.01$。缺貨的唯一可能情形是：我們訂貨的數量少於 6 把，但是今天和明天都賣了 6 把。這種情況發生的概率是 1%，但是如果你以自己的工作打賭的話，你就不訂其餘的 6 把。

假設我們訂購了 6 把，但是，第一天沒有賣 6 把，而是 4 把。因此，情形就變為，我們以 6 把傘開始，再訂購了 6 把，第一天只賣了 4 把。因此，第一天結束時，我們還有 2 把傘。第二天大清早，供應商又送來了 6 把，因此，第二天開始我們就有 8 把傘了。

現在，假設我們在第二天訂購 2 把傘，確保第三天開始有 6 把傘，即使今天賣出 6 把，也可以應付。假設我們確實賣出了 6 把傘，第三天早晨，有 4 把傘經過一夜的時間運到商店。第三天開始，我們有 6 把傘可賣，今天就不可能缺貨。為了確保明天不缺

貨，第三天訂購了6把。這種模式很清晰。系統開始只要有6把傘，你就可以訂購前一天賣出的數量，使缺貨的概率降為零。

現在，把隨機使用率和隨機配送時間同時考慮進這個例子。假設第二天根本沒有貨物運達，我們需要更多的庫存來緩衝這種隨機性。因此，如果我們考慮隨機使用概率和隨機配送時間，就要更穩妥一點，保持一些安全庫存以避免缺貨。

最小化庫存水平

庫存耗費資金。由於運輸系統的不可靠性或者隨機使用概率，就需要更大的庫存量，這就產生了新的成本，這種成本是為避免缺貨而儲備更大的庫存而引起的。我們需要在額外的庫存成本和缺貨成本之間努力尋求平衡。

及時供貨系統（Just-In-Time System）

近些年，所謂的及時供貨系統的概念經常被簡寫為JIT，這個概念得到了發展和精煉。日本在這方面處於領先地位，而且，這種思想漸漸為全球所接受。基本思維是：保持低庫存水平，避免產生高額庫存成本，採用的方法是為保證生產線正常運行，或者把貨物賣給客戶，需要的貨物送達時間必須十分精確（JIT）。現在，如果準備運轉一個及時供貨系統，以持有低庫存（不是龐大的倉庫）來降低成本，這需要一個非常可靠的運輸方式。沒有可靠運輸服務的JIT是有很大問題的。

這時問題更複雜了。在都市區域裡，為了實現到特定地點的一日三次配送，而不再是一天一次，卡車交通會引起嚴重的交通擁擠。

誰該為JIT買單呢？有些人為了節約庫存成本，而把擁擠成本轉嫁給他人。

我們必須要考慮，誰受益誰買單的問題。政府和一般公眾正在為JIT支付費用，由於你為了實現JIT系統，需要應用更多的運輸基礎設施來提供JIT所需的運能，而把交通擁擠的後果留給了所有的旅行者。

另一個問題：你正在把庫存成本從一個組織轉移給另一個組織。假設，你是豐田的老闆，採用JIT的方式，從某個供應商那採購。假設，豐田是這個供應商最好的客戶。讓豐田滿意就顯得非常重要，這就意味著他們要把可用的較好的貨物運到豐田。因此，

從供應商的主倉庫，每天要給豐田運幾次貨，因為豐田堅持要及時供貨系統。但是，在離豐田很近的倉庫裡，供應商持有很多額外的安全庫存，這些庫存是預防萬一而準備（Just-in-case）。這就是 Just-in-time 與 Just-in-case 的強烈對比。

　　因此，供應商可能在離豐田幾英里的地方，持有安全庫存，以防萬一在他的主倉庫和豐田裝配線之間的大橋垮塌。因此，豐田是在準時運營，而其供應商卻為了以防萬一而持有一個昂貴的龐大庫存。豐田的庫存轉移到了別的地方，不是在豐田的倉庫，而是在供應商的倉庫。

結構化倉儲模型

　　庫存控制的結構化模型如下：0 時刻持有一定的庫存，這些庫存隨機使用（或下降）。

觸發點系統

　　我們將觸發點系統定義為是一種庫存水平（見圖 12.12）。操作規則是：當庫存降到 S，重新訂購 Q 件貨物，Q 是補貨量。我們減少庫存，在未來的某點，我們再一次訂購貨物補充庫存。根據上面討論的思想，從訂貨到收貨的時間是個隨機變數，因為運輸服務不可靠。

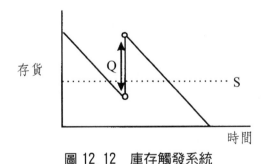

圖 12.12　庫存觸發系統

　　由於使用率和運輸系統的隨機行為，存在缺貨的可能。如果 S 很大，我們幾乎可以保證不缺貨。如果你特別討厭缺貨，就選擇一個更大的 S。你也可以使用可靠的運輸方式，心甘情願為運輸服務支付額外的費用。

全程物流成本（TLC）

接下來討論一下運營系統的全程物流成本，它包括迄今為止介紹的所有組成成分，包括庫存成本、訂貨成本、缺貨成本、運輸成本（我們支付的運輸費率）以及各種管理成本，如保險、勞動力成本（也會發生變化，如當訂貨策略發生變化時）。

TLC 同樣也非常依賴於運輸系統運輸時間的分布（見圖 12.13）。

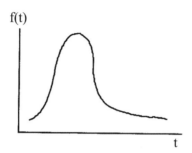

圖 12.13　從承運人到收貨人的運輸時間

全程物流成本（TLC）= f（運輸時間分布，庫存成本，缺貨成本，訂貨成本，商品價值，運輸費率，等等）

這個概率密度函數定義了某特定運輸方式有多可靠；全程物流成本是運輸時間分布的函數。隨著平均運輸時間及其不確定性的加大，需要更高的庫存水平。

TLC 與庫存成本有關，包括在途庫存。保持庫存，就是限制了資金流動，我們本來是用這些資金來賺取利息的。庫存越大，庫存成本就越高。這些庫存成本依賴於貨物的價值。保險成本也會升高。更大的庫存也需要更大的倉庫，這也是成本。

我們再介紹一下缺貨成本的概念。出售完所有產品的可能性是存在的，而且會隨不同的系統而變化。

除此之外，還有訂貨成本。訂貨過程中存在交易成本。每天訂貨就要比每週訂貨的費用高。最後，還有運輸費率，簡單的說，就是付給提供運輸服務的承運商的費用。

我們感興趣的是最小化 TLC。如果運輸時間分布、缺貨成本、訂貨成本、貨物價值以及運輸服務支付的費率都已知，我們可以分析出一組使 TLC 最低的 Q*和 S*。

TLC 是平均運輸時間及其不確定性的函數。如果其他因素都是不變的，當運輸服

務水平惡化時，如更長的平均運輸時間和更大不確定性時，TLC 就增加了，因為我們需要大量的安全庫存來避免缺貨。最優的庫存 S*，隨平均運輸時間的增加而加大。因此，如果運輸服務水平變差，TLC 就要增加，其他情況則保持不變（當然，其他情況通常是變化的，服務變壞，支付的費用就要減少了，TLC 也就減少了），如下圖所示（見圖 12.14）。

　　注意到以上所表示的關係只是概念上的，這些關係可能實際上並不是線性關係。

運輸服務的全程物流成本（TLC）和服務水平（LOS）

　　綜上所述，我們發現運輸服務的品質和 TLC 之間有直接的聯繫。但是，現在我們要問問為什麼，作為運輸專業人員，我們應對此分析感興趣。

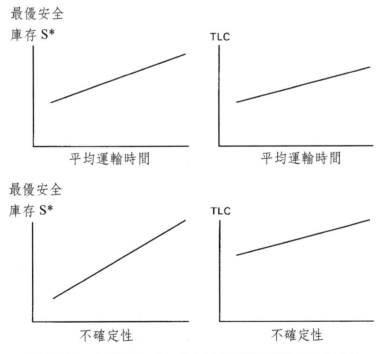

圖 12.14　全程物流成本（TLC）和運輸服務水平（LOS）

　　這是因為，從這些概念裡，可以感覺到客戶看重哪些特定的運輸服務。如果你能估計到你的客戶看重什麼，就可以為你的不同運輸服務定價了。

假設運輸公司從 A 到 B 的運輸服務一般為 2.5 天，有 0.8 天的不確定性。如果該公司把平均運輸時間減少到 2 天，運輸時間的不確定性降為 0.6 天，這個模型告訴我們，客戶如何從全程物流成本的角度獲益。如果客戶要使用這項新服務，他就要重新優化 S* 和 Q*，因為運輸服務改進了，可以從減少的庫存中節約費用。

運輸公司可以對客戶說：「這是一項更好的運輸服務，目前你一噸付給我們 5 美元，我們提供的服務的平均運輸時間是 2.5 天，不確定性為 0.8 天。現在我們這項運輸服務為每噸 6 美元，費率提高了，但是，作為交換，你們會獲得更好的運輸服務，具有更短的運輸時間以及更少的不確定性。」假設我們可以透過全程物流成本估計到這項更好的運輸服務可以為客戶節省 1.5 美元，因此，他就可能為這項服務支付額外的 1 美元。如果我們提供新的運輸服務中每噸貨物成本增長不多於 1 美元，這就是雙贏。有些人喜歡坐在劇場正廳，花 80 美元觀看 *Les Misérables*，有些人喜歡坐在二樓包廂裡，花 20 美元觀看同樣的內容，但是角度當然差了一點。兩種服務都銷售給來劇場的不同人，一種客戶付 80 美元坐在劇場正廳欣賞 *Les Misérables*，其他的客戶因為節儉，支付 20 美元坐到二樓的包廂裡，這兩種服務都是有市場的。

市場區隔（Market Segmentation）

市場區隔就是承認一個業務有不同的客戶，他們需要多種多樣的服務水平，支付與服務品質一致的價格。運輸業中也有相同的觀念，承運商不僅僅向您——雨傘零售商提供服務，也面向豐田的裝配線和燒煤的電廠提供服務。運輸公司使用相同的基礎設施，為所有行業提供不同的服務。在某些情況下，這些服務是優質的，運輸時間短，運輸時間的不確定性小，享受它要支付高費率。但是，與劇場的例子不同，劇場裡提供高價座位的成本和低價座位的是一樣的，而運輸公司提供高品質運輸服務的成本通常很高。

另外一方面，也有很多服務品質低下的服務，運輸時間很長，運輸時間的不確定性也很高，只收取低廉的費率。有喜歡高品質、高價格的顧客，也有喜歡低品質、低價格服務的顧客。鐵路運輸公司和公路運輸公司都提供各種服務，尋求不同的客戶源，他們可能對使用運輸服務的物流成本有不同的想法。經營火電廠的人的庫存目標、成本結構不同於雨傘零售商的。於是，我們就會發現，不同的運輸服務會吸引不同的客戶。

分配稀缺的運能

鐵路要在有不同服務要求的客戶中分配運能。在願意出高價、需要高品質服務的客戶，以及不願花太多錢、不在意服務品質的客戶之間進行分配。

從承運商的觀點來看，他們希望在每類服務中都獲取利潤。如果你是鐵路運輸公司，以較高的價格提供高品質的服務，這種服務可能也是高成本的。與此相反，使用低品質服務的客戶支付的費用少，但是可以推斷，提供其服務也不會花費更多的錢。重點是，確保每類服務的成本和收入能夠讓你賺錢。

產出管理

進一步，你應該在各類運輸服務中分配運能，以保證效益最大化。這一步驟就叫「產出管理」。在第二十九章——城際旅客運輸：航空運輸中，我們還會討論這一觀點。

成本

正如在關鍵要素 13 中討論的，計算多樣化運輸服務條件下的成本是很困難的。例如，假設某人擁有一條鐵路線路，提供三種服務：高品質、中等品質、低品質的服務。維持鐵路的運行是公司的成本結構的一部分，但是，你如何在多種類型的運輸服務中分配該成本呢？你要做出些合理的決策，決定如何分配多種運輸服務的所謂複合成本，從而做出如何收取該項服務的費用，以賺取利潤。

在鐵路和公路運輸公司之間，有一場持久的爭論，討論運輸系統應該如何分配成本。鐵路運輸公司爭辯說，公路運輸公司沒有為使用公共提供的公路支付足夠的成本，私人小客車司機的補貼轉給了卡車運輸工業，因為前者為後者的通行權支付了費用。

鐵路運輸公司願意看到公路運輸公司支付較大比例的公路基礎設施維護費用，這樣公路運輸公司的成本就會增加，使鐵路運輸公司在價格上有更大的競爭力。公路運輸公司當然以不同的觀點看待成本分配。

其他服務水平變數

迄今為止，我們已經談到了三個度量貨運服務和運輸方式選擇的參數。我們討論了

運輸時間，這是一個平均價值度量方法；服務可靠性，也就是運輸時間的不確定性；費率，就是承運商向發貨人收取的費用。但是，還有其他一些服務水平變數。

貨物丟失和損壞

貨物丟失和損壞也是服務水平變數。如果你把成品車從裝配線運給經銷商，要確保它們運到那裡後，擋風玻璃沒有碎，倒車鏡沒有被偷；貨物丟失和損壞對於高值貨物運輸是非常重要的。（鐵路運輸業中，貨物損失和毀壞金額占總收入的 1%到 2%。）

費率結構

費率結構是另外一個服務水平變數。例如，要打多大的折扣，托運人才會和承運人達成長期的運輸合同。

運輸服務的頻率

服務頻率是另外一個服務水平變數。在海洋運輸中，每週一次和兩次的頻率是常見的。因此，一個進入該市場的競爭者，每週三次或四次的運輸服務就很有競爭力。

服務的便利性

服務的便利性是地理位置的函數，這對於托運人選擇運輸方式是非常重要。如果你的工廠沒有鐵路的專用線，使用鐵路服務就非常困難，也許是不可能的。為了使用鐵路運輸服務，你就要用卡車把貨物運到鐵路路網上的車站。這是公路運輸優於鐵路的天然優勢。公路網路很普遍而且到處存在，實際上，可以提供任何兩點之間的服務。鐵路運輸業，採用專門的固定線路，為少數幾個點提供直接的服務。因此，在提供其中點間的運輸服務時，產生了鐵路—公路這種夥伴關係。

設備的可用性和適用性

設備的可用性是重要的服務水平變數。例如，為了使用鐵路運輸系統，客戶需要貨車車輛。為了裝運，貨車車輛必須運到工廠。因此，我們必須考慮把空設備送到客戶（托運人）所要花費的時間。

設備的適用性也是一個關鍵問題。例如，冷藏卡車和冷藏鐵路貨車都用於產品的配

送。如果商品是易腐的，但鐵路和公路運輸公司都不能提供可用的冷藏車，只能提供普通的貨車車廂和通常的卡車，這對你一點用處都沒有。設備的清潔也很重要。如果鐵路提供了一輛漏斗車，這輛車剛運完化學物品，也沒有清潔，那這輛車就不適合運輸穀物。

裝載量

　　裝載量是決定採用何種運輸方式的重要變數。不同的運輸方式處理的裝載量也不同。例如，卡車運輸在運輸大宗貨物，如煤和穀物時的效率就不高；另一方面，鐵路運輸和海洋上的貨櫃運輸就非常擅長這一點。

資訊

　　能否獲得精確的運輸資訊，如貨物在何處、什麼時候到達，是重要的服務水平變數。如果客戶知道運輸的貨物要晚到了，他可以採取有效的補救行動。如果客戶知道用鐵路運輸的方向盤不能及時送達，客戶（或鐵路）就可以用高價把方向盤空運到裝配線以避免停產。資訊可以幫助人們更好地利用運輸系統。一般來講，人們很有可能選擇一種能提供較好的即時運輸資訊的運輸方式。「在途貨物的視覺化」的概念就是連續提供即時的運輸位置資訊，這原是先進的軍事應用，現在也開始商業應用。

靈活性

　　最後，我們把靈活性看作為服務水平的變數。運輸公司的人會這麼說：「這就是服務，接受或者不理會它。」運輸公司的人會滿足托運人的特殊需要嗎？由於托運人的需求會發生動態，而且常出乎意料的變化，因此，就要具有一定的靈活性。運輸公司如能在這些變化方面，比如起終點的模式，提供靈活性，那麼在商業上就會更成功。

　　提供靈活性需要承運商支付成本。我們在電梯的例子裡介紹了這一概念。我們討論過，即使 3 輛電梯只是分別提供 0 到 20 層，20 層到 40 層，40 層到 60 層的服務，但是，為了提供靈活性，3 輛電梯井還是通到了 60 層。為所有的 3 輛電梯都建造通到 60 層的電梯井，就是為了靈活起見。如果需求模式變了，可以允許我們更有效地運轉電梯系統。當然，電梯系統的建造也更昂貴了，因此，托運人很看重的靈活性也是要花錢的，承運商在運營的過程中，承受了提供靈活性而引起的成本。如果靈活性對於托運人

的運轉很重要，他就會為靈活的運輸服務支付額外的費用，考慮到全程物流成本，這種做法可能也很有意義。

Chapter

鐵路運輸：基本概念

運輸方式

現在，我們轉移到運輸方式上來，看看各種運輸方式如何運營，如何根據投資和運營決策來提供不同的服務水平。

鐵路

我們首先開始討論鐵路有兩個原因。第一，在美國，鐵路是重要的貨運方式，承載了 36%的貨物噸英里運輸任務。第二，它是一種很有說明性的運輸方式。我們也可以通過它介紹與其他運輸方式相關的概念。我從 1833 年在倫敦出版的一本書裡引用一段話[1]。書的作者，Mr. Richard Badnall 說：「我堅信，所有國家的人都知道，財富的增加依賴於由此及彼的運輸便利性。」然後，他繼續說：「任何國家，無論以哪種方式刺激財富的增加，都不會比修建優質的公路和建立快速便捷的運輸方式更有效；因為有了這種便利性，就可以保證產品供給的均衡、價格實現和充足，實現土地和其他財產的真正價值，以及我們前面說到的，社會各界的財富和舒適性的增加。」（見關鍵要素 27）。

這些話已經有超過 160 年的歷史了。修建運輸基礎設施，可以此作為促進經濟增長的手段，這種觀點已有很長時間了，從鐵路技術產生之日就有了。實際上，鐵路在英格蘭開始運營始於 19 世紀 30 年代。

鐵路技術簡介

現代的鐵路技術建立在鋼軌和鋼制車輪的基礎上，牽引動力由機車提供，內燃和電力機車應用廣泛。當然，這些技術是經過多年的巨大改進才實現的。蒸汽技術作為主要的動力模式主導了很多年。現在，在美國，內燃機車是主要的鐵路運輸動力。在一部分線路上，還使用電力機車，但通常用於客運而不是貨運。我們不會停留在討論鐵路的技術特徵上。這裡，我們會從一般系統的層面來討論鐵路。

低成本運輸

鐵路在運營上與公路截然不同。固定的鐵路軌道起到了導向和控制作用。鋼制車輪在鋼軌上的牽引特徵與橡膠輪胎在混凝土和瀝青上的有很大差異。鐵路的基本思維是：

為獲取特殊的通行權付費，而且只有特殊的運具才能通行，如機車和客貨運車輛。這一概念就是，通過開發高成本、專業化的線路，在貨運能力上，尤其是像煤和穀物一類的大宗貨物運輸上，獲得了巨大的運營優勢，能夠以合適的速度，實現安全、低成本的運輸。這是鐵路運輸的思想基礎。然而，由於鐵路基礎設施的專業化，運輸網路不具有像公路一樣的通用性。有些地方，鐵路網路不能覆蓋。如果你想使用鐵路運輸服務，進入鐵路網路的覆蓋範圍是很重要的。

值得一提的是，美國的貨物鐵路運輸幾乎是世界上最棒的。而另一方面，美國的鐵路旅客運輸系統在發達國家中是最差的。鐵路的公眾形象都是由旅客運輸塑造的，因此，鐵路運輸在美國沒有得到重視，然而，美國的鐵路貨物運輸受到了全世界的尊重。

處於壟斷地位的鐵路

19 世紀鐵路運輸技術的發展領先於公路／卡車貨運系統，這種領先長達幾十年。20 世紀之初屬於美國鐵路的早期歷史，來自公路的競爭不大。美國和國際上的道路品質都不高；因此，在當時美國的貨運市場發展過程中，鐵路處於壟斷地位。當然，在鐵路內部也存在競爭，但是鐵路沒有來自其他陸地運輸方式的競爭。這種情形不僅存在於大宗貨物運輸，而且事實上也存在於所有的商品運輸；多年以來，整個美國的貨物運輸，一直由鐵路運輸壟斷。

管制與放鬆管制

近些年，鐵路運輸業陷入了尷尬的境地，可以認為，問題起源於早期的成功。它曾經非常成功地壟斷了市場，托運人群體，特別是農民，聯合起來質問政府，要求管制鐵路的壟斷特權。1887 年，也就是一個多世紀以前，州際商業委員會（Interstate Commerce Commission,ICC）成立了，它的使命就是合理的管制這種壟斷經營。

今天，鐵路不再處於壟斷地位，而且遠非如此。其他陸地運輸方式，形成了巨大的競爭，尤其是公路和管道運輸。在一個世紀以前，為了控制鐵路引起的過度壟斷行為而建立管理機構，還沒來得及解散，鐵路的市場競爭能力就迅速衰退了。1920 年，鐵路佔據美國 85% 的貨物噸英里運輸量；1970 年，市場份額減少到 36%，這是非常大的變化，在 50 年的時間裡，由 85% 的基本壟斷跌到了整個市場的三分之一多一點。如果從收入份額而不是噸英里來考慮，這種轉變就更劇烈了。

然而，在 20 世紀的最後 20 年裡，國家開始減少經濟干預。聯邦政府開始放鬆在價格、設施價值清算（abandonment of services），合併、承運商管理等方面的管制。鐵路運輸業依然認為，在市場競爭中，他們還受到了與他們的真正力量不合比例的管制。他們說，他們的壟斷地位早就不復存在了，應該獲得更多的行動自由。Staggers 法案實施後，鐵路獲得行動自由比 1980 年以前多多了，這個方案很大程度上改變了貨物運輸的競爭。可以認定，當前美國鐵路運輸業的勝利，很大程度上根源於 19 世紀 80 年代的自由經濟浪潮（deregulation wave）。很多人認為，國家放開對運輸市場的經濟干預太遲了。公路運輸公司的競爭力，早在 19 世紀 50 年代由於州際公路系統的建設就得到了增強，他們從財務上對作為貨運企業的美國鐵路構成巨大傷害。

鐵路運輸管理

在鐵路與商業界的接軌過程中，鐵路被看作是相當保守的。然而，對於管理思想發展感興趣的人而言，如果看看從 1870 年到本世紀之交這段時期，再讀讀當代歷史學家的某些著作，如哈佛的 Alfred Chandler 教授，就會發現鐵路實際是真正的管理革新者[2]。按照 19 世紀晚期的標準，鐵路運輸公司就已是巨型企業了。他們在地理上分布廣泛，不像常常高度集中的製造業。在當時的歷史時期，這些複雜的大型組織為了有效運轉，管理結構就要極度創新。事實上，可以認為，美國公司的管理結構，以及世界上的很多公司，都模仿了鐵路運輸管理的層次模型。

在最近幾年，由鐵路行業發展的層次管理和控制模型，基本上是準軍事化的運營，曾經具有一定的優勢，但在目前反應敏捷、資訊豐富、通訊暢達的社會中，反而成為一個弱點。

高昂的固定成本

鐵路運輸業的固定成本很高。根據貨物噸英里和其他產量度量指標，可以得出如圖 13.1 所示的概念上的關係。

在你開始運輸貨物之前，就已投入了巨額成本。首先，你需要建設各種複雜而昂貴的基礎設施。而且有了基礎設施之後，為了運營，還會產生一個不太大的成本。很明顯，你希望吸引更高的交通量，因為，隨著貨物周轉量的增加，每噸英里的平均成本就會下降，因為更多的噸英里可以分攤更多的固定成本（見圖 13.2）。

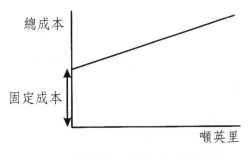

圖 13.1　鐵路的成本函數

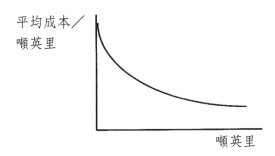

圖 13.2　鐵路的平均成本函數

擁有基礎設施的美國鐵路貨運公司

　　美國的鐵路貨運公司都擁有自己的基礎設施，他們擁有線路權、軌道、道床、枕木。他們擁有全部的基礎設施，為了運營，還必須維護它們。在一定程度上，基礎設施養護由聯邦政府根據安全標準進行管理。但簡單地說，他們的高昂固定成本來自於他們擁有基礎設施，以及伴隨而來的養護費用。

　　美國的聯邦政府難道沒有通過無償授權使用土地來補貼鐵路修建嗎？

　　是的，在鐵路的最初修建時，聯邦政府提供了大量的土地和資金，以支持企業在未開發的土地上修建鐵路，這些地方人煙稀少，經濟活動很弱。這種決策的出發點是為了修建廣闊的州際鐵路系統。鐵路在合適的地方修建好後，補貼和地產被贈予這些鐵路運輸公司。實際上，一部分鐵路運輸公司的財富來源於鐵路運營後的房地產開發。部分鐵路運輸公司在 19 世紀和 20 世紀初累積了巨額財富，這些財富來自於鐵路的建設。然

而，現在，擁有鐵路通行權的成本轉嫁到鐵路身上，引起了運營時的高額固定成本。

對比一下鐵路和卡車公路運輸行業。後者使用公路作為他們的基礎設施，這是為公眾所有的。公路運輸公司改為支付多少使用基礎設施的費用，費用可通過公路使用稅和燃料稅收取，這個問題引起了鐵路運輸公司和公路運輸公司的爭議。鐵路運輸公司認為，公路運輸公司沒有對公路的磨損支付足夠的費用；公路運輸公司認為他們為公路的磨損支付了過多的費用。事實上，真理可能在兩個極端的某個地方。運輸方式之間的關鍵爭議在於基礎設施的所有權問題上。如果公路運輸公司根本沒有使用基礎設施，它就不必支付任何費用。鐵路運輸公司即使稍微使用一下它的基礎設施，也要支付巨額費用。

從美國消費者的角度來考慮，這是個很有趣的問題。我們假定為使公路運輸公司承擔合理的公路使用費用，向公路運輸公司收取的公路稅費增加了。分析成本如何分配是個很有趣的問題。公路運輸公司會把這些成本轉移給使用運輸服務的人，比如，食品公司運輸貨物到超市，食品公司反過來也會把增加的成本轉移給超市，超市把成本最終轉嫁給普通大眾。這些成本分配的問題非常複雜，而且實際上超出了我們的討論範圍，不過，這個問題非常有趣。

我們的討論表明了公路運輸公司和鐵路運輸公司在成本結構上的差異。鐵路和公路運輸行業的成本函數的差異可以用圖 13.3 來表示。

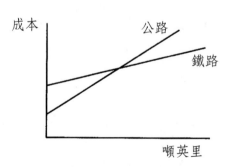

圖 13.3　鐵路與公路運輸行業成本函數

注意，我們沒有說成本函數是線性的。我們僅僅說明了公路運輸行業是高可變成本、低固定成本的行業；鐵路運輸行業是高固定成本、低可變成本的行業。

貨運統計

接下來，我們考察一下不同承運商之間的運輸方式分擔情況。下面的資料來源於一本很有用的書《運輸統計年度報告》（*Transportation Statistics Annual Report*），這本書由運輸統計局出版，它是美國運輸部的下屬機構[3]。

運輸方式分擔

我們從噸、噸英里和收入的角度來展示一下美國貨物運輸的方式分擔情況。噸表示運輸的貨物噸數，沒有考慮運輸距離。噸英里是一種綜合評價指標，綜合考慮了貨物的重量和運距。收入是托運人支付運輸服務的價格。這些資料如表 13.1 所示。

表 13.1　美國運輸方式分擔份額，1994

	噸（%）	噸英里（%）	收入（%）
鐵路	26.8	34.8	8.8
公路	41.5	24.5	78.7
水運	15.8	21.9	6.0
管道	15.8	18.5	2.5
航空	0.1	0.3	4.0

運輸方式份額：以噸表示

首先，我們來看看噸數，鐵路有 26.8%的份額，公路有 41.5%的份額。管道占 15.8%，您可能對管道的份額感到有點驚奇。空運占 0.1%的份額，人們很可能忽略其重要性，但是我們很快就會看到情況並非如此。

運輸方式份額：以噸英里表示

現在，我們看看噸英里。根據噸英里的統計，鐵路躍升到 34.8%的份額。卡車跌到 24.5%；水運上升到 21.9%。管道變化不大（18.5%）。航空運輸還是 0.3%。據此，我們可以得出這些運輸方式在運距上的一些結論。鐵路運輸的貨物比公路運輸遠。航空當然也不是短途貨物運輸方式。在用噸數考察轉換到噸英里後，它的運輸方式份額增加了

3 倍，因此，人們使用航空運輸來運輸遠距離的貨物。

運輸方式份額：以收入表示

現在，來看看收入。看看美國的貨運帳單，然後，根據運輸方式的種類把運營收入分擔。鐵路占有 8.8% 的收入份額，他們運輸了 27% 的噸數，35% 的噸英里，但只收到了 9% 的收入。這一結論表明，他們運輸的是低值貨物，只收取較低的費率。對於低值貨物，運輸費率比服務品質更重要。可以設想鐵路提供的是低品質服務。卡車上升到 78.7%，卡車運輸高值貨物，提供的是高品質的運輸服務，收取的運輸費率也是較高的。

水運只創造了 6% 的收入，鐵路的結論也可以應用到水運中。什麼貨物用內河駁船運輸呢？煤、沙子和公路建設的材料等。這些駁船移動緩慢，但收取的費用很低，這是一種低成本、低收入、低服務品質的運輸服務。

特別強調一下，在討論低服務水平時，我們並不是以輕蔑的口氣在說話。*Les Misérables* 以較低的價格賣二層包廂的座位，以較高的價格賣劇場正廳的座位。二樓包廂的座位有市場，就像低服務品質的運輸服務有市場一樣。

管道只創造了 2.5% 的收入，儘管運載了 18.5% 的噸英里，同樣，它也是低成本的運輸方式。最後，我們注意到航空運輸只運載了 0.1% 的噸數，但是他們收到了 4% 的收入。在一個有限的市場空間中，他們為高品質的服務收取高昂的費用。正如一個市場人員說：「這下糟了，我們沒有方向盤了，明天早晨要運到這，無論多大的代價，否則我們就要關閉生產線。為了這項運輸服務，我們花多少錢都可以。」

不同的運輸方式——不同的作用

因此，在運輸服務領域，每種運輸方式都有自己的位置。

鐵路（續）

下面，我們討論鐵路運輸以及它提供的各種運輸服務。

商品

在美國，鐵路貨物運輸噸數的 40%是煤。儘管煤是鐵路運輸的支柱，能帶來較高的收入，產生較大的噸數和噸公里，但它是低值貨物，不需要很高的服務水平。第二大商品是農產品，占 11%，大體上是穀物和玉米，這些也是大宗貨物。第三是化學產品，占 9.4%，附加值高一些，運量當然很大，但與製造商品相比，仍然是低值商品。

貨運車輛類型

鐵路使用貨運車輛運輸貨物。在這個一般的分類標準下，還有很多類型。在 Marlok 的書裡[4]，他簡潔地介紹了每一個常用類型的車輛，還有一些插圖。這些多種類型的車輛反映了托運人的不同需要。第一，就是最普通的棚車，就是一個有門的簡單車廂。它是一種封閉的車輛，讓你的貨物不受天氣影響。

第二是平車，平車就是一組輪子上有個平板，偶爾也會有前後擋板，但是，側邊沒有擋板。它們通常用於運輸貨櫃。貨櫃是用鋁或鐵製造的箱子，貨物可以儲存其中。你可以在一輛平車上裝一到二個貨櫃，可以正好固定住。我們也把卡車的拖車放到平車上。這些車有輪子，就像連到牽引車上的拖車一樣。在複合運輸中，可以簡單地把牽引車裝上或卸下平車，並把它連接到牽引車在公路上行駛。平車上的貨櫃很明顯不能這麼運輸，因為貨櫃沒有輪子。在這種情況下，你就需要一個平板大卡車，把貨櫃置於其上。

雙層貨櫃車輛（Double-Stack）

近些年，有一種革新叫做雙層貨櫃服務，貨櫃可以碼放到 2 層高。（見圖 13.4）。因此，一輛平車可以運載 4 個貨櫃，而不是 2 個。

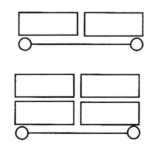

圖 13.4　革新平車雙層貨櫃

透過使用雙層堆疊，生產效率可以提高將近 2 倍，而對綜合成本的影響很小。這就使得鐵路比卡車和其他運輸方式更具有競爭力。如果鐵路的成本減少，收取的費用也可以減少。對於試圖最小化物流成本的倉庫經理來講，他會覺得鐵路更好。

當然，為了處理雙層堆疊需要進行一些投資，因為鐵軌上的軸重增加了，這意味著提升了鐵路的養護成本。某些運輸網路上的橋樑和隧道的淨空也成為問題。但是，即使考慮到這些，雙層堆疊仍然是鐵路的一個具有強競爭力的武器。

雙層貨櫃列車是現在鐵路運輸業的一個非常重要的部分。事實上，鐵路運輸業的複合運輸是鐵路運輸業增長最快的部分。鐵路通過運輸平車上的貨櫃或拖車，現在佔據了複合運輸收入中超過 10% 的總收入，這些收入大部分來自於從泛太平洋地區到美國西海岸的運輸。泛太平洋地區的新興製造業組織正把貨物輸入美國。作為一種革新的雙層貨櫃車輛，部分程度上就是應這部分流量而生。

敞車（Gondola Cars）

其他型號的車輛包括敞車，形狀如圖 13.5 所示。

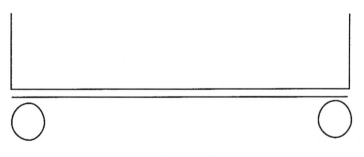

圖 13.5　敞車

這些車沒有頂蓋，它們用於運輸諸如穀物和煤炭一類不容易腐敗的東西。敞車是一種簡陋的運輸工具，能為特殊的部分市場提供廉價的運輸服務。敞車的「近親」就是漏斗車（hopper cars）。漏斗車的形狀與敞車類似。它們的基本區別就是漏斗車能打開車底，因此，允許某些貨物實現重力作用下的自卸。漏斗車可以覆蓋保護設施，也可以不覆蓋。

油罐車（Tank Cars）

另外一種車輛是油罐車。它們是圓筒形的。例如，化學公司用油罐車運輸化學液體。通常，由於經常運輸化學物質，這類車輛的損壞情況就備受關注。當油罐車出事故或脫軌後，這些化學物質如果傾倒在河裡或路邊就非常危險。

危險品（Hazardous Materials）

工業不得不非常關心清潔問題。與危險品洩漏相關的責任非常大，儘管這種危險是潛在的。如果這樣的事故在都市區域發生，沒有妥善處理的話，就是極度嚴重的「Bhopal India」事件的重演。近些年來，為了合理的標誌這些車輛，作了大量的工作，以便清潔人員知道他們處理的是什麼車輛。對於妥善處置最基本的是知道洩漏的是什麼東西。而且，有關部門對油罐車進行了重要的物理改進。

冷藏車（Refrigerator Cars）

冷藏車是特殊的車輛。例如，它們用於從加利福尼亞的田地裡，把新鮮產品運輸到東部的某個地方。它們必須可靠的運轉，因為，如果冷藏單元失靈了，必然導致貨損。在沙漠裡運輸的萵苣如果沒有恰當的冷凍肯定會受損。

汽車擱架車（Auto-Rack Cars）

鐵路運輸成品汽車需要有一種特殊的運具——汽車擱架車。為了能更安全的運營，它通常完全封閉，避免高值的汽車損失。

貨運車輛類型的專業化

通過過去 20、30 年的發展，我們看到這樣的趨勢，鐵路運輸業的貨運車輛正朝著專業化的方向發展。汽車工業是鐵路運輸業的最大客戶，他們堅持發展封閉的汽車擱架車，鐵路滿足他們的需求不足為奇。他們是重要的客戶，就像我們的雨傘商店會滿足我們重要客戶的要求一樣，鐵路也是如此。

為了滿足托運人的需要，我們看見專業化設備在穩步發展。為托運人提供他們想要的設備，這是提高我們服務水平的途徑。在 19 世紀 20 年代，當鐵路幾乎處於壟斷地位的時候，鐵路不是必須提供客戶的某種特殊服務。競爭形勢如今已經今非昔比了。如果

你想用鐵路來運輸貨物，很多人也不得不用鐵路，你就只能用鐵路已有的設備，而且只能忍受這種情形。在這個充滿競爭的年代，鐵路不能再依此策略取得勝利了，因為，同種運輸方式內部和方式間都存在著競爭。因此，鐵路運輸業需要改進他們的服務水平，採用更專業、更昂貴的設備。

在運營實行中，這種專業化也能提供某種啟示，因為需要集中利用這些昂貴的資源，比如利用封閉的 3 層自動攔架車，就與利用便宜的平板車不同。由一般常識可知，你得讓那筆巨額投資運轉起來，而小的投資擱置一兩天也沒有什麼問題。因此，運營策略要根據成本結構變化進行調整；一些鐵路運輸公司比其他鐵路運輸公司作了更有效的改善。

鐵路增長及其理性化

我們接下來討論理性化這一術語，它經常與鐵路運輸業聯繫在一起，儘管也可能與其他運輸系統產生聯繫。由於交通量小或者交通地理分布的改變，運輸系統能力會發生衰減，理性化就是來處理這個問題。這種衰減伴隨著運輸網路的減少、勞動力隊伍的減員、車輛數目的減少等等。下面，我們看看美國鐵路運營里程的變化，注意這些年發生了什麼樣的變化（如表 13.2 所示）。運輸業增長提供促進了美國的發展，然後由於過度修建和競爭，需要使其合乎經濟規則。

表 13.2　美國鐵路英里里程

年度	英里（千）	年度	英里（千）
1840	3	1930	260
1850	9	1940	230
1860	30	1950	223
1870	53	1960	217
1880	93	1970	206
1890	167	1980	164
1900	193	1985	145
1910	241	1990	120
1920	260	1992	113

資料來源：Rail Facts, 1993 ed., Association of American Railroads, Washington, D.C., 1993.

在 1840 年，美國有 3,000 英里鐵軌。1860 年，也就是南北戰爭的前一年，有 30,000 英里，是 20 年前的 10 倍。1880 年，有 93,000 英里，又是 20 年前的 3 倍。然後，從 1880 年到 1900 年，增長到了 193,000 英里，是 20 年前的 2 倍。增長率然後就大幅衰減。1920 年的時候，我們談論美國的公路運輸業，大部分道路沒有鋪設，鐵路貨運系統幾乎是壟斷整個貨運系統，那時主要的競爭是內陸的水運。航空運輸起源於美國的郵遞業務發展，當然構成了一些競爭。

從 1900 年到 1920 年，鐵路運輸網路增加到 260,000 英里，是 20 年前的 1.25 倍。在 1940 年以前，鐵路的衰退開始顯現，運營里程從 260,000 英里衰退到 230,000 英里。在 1935 年，1935 年的汽車承運商法案頒佈了。這是管理公路運輸工業的里程性法規，開創了鐵路和公路運輸競爭的新時期。於是，鐵路運輸里程就又有了 10% 的衰退。時間推進到 1960 年，此時，二戰和朝鮮戰爭都已經結束，鐵路運輸里程又從 230,000 英里下滑到 217,000 英里。

鐵路網路的大量衰減

接下來，我們看見大量的經濟理性化。在 1980 年，網路下降到 164,000 英里。此時網路的規模相當於 1890 年的水平，系統進一步衰退反映了公路運輸行業的強有力競爭，以及鐵路自身的過度興建。到 1990 年，里程是 120,000 英里。運營里程恰好是 1920 年高峰里程的一半，而且這種趨勢還在持續。1992 年，鐵路的運營里程只有 113,000 英里。

巨大的增長與理性回歸（Rationalization）

綜上所述，你看見了一個行業在經歷了巨大的增長後，重新回到理性的過程。在美國，它曾經增長十分迅速，並幾乎壟斷了貨運市場，國家因而迅速發展。實際上，鐵路的過度興建發生在 19 世紀後半葉和 20 世紀早期，當時企業家佔據而且過度佔據了任何可能的地理和市場資源。不足為奇，財富被用於補貼鐵路建設。然後，當鐵路內和鐵路外的競爭都發展壯大後，網路開始萎縮，伴隨著勞動力的減員，直到衰退至經濟上合理的規模，在能夠盈利的水平上成功運營。

企業合併

幾個因素使這種衰減成為可能。其中之一就是，在很多情況下，一系列的鐵路企業合併導致美國鐵路營業里程的萎縮。也許，在鐵路的繁榮時期，修建了兩條平行鐵路線路。現在，有了卡車的競爭，就沒有足夠的貨物交通量讓兩條鐵路都存活。企業合併了，運營里程被削減，留下的一條鐵路就能夠盈利。

支線的廢棄

鐵路運輸公司也廢棄了一些很少使用的支線，其服務區域內的很多製造廠商已經遷走了，或者產量被大幅削減。因此，透過廢除不盈利的支線，使鐵路運輸網路更符合經濟規則。

近幾年，美國政府對鐵路的管制開始鬆動，所有的行動，包括企業合併和支線廢棄，都在開始加速實施。

反壟斷力量

州際商業委員會（ICC）是根據 1887 年的州際商業法案建立的一個機構，當時，鐵路處於壟斷地位。（在 1996 年 1 月 1 日，ICC 停止運作，許多職能轉入美國運輸部的 Surface Transportation Board, Surfboard）。ICC 多年來一直擔心鐵路公司的壟斷行為會侵害公眾利益。他們一直關注企業合併對商業競爭的影響。

美國政府為了反壟斷，頒佈了「Anti-trust」法案。假設兩個在一個特定的運輸走廊裡競爭激烈的鐵路運輸公司合併。托運人不能從兩個公司為交通量的競爭中獲利，因為競爭可以作為費率增長的制動器，現在，只有一家鐵路運輸公司和公路運輸公司競爭。因此，考慮到反壟斷的因素，政府非常警惕企業的合併，然而，這些年，這種限制有了很大的放鬆。

在支線廢棄的問題上，ICC也發揮了作用，如果這些工廠有一條支線為其服務，保護這些工廠就非常重要。通常，在鐵路公司被允許放棄一條鐵路線以前，他們會提出一些鐵路公司難以滿足的條件。托運人會說：「我在此建廠，是因為這有鐵路的支線，10年後，就因為這條線上有的公司歇業了，鐵路公司就要廢棄這條支線，這讓我陷入很大的困境。」ICC對這類問題一般都表示同情，近些年，交通量的減少使得廢棄支線變得合理，政府也願意鐵路公司減少他們設備，以符合經濟規則。

錯位補貼（Cross Subsidies）

當鐵路公司的設備沒有減少以符合經濟規則前，應該認識到存在錯位補貼的現象。這是運輸上一個長期有爭議的問題。有些補貼從一個用戶轉到了另一個用戶，從一種運輸方式轉到另外一種運輸方式，從一個部門轉到另一個部門，從一個地區轉到另一個地區。如果鐵路運輸公司真的必須保持低盈利水平的支線，或者是賠錢的支線，就要有人補償他們的損失。鐵路運輸公司試圖彌補這部分成本支出，如果是在市場條件下，他們能夠將這部分成本施加給其他人，他們也確實會這麼做。也許會是煤炭公司吸納這些成本支出，因為他們依賴於鐵路運輸業，用卡車運輸大量的煤炭是不可能的。

上面的討論結束了我們對鐵路的介紹。我們接下來討論鐵路運營的細節。

參考文獻

1. Badnall, R, *A Treatice on Railway Improvements*, London, England: Sherwood, Gilbert and Piper, 1833.

2. Chandler, A. D., Jr., *Strategy and Structure: Chopters in the History of the Industrial Eaterprise*, Canbridge, MA: The MIT Press, 1962.

3. *Transportation statistics Annual Report 1994*, Bureau of Transportation Statistics, U. S. Department of Transpertation, January 1994.

4. Morlok, E. K., *Introduction to Transportation Engineering and planning*, New York: McGraw-Hill, 1978.

Chapter 14

鐵路運營

鐵路運營

為了介紹鐵路運營，我們設想一個鐵路運輸系統，其中有托運人、收貨人，有鐵路網路，上面有很多車站，通過它，貨物從托運人運給收貨人。（見圖 14.1）。

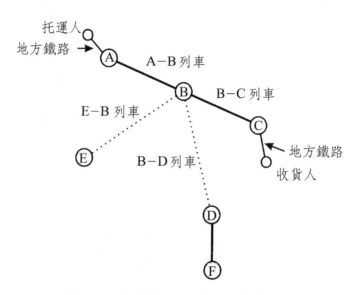

圖 14.1　從托運人到收貨人的路徑

　　運輸過程如下：把空車送往承運商的專用線。托運人打電話告訴鐵路公司說：「我需要 3 輛貨車。」調車機車牽引的貨車在他的專用線會甩下 3 輛車輛供托運人裝車。托運人完成裝車後，會聯繫鐵路公司，讓他們取車，調車機車會來取走這 3 輛車。這些都發生在這個系統的某條專用線上。調車機車來自主要的車站（車站 A）取走這 3 輛車，可以設想，它還會在同一條線路上，取走其他托運人的車，然後，把這些車帶回車站 A。根據交通需求的大小，調車機車可能每天取一次，也許更少，如每週一次。

　　這些貨物車輛可以編組成一列區間列車，這列車在系統的兩個主要車站 A 和 B 之間運行。這裡我們稱其為列車 AB，因為它是從 A 點運行到 B 點，這列車根據車輛的不同去向，把車輛分成了不同的「車組」。因此，在列車 AB 上，有分別去往車站 B、C、D、E 的車輛。於是，在這列車上，我們就有去往網路上不同地點的車輛，有直達車站 B 的，也有去往東、南方向車站的，如 C、D、E。圖 14.2 顯示了系統中不同去向的列車，他們為不同站點之間的貨物運輸提供服務。

車組

我們要強調一點，儘管我們說列車AB是由很多去向不同的「車組」構成，但是，貨車車輛不是恰好符合這種順序，也就是說，它們沒有排序。網路上的列車發往不同的站點，這些列車是否在 A 點編組成連續的車輛單元是個運營的策略問題。可能在 A 站編組有意義，也可能在 B 站編組有意義，鐵路系統的運營中，在哪裡編組是個很重要的問題。因此，列車AB的草圖是概念性的，並沒有表示列車編組的車輛一定具有連續性。

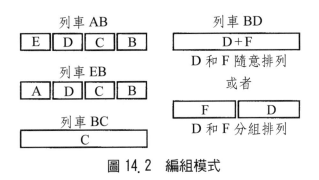

圖 14.2　編組模式

例如，在圖 14.2 中，我們出示了列車 BD 的兩種結構，第一種去往 D 和 F 的車輛隨機分布在列車中，第二種中，去往 D 和 F 的車輛編組成連續的單元。可以推斷出，在第二種情況下，在 B 和 D 編組是最有效的。

現在，除了列車 AB 外，還有一列車 EB，編掛有去往 A、B、C、D 的「車組」。這列車中的車組中，有直達車站 B 的，也有去往 A、C、D、F 的。

車輛合併

鐵路運輸中，基本的運營操作就是把具有相同終點的貨車車輛合併成列車。基本上，我們在這個具有高固定成本的系統所要做的一切，就是把從 E 和 A 到 C 的列車編組成車輛單元，使它們可以一起從 B 運輸到 C，與它們分別從 A 到 C 和從 E 到 C 相比，可以降低成本。這種合併對我們很有利。

現在，基於這種運營模式，車站的運營變得很複雜。後面，我們會討論車站的運

營。但是現在，我們將繼續介紹貨車車輛編組的思維，使它們從到達列車編組到出發列車上。

編組錯過（Missed Connections）

由於鐵路車站固有的運營複雜性，你不能總是讓車輛及時聯編到合適的出發列車上。例如，從 E 到 C，經過 B 的車輛可能會錯過了從 B 到 C 的出發列車的編組，那麼只能等待下一列車。這種延誤在鐵路運輸中很關鍵。在旅客運輸中，如果旅客錯過了登機時間，可能會耽誤幾個小時，只要登上下一班飛機，就可以走了。美國鐵路運輸業通常是 24 小時運營一班。如果從 E 到 B 的車輛，希望編組到去 C 站的出發列車，但是因為某種原因錯過了聯編，為等下一班列車，通常會有 24 小時的延誤，也許某些情況是 12 小時，但這種情況比較少。考慮一下這些延誤對收貨人的全程物流成本的影響，可能就是缺貨。

因此，為了節約成本，在運營上採取車輛合併策略，當出現問題時，可能面臨著嚴厲的處罰。我們一天只開一列從 B 到 C 的車，是為了達到編組長度的要求。從根本上來說，我們的鐵路是在較高的固定成本上運行的。即使鐵路只用機車牽引一輛貨車，也要支付固定的勞動力成本和機車使用成本，這些成本固化在運營之中，即使車輛編組長度很短（燃料成本是可變的），如何才能達到較高的編組長度呢？降低貨物列車運營頻率，比如一天一次。當聚集足夠的車輛，就可以實現長編組。從成本的觀點來看，這很好，但是從服務水平的角度看卻相反。貨運車輛錯過出發列車以後，就會有一天的延誤。由於沒有足夠的車輛，出發車輛也可能取消，延誤會更大。這是關鍵要素 14 的例子，成本和服務水平的權衡。

運營成本

參考一下圖 14.3，列車的運營成本是編組長度的函數。有一個較高的固定成本和不大的變動成本，也就是說，運營成本總體上是很高的，但是增加一輛貨車而引起的成本增加不大。我們可以看到，如果增加額外的機車，運營成本就會呈階梯狀增加。

由於安全和控制、到發線長度和其他運營問題，列車的編組長度也有限制。每輛車的運營成本和列車長度的關係如圖 14.4 所示。

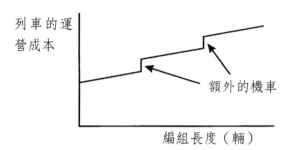

圖 14.3　鐵路運營成本與編組長度

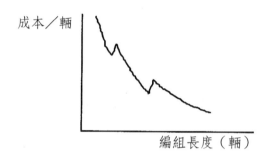

圖 14.4　每輛車的運營成本和編組長度

　　長編組列車上的每輛車成本明顯低於短編組列車的成本。因此，從成本的觀點來看，人們運營長編組列車的動機在於此，這就是驅動美國鐵路系統低發車頻率的思維根源。如果讓 B 和 C 兩點的列車一天運行兩次，而不是一天一次，就會提高服務品質。如果 BC 區間的列車每天以 50 輛的編組發兩列，而不是編組 100 輛的一列車，高頻率會帶來更高的服務水平。然而，從成本的觀點，運營兩列 50 輛編組的列車，要比運營一列 100 輛的列車高。

運營角度與市場角度

　　上面的討論與運營部門和市場部門之間的緊張關係有一定關聯。誰希望運行編組 100 輛車的列車？運營部門還是市場部門？誰願意運營編組 50 輛的車呢？

　　運營人員希望列車採用長編組，而市場人員希望短編組。

　　當然，運營人員希望運用編組 100 輛車的列車。市場人員希望運用編組 50 輛車的列車。市場人員說：「我不管成本是多少，這是我的客戶需要的更好服務，我的獎金也與運營的總收入掛鉤。我會努力爭取使用 50 輛編組的車輛，如果我能說服他們採用 100 列只編組一輛車的列車，我也會去勸他們。」運營人員說：「我是用成本來考核的，我喜歡運營 200 輛編組的列車，兩天一班。我們需要節省資金，客戶需要應放到第二位置考慮。」

　　很明顯，這是個典型的問題。現實中，市場主管知道他的策略會導致更高的成本，最終導致更高的運輸費率，雖然他並不支持高費率。運營主觀認識到他的策略會導致更差的服務水平，最終導致貨運量減少，這也不符合他的利益。

車輛調度

　　與此有關聯的問題是車輛調度（見圖 14.5）。假設有來自 A 和 E 的車輛，目的地是 C。

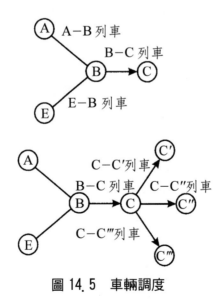

圖 14.5　車輛調度

　　列車 BC 計畫在下午 10 點離開。假設從 A 到 B 的列車已經到達 B 站，而且已經編組好，也就是其中從 B 到 C 的車輛已經編組到出發列車 BC 上。然而，聯掛著從 E 到 C 的車輛的列車 EB 晚點了。車站調度有兩種選擇。他可以讓列車 BC 出發，比如其中

有 60 輛車經由 AB 區間去往 C 站，讓從 E 到 B 的車等待第二天的列車。或者，等 6 個小時後再以處理列車 EB。然後，不是發出一列 60 輛編組的列車，而是發出一列比如 90 輛編組的列車，其中有 60 輛由 A 到 C，30 輛由 E 到 C。

調度抉擇

這是個選擇問題。調度可以等候一段時間發一列長編組列車，也可以立即發一列短編組列車。第一種策略實現了列車經濟性，編組很長，達到了 90 輛車。因此，從每輛車的成本而言，這樣做很好。然而，如果它真的等待晚點的列車 EB，90 輛編組的列車就不能像 60 輛編組的列車那樣及時到達 C 站，這就會引發系統問題。例如，車站 C 可能需要使用列車 BC 的機車，來牽引其他列車，然而，列車 BC 還沒到，它要 6 小時後才到，機車也因此晚了 6 個小時。從 C 站出發的列車也要因此而晚點出發。

進一步來講，對網路的影響更大。那些開往 C′ 和 C″ 的列車晚 6 個小時到達 C 站。車站 C 的經理將會面臨同樣的問題，也就是說，有些車輛經由 C 從 C‴ 開往 C′ 的。從 B 到 C 的列車晚 6 小時進站，因為它正在等待從 E 到 B 的車輛。現在車站 C 的經理面臨同樣的問題，他應該等待誤點的列車 BC，還是現在就發出短編組的列車 CC′ 呢？

等待集結車輛

於是，使車站 B 的經理做出的某個決策的問題也會影響車站 C 的經理。事實上，從 E 到 B 的車輛晚點進入車站 B，這一因素可能淵源於網路西部很遠的地方的某個人做出了導致延遲發車的決策，如「等待集結車輛」，這是鐵路人員的說法。這個決策在網路上傳播，最後導致整個網路運營的不穩定。因此，等候列車不是個簡單的決策。必須要考慮網路運營問題。

讀者回想一下簡單的電梯例子，我們談到了網路上人們的行為，那個例子是個非常簡單的網路，但現在的例子則不是。鐵路網路非常複雜，而且四通八達，因此，其網路的行為非常重要。某個車站的決定可能會影響整個網路的運營，而且影響方式很難預測。

車輛延誤一天會有多大的影響呢？

　　物流理論幫助我們回答了這個問題。這個問題依賴於很多不同的因素。運輸延誤可能會引起雨傘商店或者通用汽車公司的裝配線的缺貨。運輸延誤的影響還依賴於貨物的種類；物流理論可以幫助我們預測和理解運輸延誤對顧客的影響。

運輸延誤在網路上的擴散

　　網路上人們的行為以及運輸延誤如何通過網路擴散，是一個很常見的運輸問題，當然，這個問題不僅侷限於鐵路，航空公司對此也很熟悉。如果 Denver 的天氣惡化了，透過整個國家的航空運輸系統而傳播的影響十分巨大。實際上，建設新的丹佛機場的動機之一就是獲得更好的運能，以保證當地的航空運輸可在惡劣天氣下運轉，從而提高整個航空網路的績效。

網路的穩定性

　　運輸網路可能非常不穩定。對比一下航空運輸和鐵路運輸：CSX 運輸公司的一位經理提出了非常鮮明的思考。他明確指出了航空與鐵路一樣具有某種網路不穩定性。如果你評價一下旅客航空運輸系統的績效，它常常在上午 7 點表現很好，然後，在一天的時間裡逐漸惡化。但是，到了晚上 11 點，系統要在夜裡關閉 7 個小時。這於是提供了一個機會重新平衡系統。在隔天開始的時候，系統又以穩定的狀態開始。

　　鐵路貨運中，不存在這樣的機會。系統運營每天 24 小時進行。因此，鐵路運輸直到週末才能捕捉到同樣的機會，那時貨運量急劇下降，系統才有機會回到穩定狀態，為下週工作做好準備。旅客航空運輸業每天都有 7 或 8 個小時的時間。這是個很有趣的見識。

　　回顧一下高中物理，你可能學過穩定平衡與非穩定平衡的概念。有些讀者可能還記得滑軌底部的小球處於穩定的狀態。這意味著，如果讓小球離開平衡位置，在重力的作用下，它還能回到平衡狀態。軌頂的小球處於不穩定平衡狀態，你把它推離平衡位置，它就不能再回到相同的平衡點（見圖 14.6）。

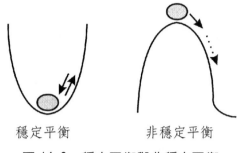

穩定平衡　　　　　　非穩定平衡

圖 14.6　穩定平衡與非穩定平衡

　　我們該如何設計一個平衡穩定的而不是非穩定平衡的系統呢？設計鐵路系統時，提供一種機制，保證當它離開平衡點後，能重新回來。事實上，這些機制往往加重了系統的不平衡性，使得網路運營得更差了。

運營方案集中

　　現在，你可能正在想：「為什麼鐵路公司按運行圖運營列車，並以此作為一個最佳的策略？」事實上，這還是某些主要的美國鐵路運輸公司的最新經營理念；這一點在運輸業上還有很大的爭議。當前使用的屬於「運營方案集中」，有時也叫「按計畫行車」。其基本觀點是設計一個可行的有意義的運營方案。你有足夠的機車和足夠的線路運能，於是，就可以根據時刻表實現列車的按計畫行車。

　　實際上，不完全是這麼操作的。鐵路的時刻表與飛機和通勤鐵路的時刻表不同。貨運時刻表在很多情況下都是建議性的。它們是車站經理的指南。車站經理不一定按表行車。為了充分利用車站的資源，車站經理可以決策是否讓 B 站的列車等待來自 EB 的車輛，或者相反。不能指望在實現按計畫行車的同時，還能做出上面的調度決策。

計畫運營與靈活運營

　　因此，在鐵路運輸業中，有一場爭論，就是在高度管制下實行按計畫行車是不是最好的方案。很多鐵路運輸公司覺得這是一種不靈活、不經濟的運營方式。這些鐵路運輸公司覺得給車站經理一些靈活性是很有用的，與沒有靈活性的計畫行車相比，可以更好地平衡服務水平和成本。

　　另外一個方式試圖在計畫運營與靈活運營中實現一種平衡。鐵路應該週期性或是每

天改變運營計畫，以反映當前的形勢變化，比如天氣、交通量等等，然後再根據調整的計畫運行[1]。實際上，很多鐵路都是採用管制運營，在其基礎上再做些計畫的調整。

　　不同的鐵路運輸公司有不同的客戶群體，高附加值產品的托運人對服務都比較敏感，願意運輸這些產品的鐵路運輸公司常常採用計畫行車——管制運營。運輸對服務不敏感貨物的公司，一般採用靈活的運營方式，以降低成本。事實上，鐵路運輸公司針對不同的貨物有不同的運營計畫。

　　計畫與靈活到底意味著什麼呢？請參見圖 14.7。

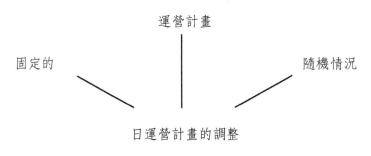

圖 14.7　鐵路運輸運營的框架

日運營計畫的調整

　　假設我們透過優化方法，開發了一套管理運輸網路的運營方案。假設每天上午 6 點，鐵路經理拿著運營計畫，根據它產生調整的日運營計畫，它告訴鐵路運輸公司在特定的某一天該如何運營。運營計畫是基礎，調整後的日運營計畫是特定日子的行動計畫。調整後的日運營計畫考慮了網路的隨機情況，比如天氣和交通條件，也反映了鐵路公司有多大的意願來改變基礎運營計畫以適應特定日子的情況。

　　這個思維框架裡有幾個重要的內部問題。如果我們假設基礎運營計畫是經過優化的，我們是否知道如何改變基礎運營計畫來產生一個「更優化」的日運營計畫？優化的速度是否足夠快，也就是說即時優化，從而實現鐵路的運營即時化？因此，即時再優化是這個思維框架中的重要思想。

　　第二個問題：如果調整後的日運營計畫與基礎運營計畫存在較大的差異，在鐵路所有可用資源條件下，車站經理能否以足夠快的速度改變其運營計畫，以實現準優化運營。換句話說，來自中心指揮層的指示描述了今天的修正日運營計畫，這意味著，某個車站的經理可能沒有足夠的資源，根據修正日運營計畫來調整運營，特別是當調整前後

計畫差異很大時，因為他們的車站早就根據基礎運營計畫制定了車站計畫。

如何界定計畫性鐵路與靈活性鐵路

這兩個問題都很重要，但可引出了另外一個問題——界定鐵路計畫性與靈活性的標準是什麼？至少有兩種方式來思考這個問題。

第一種方式：可以根據基礎運營計畫和修正日運營計畫的差異來度量計畫性鐵路與靈活性鐵路的差異。計畫性鐵路的基礎運營計畫與修正日運營計畫基本相同。我們的鐵路運營計畫相對固定，可能每月或每季變化一次。基於這種方式，當地的車站經理做計畫時的不確定性就減少了，只能根據所要求完成的工作做出計畫。但同時，當交通量發生重大變化時，同樣不能根據形勢變化而採取行動。

第二種方式：計畫性鐵路在早晨 6 點以前制定了修正日運營計畫，與那天實際要做的工作沒有區別。因此，計畫性鐵路就是以早晨 6 點做出的運營計畫為依據而展開工作，這與靜態運營計畫有很大的差異。

與第一種定義相比，第二種可能是計畫鐵路更適度的定義，雖然為適應系統的某些隨機性，還是嚴格根據早晨制定的運營計畫進行運營。有些鐵路運輸公司根本不會這麼做。每天早晨制定的計畫只是建議性的，但是後面可能與調整計畫偏差非常大。

參考文獻

1. Dong, Y., "Modeling Rail Freight Operations under Different Operating Strategies", Ph. D. Thesis, Department of Civil and Environmental Engineering, MIT, Sepcember 1997.

Chapter

鐵路車站：P-MAKE 法
分析網路績效

車站

車站運營

P-MAKE 分析法

起終點旅行次數

車站

列車準點進站還是晚點進站，取決於上游車站經理的決策，這種情形發生時，鐵路車站如何運營呢？理解這一點非常重要。車站績效是網路績效的主要決定因素。我們希望確保車輛作業準確進行，能夠及時地隨正確的出發列車出發。車站績效是到達車輛時間與計畫到達時間之間的變化性的函數。

　　如果車站經理確信能夠按列車時刻表運營，他就可以制定出智慧化的車站運營方案。另外一方面，如果車輛隨機到達，比如早了 3 個小時或晚了 5 小時，就很難制定資源優化利用和有效的運營方案。綜上所述，我們假想出一個關係，如圖 15.1 所示。

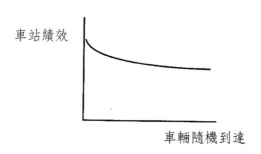

圖 15.1　車站績效

車站的健壯性（Robustness）

　　列車到達時間的變動性越大，車站運營效率越低。車站運營績效就會下滑，車輛就會錯過編組，會耗費更多的勞動力。

　　我們應該設計一個車站運營方案，其中包括分配給車站的資源，在不確定性很低的情況下，這個方案就是個高效率的方案。如果到達車流準時可靠，車站就可以完美地運營。另外一方面，車站也可以制定一個低效率但是有很強的適應力的方案，變動性增加不會引起車站績效下滑（見圖 15.2）。

　　高績效的運營方案是「敏感」的，低績效的車站運營方案是「健壯」的。與此類似的情形是美洲虎汽車和雪佛萊汽車。如果美洲虎汽車經過精確調試，按照預想的方式駕駛，它是表現很好的汽車。雪佛萊汽車不是表現很好的汽車，它運行速度不快，但是保養不太好時，它的性能降低程度沒有美洲虎汽車來得大。因此，在駕駛條件變動不大，一切都處於最佳狀態時，低績效的雪佛萊看起來不太好。但是，若駕駛條件經過一系列

的變動後，健壯的系統就能運轉得比較好。在這例子中，健壯的系統，即雪佛萊汽車，就能運轉得很好。

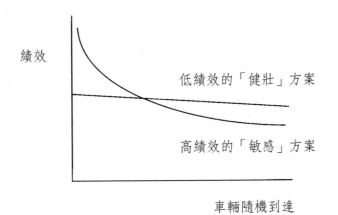

績效

低績效的「健壯」方案

高績效的「敏感」方案

車輛隨機到達

圖 15.2　車站績效的另外一種觀點

　　系統績效包括了成本度量，也就是說，度量車站績效不僅根據車站的運輸量，也應該根據利用的資源，系統健壯性也會消耗資源。到達列車存在不確定性時，為了確保系統能夠運轉，就有可能引發系統的冗餘。我們可以這種方式來概念化車站運營績效。它涉及到了穩定與不穩定平衡的概念，因為在車站計畫具有多大的適應性和網路完備性上有多穩定這兩個問題之中存在聯繫。我們需要有適應能力的車站，才能獲得穩定的網路性能。

集中式決策與分散式決策

　　另一個運營問題是集中式與分散式決策。例如，列車調度是由某個車站經理決定，還是由網路的集中控制者決定呢？所有形成網路的運輸系統，實際上都是集中控制決策和分散決策的混合體。原則上，如果我們有優質的、可用的、即時的、集中的資訊，適合採用集中決策。這些條件經常得不到滿足，根據形勢的迅速變化，當地的車站經理經常即時的改變運營狀況。從實際操作的角度，對於複雜的運輸網路，我們需要兼具集中式和分散式決策的混合體。

服務水平和鐵路網路上的路徑選擇

鐵路貨運的服務水平是中轉車站數目的函數，在中轉車站要對貨物進行處理。我們希望，即從起點到終點只經過一次貨物作業的貨運服務水平，這當然要優於相同距離的需處理很多次的貨運服務。事實上，經驗研究表明，貨運服務水平的主要決定因素不是起終點之間的距離，而是在中轉站貨物作業的次數，在鐵路方面這實際上是一個運營決策。我們可以提供點 A 和點 C 間的直達服務，如圖 15.3 所示。

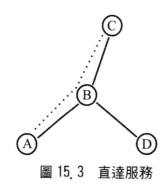

圖 15.3　直達服務

通過繞行車站 B，提供了直達 A、C 車站的服務，這是更快捷、更有效的運輸服務。當然，運輸距離未變，但在車站 B 沒有貨物作業，服務水平仍會有所提高。

車站運營

我們接下來討論車站運營，然後把網路運營看作車站績效的函數，進行建模。參見下面的編組站示意圖（見圖 15.4）。

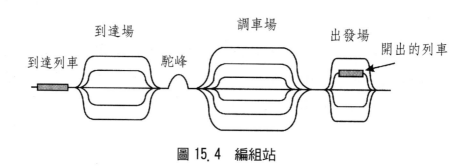

圖 15.4　編組站

駝峰

　　到達車輛進入到達場。許多現代的調車場都有駝峰，這一名字來源於它的外形像駝峰，依靠重力運轉。到達列車被推送到駝峰，每輛車滑行到調車場，實現重力溜放車輛，然後被分組，調車場位於駝峰下。這個系統就是用於分類到達列車的車輛，然後按不同目的地編組成新的列車。經過調車場後，車輛到達出發場，車輛歸類到不同的線路，然後組合成新的列車，轉往正線。

排隊

　　這種運營方式有很多話題。如前面電梯例子提到的，在這些設施中存在排隊。例如，駝峰就是運輸資源，一次有一列車能被分類，因此，其餘的列車要在駝峰下等待分類。檢查人員要檢查車輛的到達和出發，這些人員也是資源。通常情況下，列車要等待檢查人員的命令。編組車輛也需要資源，車場裡有調車機車，把車輛從調車場牽引到出發場，然後編組成列車。這些都是複雜的運營。在一個大的調車場裡，有幾百輛車和幾十輛機車，以及眾多的員工。需要排隊使用運輸資源，這裡還存在著隨機行為。

微觀模擬

　　鐵路運輸業中，有很多關於貨場的詳細的電腦模擬套裝程式，幫助我們分析系統的變化。例如，當我們改變到達列車的模式，或者出發列車的時刻表，或者提高駝峰的效率時，我們就可以做出敏感、微觀的方針分析，以理解複雜的系統行為。

宏觀角度

　　我們是從比較宏觀的角度研究車站影響，因為，我們最終感興趣的是提供給客戶的起止點的綜合服務。

客戶

　　客戶不在乎某個個別車站的運營狀況，他們真正在意的是平均運輸時間、可靠性、貨損和服務頻率，這些我們在前面都介紹過。因此，客戶真正感興趣的是網路的整體績效，下面我們要重點討論從宏觀角度對車站運營進行建模，預測網路的整體運輸績效。

P-MAKE 分析法

從微觀的角度，研究車站的有效方法是研究到達列車，如列車 AB 編組到合適的出發列車 BC 上的概率。錯過編組時會產生嚴重的運輸服務問題。

在宏觀層面，車站的行為可以用「P-MAKE」函數來建模，該函數表示：到達車輛的完成編組概率是其編組到出發列車的等待時間的函數。圖 15.5 是 P-MAKE 函數的典型例子。

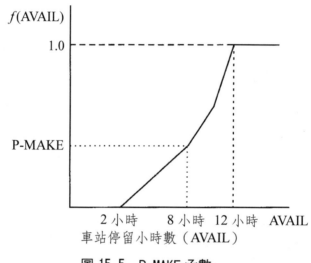

圖 15.5　P-MAKE 函數

完成編組的等待時間指從列車到達時刻到出發時刻的時間。因此，如果用 8 個小時編組，該車輛能夠編聯到出發列車的概率可以由 P-MAKE 函數推出，P-MAKE 函數的大小是車場等待時間 AVAIL 的函數。

車輛未能編組的原因有哪些呢？車站設備的複雜性、排隊行為和隨機行為。假設採用前面所示的 P-MAKE 函數，再假設有人只有很短的時間等待編組，比如 2 個小時，這輛車就會錯過編組。另一方面，有人可能因某種原因有特別多的等待編組時間，可能是 12 個小時，他就一定能完成車輛編組。在 2 小時到 12 小時之間，有一個函數關係描述了實現車輛編組的概率，這是車場等待時間 AVAIL 的函數。

現在，知道這個函數關係，我們就可以推斷出車輛在車站的平均等待時間。車輛在車場的等待時間佔了它從起點到終點的運輸時間的很大比例。

平均車場等待時間

接下來我們計算某次編組作業的平均車場等待時間。現在，平均車場時間E(YT)是該次編組作業車輛等待時間 AVAIL 的函數。這個模型中，平均車場時間 E(YT)由兩個組成部分，一是如果完成編組作業，在車場中停留的時間，在這個例子中，概率為 P-MAKE，車站等待時間為 AVAIL，車輛需要花費（AVAIL+下列合適的列車的到達時間），其概率為（1−P-MAKE）。

$$E(YT) = P\text{-MAKE} \times (AVAIL) + (1 - P\text{-MAKE}) \times （AVAIL+下列合適的列車的到達時間）$$

接下來，假設我們從到達列車編組到出發列車計畫了 10 個小時的時間，該輛車完成編組作業的概率P-MAKE＝0.8。但也存在（1−P-MAKE）＝0.2 的概率，我們延誤了作業，車輛錯過編組時機就產生了 24 小時的延誤，因此，這輛車就要在車場花費（10＋24）小時。即 E(YT)＝14.8。

現在，假設我們繪出了一輛車的平均車場等待時間，它是車輛到達時刻和出發時刻之間的等待編組時間。當 AVAIL 越大，我們能完成編組作業的概率越大，但是，車站的車輛要花費更多的時間等待編組。當 AVAIL 變小，車場等待時間也小。然而，通常情況並非如此。在 AVAIL 的某個中間範圍，我們可以發現一個比較好的運營點，能適當的平衡編組作業與錯過編組兩種情況（見圖 15.6）。

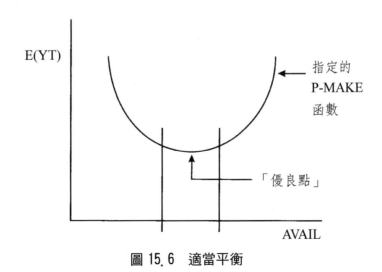

圖 15.6　適當平衡

我們可以校準曲線，然後，得出某個特定的車站的最優 AVAIL。

P-MAKE 函數，以及由此得出的合適的 AVAIL 會因車站而變化。P-MAKE 函數會隨車站技術功能、流量與運能比例等等而變化。如果具備了網路上某個車站資訊，就可以找到該車站在 10 到 12 小時之間的「優良點」（sweet spot）。也可以找到另外一個在 16 到 18 小時之間的「優良點」。原則上，我們可以基於這些車站的運能制定運營時間表。

在這個方法中，我們沒有採用微觀模擬方法來對車站的績效進行建模。P-MAKE 函數近似代表了車站的行為，當我們想研究運營時刻表的變化時，不必每次都執行每個車站的微觀模擬程式，我們可以採用 P-MAKE 函數進行網路分析。這說明了對系統的複雜部分進行抽象簡化的建模思想，在這個例子中是一個車站，把該系統抽象成易於處理的數學公式，它可以幫助我們分析比較複雜的系統，在這個例子裡，就是鐵路網路。

P-MAKE 分析法

現在，我們是用 P-MAKE 的概念對一個簡單的網路建模，以理解車站或車場（本書中的車站或車場可以替換使用）績效是如何與網路服務水平關聯起來的？這種服務水平是客戶直接感受到的。下面是一個簡單的運輸網路（見圖 15.7）。

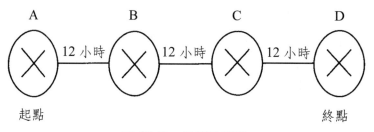

圖 15. 7　起終點績效

假設每對車站之間的線路牽引次數（haul times）是 12 小時一次，這是確定的。而且，還假設我們有兩個相同的中轉車場，它們的 P-MAKE 函數是相同的。當然，沒有理由期望兩個車場能具有相同的 P-MAKE 函數。你也許有一個非常現代化、高效率的車站設備，可以快速的處理車輛作業。在這種情況下，P-MAKE 函數就要向左移動。或者，你可能有個很舊的車站，沒有足夠的停車空間，車輛偶爾還會出軌，這種情況下 P-MAKE 函數就要向右移動。我們一般在第二個車場裡完成較少的編組工作（見圖

15.8）。

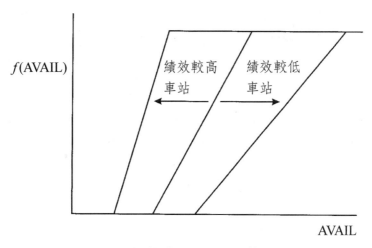

圖 15.8　P-MAKE 函數

　　但是，現在，為了簡單起見，我們假設這些車站的 P-MAKE 函數是相同的，而且，假設列車按時刻表運行，因此，每個車站可以編組的時間都是 8 個小時，車輛在起終點之間運行時，行經的車站的編組時間間隔為 8 小時。假設列車的發車頻率為一天一列，則連續列車的間隔是 24 小時。如果需要編組，每個車站就要有 8 個小時的車場等待時間（yard time）。如果錯過編組，就有 32 小時的車場等待時間，因為下班列車要等 24 個小時，我們假設這種情況車輛肯定可以編組，即編組概率＝1（見圖 15.9）。

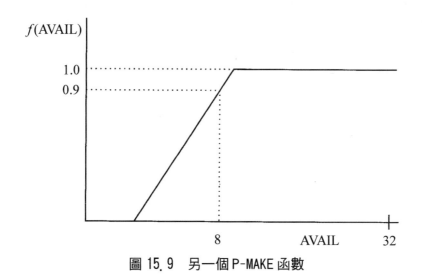

圖 15.9　另一個 P-MAKE 函數

起終點旅行次數

我們現在介紹起終點旅行次數。車輛編組有三種可能性。第一，車輛沒有錯過任何編組作業，在 8 個小時之內通過兩個車場並編到預期的出發列車上。第二，可能錯過一次編組作業，完成另一次編組作業。第三，最壞的情形就是錯過了兩次編組作業，在兩個車場都沒有完成編組作業。

現在，假設兩個車場完成編組作業的概率是獨立的，這是個需要質疑的假設。我們介紹了運輸網路中的不穩定平衡，如果錯過了第一次編組作業，我們可以認定，錯過第二次編組作業的概率就比第一次編組作業順利完成的情形要大。但是，為了簡單起見，我們仍然假設兩個概率是獨立的。總的車場等待時間和及其概率如表 15.1 所示。

表 15.1　車場等待時間的概率

編組錯過次數	概率	車場等待時間（兩個車場的 AVAIL ＝ 8）
0	$[f(\text{AVAIL})]^2$	16
1	$2f(\text{AVAIL})\times[1-f(\text{AVAIL})]$	40
2	$[1-f(\text{AVAIL})]^2$	64

因此，例如，$f(8)＝\text{P-MAKE}＝0.9$，如圖 15.9 所示。第二種情況，$f(8)＝\text{P-MAKE}＝0.8$，全部的車場等待時間分布如圖 15.10 所示。

為了得到 O-D 旅行時間，只要在車場等待時間中加 36 小時（3 個路段×12 小時／路段，我們假定路段旅行時間是確定的）。注意，隨著 P-MAKE 從 0.9 減少到 0.8，O-D 旅行時間的平均值和方差都會增加。

$$f(\text{AVAIL})＝\text{P-MAKE}＝0.9$$
$$平均 \text{O-D} 時間＝56.8$$
$$\text{O-D} 時間方差＝103.7$$
$$f(\text{AVAIL})＝\text{P-MAKE}＝0.8$$
$$平均 \text{O-D} 時間＝61.6$$
$$\text{O-D} 時間方差＝184.3$$

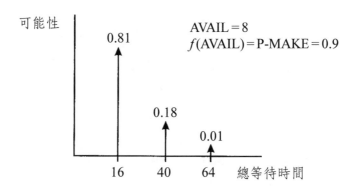

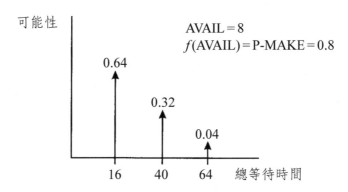

圖 15.10　某個對應的車場等待時間

你還認為每個車站的等待時間是固定的嗎？

不是的，AVAIL 只是對我們考察的特定的**列車編組作業**而言是固定的。考慮一下下面的情形。假設列車 BC 和 EC 分別在下午 2 點和中午 12 點到達，列車 CD 被安排在晚上 10 點出發。相對列車 CD 而言，列車 BC 的等待時間 AVAIL＝8 小時，而列車 EC 的 AVAIL＝10 小時，也是編組到列車 CD 上（見圖 15.11）。

列車頻率

假設我們把列車頻率從一天一次改為一天兩次。如果我們錯過編組時機的話，車場中車輛的額外等待時間從 24 變為 12 小時。例如，在 AVAIL＝8 小時的例子中，$f(8)＝$ P-MAKE＝0.9，車場時間＝20 小時（8＋12），而不是 32 小時（8＋24）。然後，我們再假設當 AVAIL＝20 小時，P-MAKE＝1.0。

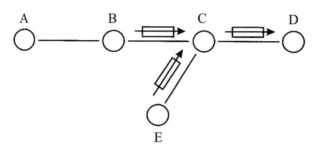

圖 15.11　車場等待時間

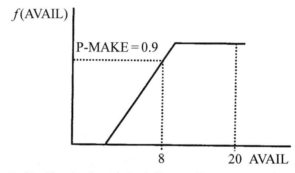

圖 15.12　提高列車頻率條件下的 P-MAKE 函數

　　這種情況下的總車場等待時間如圖 15.13 所示。因此，藉由讓列車每天運行兩次，平均車場時間和車場時間的方差都下降了。注意，我們並沒有改變車站的工作效率以及車輛通過車站的速度。我們僅僅改變了我們的運營策略，改為每天兩班列車。一天兩次的列車頻率涉及到成本問題。與一天一次的運輸系統相比，鐵路需要更多的機動車來運轉系統。鐵路需要更多的人員來運轉短編組但數量大的列車。這是個昂貴的系統，但是提供了更好的服務水平。這就是典型的成本與服務水平之間的平衡（關鍵要素 14）。

繞行車場（Bypassing Yards）

　　另外一種方法就是繞行車場。車輛不在兩個中轉車場編組，我們設計這樣一種服務，車輛在第一個到達車場處理，不理會是否會錯過編組作業，直接繞到出發車場（見圖 15.14）。

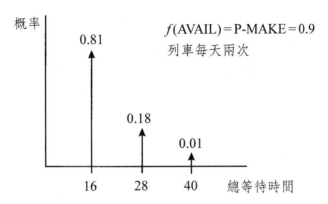

平均 O-D 時間＝平均車場等待時間＋36＝52.96

O-D 時間方差＝25.91

圖 15. 13　提高列車頻率條件下的全部車場等待時間

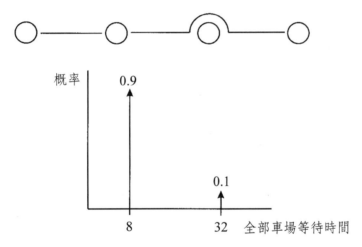

圖 15. 14　繞行一個車場的全部車場等待時間

可以將其看作直達服務。在航空系統中，例如，你直接從芝加哥飛往波士頓，而不用在匹茲堡轉機，就可以獲得快捷、可靠的服務。你不必再讓自己受制於匹茲堡的飛機是否誤點。但是，從航空公司的角度看，匹茲堡—波士頓之間的滿載率可能會很低，因為聖路易斯—波士頓的經由匹茲堡的乘客不能和芝加哥—波士頓的乘客合併在一起。

我們使用一個簡單的模型來研究繞行車場的策略。假設，運輸路線只經過一個車場。例如，如果 f(AVAIL)＝P-MAKE＝0.9，列車服務頻率為每天一次，我們在車場等待 8 個小時的概率為 0.9，等待 32 個小時後能編組的概率為 1。這樣，車場等待時間的

分布向左移動，改善了車場等待時間的均值和方差。

　　接下來，我們可以讓車輛繞行兩個車場，因此，完全消除了車站作業的不確定性。在這種情況下，若假設列車路段旅行時間保持不變，O-D旅行時間的不確定性為 0。因此，我們把平均旅行時間改善為 36 小時，把車站的不確定性降為 0。

　　我們提供了直達服務，而且採用了短編組的列車（因為，我們還要提供從A到B、從A到C等等的服務）。但是，透過提供網路兩端點站A到D之間的直達服務，我們獲得了更好的服務水平，但成本也更高了。無論任何運輸方式，這種權衡對運輸的運營規劃都十分重要。

Chapter 16

車輛成本和服務水平

更詳細地考察車輛成本

現在，讓我們更仔細的考察繞行車場的策略，看看是否真的很昂貴。現在，我們要更精細地考慮成本結構的狀況。為簡單起見，只考慮在網路的兩個終點站之間運營這類服務的成本大小，本例中是 A 和 D（忽略網路效應），如圖 16.1 所示。

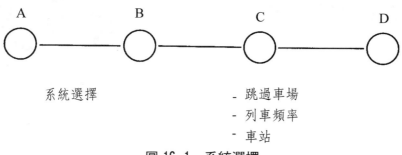

圖 16.1　系統選擇

　　鐵路運輸公司關心提供從 A 到 D 的服務成本是多少，這是運營選擇的函數：跳過一個車場、跳過兩個車場；每天一次的列車頻率、一天兩次的列車頻率或者透過投資採用更好的技術來改進車場的績效。

　　我們把運營成本分成三個部分：列車成本、車站運營成本和與車輛成本。

　　　　成本＝列車成本＋車站運營成本＋車輛成本

　　這裡我們不需要包括基礎設施成本。儘管有些成本與基礎設施的建設和維護有關，但從短期運轉來看，我們假定基礎設施成本與運營決策無關。假設維護軌道等等的成本不會因我們一天開兩列車還是一列車而變動。

　　這些成本函數是什麼形式呢？如果我們把車輛編組長度看作列車成本的函數，鐵路運輸業傾向於使用長編組的列車，因為，我們使用任何長度的列車都要支付很高的固定成本。因此，每個車輛的固定成本很高，變動成本相對較小。

　　車站的運營成本又如何呢？它有相似的特性，也就是說，車站運營的固定成本很高，而且，車站運營也有變動成本，它是所處理列車和車輛數量的函數，如圖 16.2 所示。

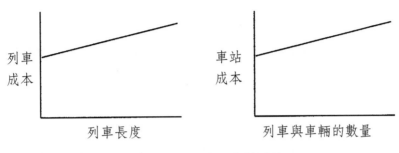

圖 16.2　列車與車站成本

車輛成本（Car Costs）

現在，我們介紹車輛成本的概念。車輛運行需要費用。為了計算貨車從 A 到 D 的服務成本，我們引入「車輛周轉」的概念。關鍵要素 4 表明，車輛周轉是運輸系統分析的基礎。運具是重要的資產，在這個例子中是貨運車輛。它們是提供運輸服務的機械實體（mechanism）。

貨運車輛周轉

貨運車輛在鐵路運輸網路上的移動流程如下：
- 鐵路把車輛送到裝運線；
- 托運人裝載貨物；
- 運輸系統透過鐵路網把車輛運往終點；
- 收貨人卸載貨物；
- 鐵路收集空車，並把車輛放置到下個托運人的裝運線。
公式的形式如下：

車輛周轉時間（CC）＝托運人的裝車時間＋行駛時間（重車）＋收貨人的卸車時間＋行駛時間（空車）

空車和重車的行駛時間包括經過車站的時間。我們假設車輛周轉時間是確定的。而且，我們還假設只是把空車直接從 D 送回 A。

車輛總數計算

假設從 A 到 D 的日裝載量為 V。我們可以計算貨運服務所需的車輛總數 NC。

$$NC = V \times CC$$

很明顯，這是個很大的簡化。系統不是確定的，而是有很強的隨機性。另外，空車經常被送到其他的地方，而不是它們原來的地方，如圖 16.3 所示。

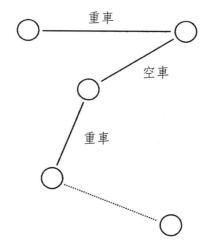

圖 16.3　空車與重車運轉

在車輛冗餘的情況下，車輛能力過剩，貨車可以排隊等候裝載。

日車輛成本計算

為了說明問題，我們回到這個簡單的例子。我們如何計算與車輛總數有關的車輛成本。有很多方法來考慮問題。我們先介紹一個簡單的概念，然後再進行詳細的解釋。

假設我們知道車輛的價格和車輛的使用壽命，我們可以計算出每輛車每天的固定資產消耗成本。用它乘以運營所需車輛總數目，我們就可以得出車輛的擁有成本，它是車輛購買價格的函數。

車輛越貴，鐵路車輛周轉時間越長，車輛成本越高，因為你要準備更多的固定資產（即車輛），才能為客戶提供運輸服務。如果有 15,000 輛貨運車輛，就會與有 80,000

輛的情況大大不同。因此，如何利用這些資源的決策也可能會大相逕庭。

　　系統的運營方法依賴於如何看待車輛成本。假設車輛周轉時間變長，如我們要在A到D的運輸中增加中轉站，而不再是直達AD。前面，我們將直達服務描述為昂貴的運營方法，因為車輛編組更短了。但是，當我們採用直達運輸服務，我們的車輛周轉時間也縮短了，而且，在完成該項服務的過程中，所需的車輛總數減少了。因此，車輛成本就會下降為：

$$日車輛成本 = NC \times 每輛車的日擁有成本$$

　　因此，這個問題就變成了車輛成本的降低能否補償採用短編組列車進行直達服務的成本增加。這是個微妙的問題。例如，我們可以從中長期的角度來考慮這個問題。如果從經濟角度來研究它，可能就有人說：「看，我們買車花了 15,000 美元；它可以用很多年，因此，每天的所有權成本就是用 15,000 美元除以這些天數。」

　　相反地，其他有些人可能會說：「這並沒有什麼意義。你買了那些車，但是它們放在那，什麼也沒做；你已經付錢購買了這些車輛，因此，這些車就不再花費任何錢。」擁有成本可以看作已支付成本，而不是每天都產生的成本。

成本與服務水平

　　圖 16.4 顯示了成本與服務水平的理想關係。

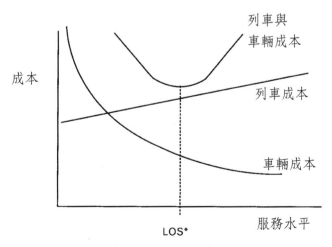

圖 16.4　成本與服務水平

透過使用短編組、高密度的直通車場列車，可以提供更好的服務。列車成本也隨服務水平的增加而增加，因為列車的數目增加，編組長度減少。另外，車輛成本會隨服務水平的增加而下降。為什麼呢？因為，透過繞行車場以及高密度的發車，總體車輛的生產效率提高了，需要的車輛總數會減少。因此，當服務水平增加後，車輛成本會減少。如果繪出列車成本和車輛成本曲線，原則上我們可以找到最優的服務水平 LOS*。

LOS*是最優成本對應的服務水平——但沒有考慮更好的服務水平會吸引更多的流量。

難道不應把車站的運營成本納入這個等式中嗎？

好問題，車站成本是服務水平的函數，如果繪出它的曲線，你覺得該是什麼樣子呢？

車站成本會降低，因為較好的服務水平使車站處理的車輛減少。

很好，我們略過車站。另一方面，需要調度的列車總數增多了。當我們繞行車場時，服務水平提高，車站成本常常會下降。如果我們在上述分析中考慮進車站運營成本，分析結論不會發生本質的變化。從成本的角度來看，還是存在一個最優的 LOS*。

現在，假設我們有上述的關係。思考一下，如果我們淘汰了原來的車輛，購買了一批比原來的車輛貴 50%的新車輛，會發生怎樣的變化呢？在這個分析中，你認為會產生些什麼變化？LOS*會怎麼樣呢？

曲線將會向右移動。

正確，車輛成本曲線將會向右移動（見圖 16.5）。

每輛車的日固定資產消耗成本增加了；這時，對鐵路公司而言，透過提供更好的服務水平，降低車輛周轉時間，從而節約車日數有更大的價值。在這個例子中，提供更好的服務，反而降低了成本。

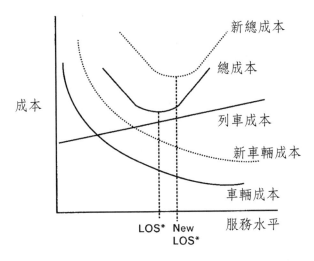

圖 16.5　成本與服務水平——另一個觀點

　　現在，假設你會見了主管勞工關係的總經理。他說：「好消息！我剛才與工會達成了一個協議，我說服了他們同意將一列車的乘務人員從四人改為兩人！」這會發生什麼情況呢？

　　列車固定成本降低。

　　正確，如果列車成本降低，服務水平的最優值向右移動。實行高服務水平的高密度行車的成本降低了。

　　鐵路運輸業中的一個問題是調解成本的速度很慢。在過去 10 年裡，鐵路貨運車輛擁有成本有很大的攀升。由於卡車運輸業變得更有競爭力，托運人給鐵路公司施加了很大的壓力，而且說：「如果你們還想保持我們的業務的話，就必須提供更好的車輛，購買新的設備。」因此，車輛成本大大增加了，然而，LOS*的優化卻很滯後。

　　在車輛成本增加、列車成本下降同時發生時，單純從成本的角度來看，你可能就在某個錯誤的服務水平上進行運營。基於當前的成本走勢，你很可能在一個更高的服務水平上運營，甚至沒有考慮這樣做的市場效益。

車輛成本的另外一種觀點

迄今為止，我們只是用車輛的購買成本除以車輛的使用年限，得出車輛使用每天成本。有人可能認為，成本太低了。假設我們在經濟繁榮時期運營，而且要求鐵路服務的貨運量的排隊長度是無限的，只要鐵路能提供車輛，就一定有運量。這些人就會認定，這種形勢下，鐵路的成本不僅包括固定資產消耗，還包括機會成本，也就是由於車輛不足，導致沒能裝運貨物而產生的成本。

毛利（Contribution）

「毛利」的概念就是指某輛車每天創造的收入，用每天的收入減去該次運輸每天的成本，它提供了某次特定運輸的盈利能力度量方法。剔除了因沒有可用車輛而損失的利益。我們據此計算成本，這樣計算增加了車輛的成本，刺激人們使用短編組的列車，從而獲得了更好的服務水平。

績效度量對決策的影響

經理如何收取車輛使用費用將會影響到鐵路運營決策。如果使用車輛不需要任何費用，他們就有可能採用長編組的列車，因為正如他們績效評價結論，車輛在車場的延誤，不需要什麼成本。另外，如果大幅收取車輛使用費用，他們就會採用小編組列車，同時也提供了更好的服務水平。考核員工的方法以及他們所受到的激勵會改變他們的運營方法（參見關鍵要素 28）。

車輛周轉的變動性

下面，我們把不可靠的（即不確定的）重車和空車運輸納入我們的模型考慮範圍，模型採用了一個簡單的 2 個節點的網路（見圖 16.6）。

空重車運輸中的不可靠性

這類不可靠性可以由很多方式產生。當 A 和 B 之間存在中轉車場時，就有可能發生，或者收貨人可能以隨機的方式卸車。在任何情況下，都存在不可靠性，也就是變動性。車輛周轉也因而不再是確定的常量，相反，車輛周轉時間成為隨機變數。平均而

言，車輛周轉時間為 N 天，但有時可能是 N − 1 天，有時是 N + 1 天。這對提供運輸服務所需要的車輛總數有什麼啟示呢？這是什麼類型的問題呢？

空重車運輸中的不可靠性

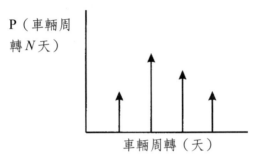

圖 16.6　車輛周轉的隨機性

這是個庫存問題。

車輛庫存（Car Inventory）

沒錯，這是個車輛庫存問題，就像商店的雨傘庫存一樣。鐵路運營者也有庫存問題。空車返回出發點存在不可靠性，因此，假設鐵路運輸公司希望能提供所有托運人需要的車輛，比如一天 50 輛車，你就需要一個更大的車輛總數。鐵路運輸公司需要一定的冗餘車輛來應付這種不可靠性。因此為向托運人提供連續的車流，由於網路上的不可靠性，與前面假設網路上的確定運輸時間相比，車輛總數會增加。

因此，不可靠的運營以幾種方式消耗鐵路運輸公司的資金。由於鐵路公司需要儲存額外的空車，這會消耗鐵路公司的資金。由於運輸服務的不穩定性導致交易失敗還會導致額外的損失。鐵路運輸公司需要決策空車的庫存量。但是，與網路上的運輸時間會影響服務水平一樣，空車保有量在貨主的空車可獲性方面影響服務水平。

鐵路運營者在研究系統的空車和重車的優先權問題上，存在很多不同的觀點。例

如，如果由於牽引力的限制，車輛的調車場都會存在一些限制，他們就會賦予重車優先權，因為客戶畢竟支付了從 A 到 B 的運輸費用。然而，這不一定是最優的策略。把空車運到能裝車的地方也很重要，處理空車事務的不可靠性的問題也很重要。鐵路運輸公司越來越認識到，他們不得不關注網路上車輛的可靠排空問題。

Chapter 17

Kwon 模型——機車牽引能力、車輛總數和運輸服務優先順序：模擬模型的應用

機車牽引能力、車輛總數和運輸服務優先順序

Oh Kyoung Kwon 提出了鐵路行業裡服務優先順序的概念[1]。考慮一個兩個節點的路網，貨物從 A 運送到 B 需要兩天的固定運輸時間，在 B 站需要一天的卸貨時間，然後空車回送又需要兩天的固定運輸時間（見圖 17.1）。

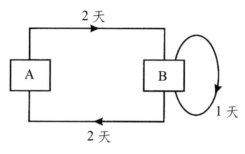

圖 17.1 一個簡單的線路網

一個托運人在節點 A 給系統產生了負載；托運人允許對其貨物指定某個運輸優先順序。托運人的貨物通常分為三種類型：對運輸服務水平非常敏感的貨物；對運輸服務水平中等敏感的貨物；對運輸服務完全不敏感的貨物。所謂運輸服務水平敏感度是指貨物對平均運輸時間及其可靠性的要求。

這樣，托運人就可以把貨物指定為高等、中等或者低等運輸優先順序。鐵路公司對高等優先順序的貨物運輸要價最高，對中等優先順序次之，對低等優先順序要價最低。

讓我們進一步假定每種優先順序的貨物運輸量都是隨機的。

牽引能力選擇

假定鐵路必須決定分配給每個運輸服務的機車牽引能力，而機車牽引能力反過來又決定了最大列車長度。這樣，鐵路每隔一個時期（如一個月）就要確定一次分配給此運輸服務的機車牽引能力，是 100 車／日，120 車／日，還是 140 車／日等。這是一個運輸能力決策問題。

首先，我們假定各個優先順序的運輸量是互相獨立的，然後，透過綜合由托運人產生的高等、中等和低等優先順序的貨物運輸各自的概率密度函數，我們就可以得到一個描述每日包括高等、中等和低等優先順序的總運輸量的綜合概率密度函數。與我們前面

提到的電梯系統一樣，這也是一個通過能力的選擇問題。對鐵路運輸系統，我們可以按
圖 17.2 所表示的方法來確定列車設計長度。

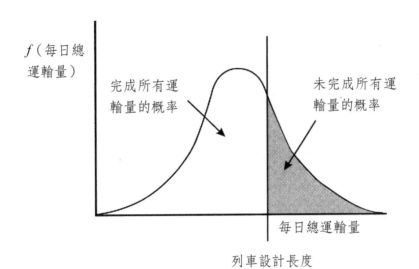

圖 17.2　每日運輸量的綜合概率密度函數

　　在圖 17.2 中，鐵路完成當天所有運輸量的概率，等於列車設計長度左邊曲線所圍
成的面積的大小。透過提供更多的機車牽引能力，列車運輸能力線會向右移，鐵路所提
供的服務水平會相應更高，因為鐵路當天就把托運人的貨物發送出去。

車輛總數確定

　　除了機車牽引能力，鐵路運輸能力也受車輛總數的影響。鐵路總是要儲備一定數量
的空車。雖然，在這個特定例子中，貨物的運輸時間是確定的，但貨物運輸的需求量是
具有隨機性的。因此，鐵路每天需要的車輛數目並不是一成不變的。這表明，如果車輛
總數沒有冗餘的話，鐵路就不能保證每天都有足夠的車輛進行運輸。

　　因此，鐵路系統有二個有關運輸能力的決策問題：機車牽引能力和車輛總數。在這
個例子中，托運人已經指定了貨物運輸的優先順序，我們可利用這些運輸優先順序來決
定如何運用相對緊缺的運輸能力。機車的牽引能力限制可能導致某天會有些車輛滯留在
車站裡；或由於節點 A 的空車數量不足，鐵路將不得不決定裝載哪些貨物，留下哪些

貨物。托運人指定的運輸優先順序很可能為鐵路做出這些決定提供了一種方法。

列車編組規則

Kwon 還討論了列車編組規則，並對以下三個列車編組規則進行了考察：

列車編組規則 1

第一個列車編組規則很簡單。首先，我們把所有裝載高運輸優先順序貨物的車輛進行編組；然後編組中等運輸優先順序貨物的車輛，最後是裝載低運輸優先順序的車輛，編組完畢後進行發車。下面舉一個例子加以說明列車編組規則 1。首先，假定機車牽引能力約為 100 車／日，且有充足的空車數量。

第一天　運輸量（單位：車）
　　高優先順序貨物＝60
　　中等優先順序貨物＝50
　　低優先順序貨物＝60
列車編組
　　高優先順序貨物＝60
　　中等優先順序貨物＝40
未完成運輸量
　　高優先順序貨物＝0
　　中等優先順序貨物＝10
　　低優先順序貨物＝60
第二天　運輸量（單位：車）
　　高優先順序貨物＝40
　　中等優先順序貨物＝50
　　低優先順序貨物＝50

根據列車編組規則 1，到第二天，我們首先對 40 個裝載高優先順序貨物的車輛進行編組（儘管它們是當日產生的運輸量），然後再對 10 個裝載前一天中等優先順序貨

物和 50 個裝載當天的中等優先順序貨物的車輛進行編組。現在，共留下 110 車低優先
順序的貨物在車站未發送，其中 60 車貨物已延誤了二天，50 車延誤了一天。

列車編組規則 2

考慮第二個列車編組規則。首先，不考慮貨物的運輸優先順序別，把所有前日留下
的貨物都發送出去。如果運輸量同上一個例子，那麼顯然，第一天的列車編組也相同。
但在第二天，我們首先把第一天留下的 10 個裝載中等運輸優先順序貨物的車輛和 60 個
裝載低運輸優先順序貨物的車輛進行編組，然後再對當天 30 個裝載高運輸優先順序貨
物的車輛進行編組，這樣，車站就滯留下 10 車高運輸優先順序貨物，50 車中等運輸優
先順序貨物和 50 車低優先順序貨物未發送。

列車編組規則 3

第三個規則力求達到公平處理，因為我們力求把高運輸優先順序的貨物儘量都發送
出去。在編組過程中，我們規定：

- 如果運輸能力允許，決不延誤高優先順序的車輛；
- 如果運輸能力允許，中等優先順序的車輛只延誤一天；
- 低優先順序車輛可延誤二天。

在這個例子裡，第二天，我們首先把 40 個裝載高運輸優先順序貨物的車輛進行編
組，然後編組第一天留下的 10 個和第二天的 50 個裝載中等運輸優先順序貨物的車輛。

這樣，到第二日末，車站裡：

- 沒有高優先順序貨物滯留；
- 沒有中等優先順序貨物滯留；
- 60 車延誤二天的低優先順序貨物；
- 50 車延誤一天的低優先順序貨物。

假設第三日的運輸量如下：（單位：車）

　　高優先順序貨物＝30

　　中等優先順序貨物＝60

　　低優先順序貨物＝30

這樣，第三日的列車由 30 個裝載高運輸優先順序貨物的車輛、60 個裝載延誤二天的低優先順序貨物的車輛和 10 個裝載當天的中等運輸優先順序貨物的車輛組成（因為那 50 車低優先順序貨物只延誤了一天）。

三種規則比較

比較這三種不同的列車編組規則。在第二種列車編組規則裡，鐵路把前一天的低運輸優先順序貨物進行編組發車，而把當天的高運輸優先順序貨物滯留在車站。這種策略合理嗎？要理解這一點，我們需要回顧一下前面介紹的物流總成本模型，看看高運輸優先順序貨物的延誤會給托運人帶來多大的經濟損失。

Kwon 找到了一種平衡各優先順序貨物運輸方法。在他的第三種運輸策略裡，當中等運輸優先順序的貨物被延誤了一天後，就變為高運輸優先順序貨物；當低運輸優先順序的貨物被延誤了兩天後，實際上也變成高運輸優先順序貨物。當然，Kwon 也可以說，中等運輸優先順序的貨物被延誤了兩天，變成高優先順序；而低運輸優先順序貨物被延誤了四日，也變成高運輸優先順序貨物。這只是運輸能力在不同類型運輸服務之間達到平衡的一種方法。

記住：不同的運輸服務類型對應的價格也不同；如何管理鐵路運輸能力依賴於三種優先順序的運輸服務的需求，而這些運輸服務需求量又與其價格息息相關。

不同優先順序的運輸服務

鐵路運輸系統產生的不同優先順序的運輸服務分布如圖所示（見圖 17.3）：

由於我們所採用的分配運輸能力的策略，不同優先順序貨物運輸之間的服務水平將會有實質性的區別。現在，我們怎樣才能改進運輸服務的分布？是透過購買更多的機車來提高列車機車牽引能力，還是透過購買更多的空車以降低空車不足的概率？

是否真的需要改進服務？

但鐵路運營者面臨的一個問題是：我們在為哪一類客戶提高貨物運輸的服務水平？如果我們透過加大投資力度，增加機車牽引能力，或者購買更多的空車，以提高鐵路運輸能力，那麼，我們可能會使服務水平已經很高的高運輸優先順序貨物的服務品質再提高一點，中等運輸優先順序的貨物服務水平會適度提高，而低運輸優先順序貨物的服務

水平會大大提高。因為提高了鐵路運輸能力，服務分布曲線的右端被消去，從而降低了
服務分布的平均值和方差。

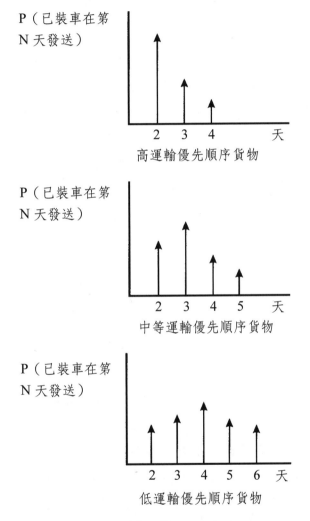

圖 17.3　不同優先順序運輸的服務分布

　　但這是一個合理的策略嗎？也許低運輸優先順序貨物對服務水平的提高無所謂。如
果鐵路想提高對低運輸優先順序貨物的價格（這是很可能的，因為鐵路花費了成本來提
高運輸能力），它可能會失去這些對價格非常敏感而對服務水平不敏感的低優先順序貨
物運輸量。因此，當我們考慮提高鐵路的運輸能力時，不僅要考慮改進的是哪類型的運

輸服務水平，還要考慮到托運人實際上是否樂意為更好的運輸服務水平掏錢。也許低運輸優先順序貨物的托運人很願意支付低運價，獲得低水平的運輸服務。

運輸能力分配

我們對此系統進行運輸能力分配。與前面的電梯例子一樣，這裡也討論擁擠費用。如果在某個特定時期使用電梯，如高峰時期，你將不得不支付額外的費用，如果在非高峰時期使用，則電梯價格會相對低一些。

在這裡也一樣，實際上鐵路是通過限制列車運輸的貨物種類來進行運輸能力分配的。鐵路運輸能力決策是在托運人所支付的運輸服務的價格基礎上做出的。

鐵路總是把低運輸優先順序的貨物推遲到非高峰時期再進行運送，實際上，低運輸優先順序貨物托運人與高運輸優先順序貨物托運人之間的差別就在於他的貨物不在高峰時期運送所造成的損失。

非平衡分析

前面，我們介紹了運輸系統中一個重要的概念——運輸平衡。我們討論了運輸系統的供給函數，強調如果系統運輸能力不變，運輸量越大，服務水平會越低。我們也討論了運輸系統的需求，強調如果運輸服務水平越高，運輸需求量將越大。

但我們在上面進行的分析是一個非平衡分析。我們假定托運人的運輸需求量是固定不變的，但如果從微觀經濟學的原理來看，實際情形不是這樣的。

看下面的一個例子：假定鐵路採用第二個編組規則，在考慮第二天的運輸量之前先把前一天的運輸量都發送出去。這樣就削弱了高、中等和低運輸優先順序服務水平之間的差別。托運人可能會發現：「從運輸時間統計直方圖看，高運輸優先順序和中等運輸優先順序的服務水平非常相近，我如果把那些高運輸優先順序貨物轉為中等運輸優先順序，這樣我就不用為一點的服務差異而支付額外的運輸費用。」或者我們從另一個角度討論，如果鐵路採用第一個編組規則，總是把高運輸優先順序的貨物放在第一位，那麼不同運輸優先順序貨物之間的服務水平差別極為顯著。托運人可能會說：「高運輸優先順序的服務品質實在是太好了，運輸時間只要二天，而且天天如此，從來不誤點。我現在要將所有的中等運輸優先順序貨物都變成高運輸優先順序，因為只要多支付少量的費用，就能獲得非常好的運輸服務。」

　　但是，如果他這樣做的話會產生什麼後果呢？他會改變了運輸系統運營的方式。鐵路的編組計畫是基於高、中等和低運輸優先順序貨物運輸量的概率密度函數來制定的。關注高優先順序貨物運輸的鐵路官員會說：「不知道怎麼回事，高優先順序貨物運輸需求量越來越大，以前是每天 50 車，可近來是每天 75 車。」而另一方面，他的同事會說：「真奇怪，我發現中等優先順序貨物運輸從每天 50 車降低到每天 25 車，難道是我們的中等優先順序運輸的服務水平很差嗎？人們漸漸的都不選擇它了。」也許某一天當他們坐在一起喝咖啡時，終於意識到發生了什麼事情。由於高運輸優先順序貨物的運價偏低，鐵路系統的平衡點已經被重新調整了。但是，當高運輸優先順序貨物的運輸量越來越大時，其服務水平也會隨之發生變化。托運人會說：「讓我們花少量的錢得到更好的運輸服務。」但是突然間，服務水平就不如以前那麼好了，因為越來越多的人在使用高優先順序的運輸服務。

　　因此，透過上面這個簡單的分析，我們可以很清楚地理解運輸系統是如何運作的，但同時，我們要清楚這是一個非平衡分析。我們在分析時沒有考慮托運人面對價格和服務的改變時的反應，以及鐵路公司在托運人行為改變後會採取什麼相應的措施。

　　許多非平衡分析都是相當合理的。從實際的角度看，這裡所做的這類分析得出的結果往往很不錯，尤其在進行短期分析時，因為短期裡，缺乏平衡性的模型不會引起預測的問題。

　　記住：

　　　所有的模型都存在著某些錯誤；但是，總有一些模型是有用的。

　　Kwon的模型也存在著某些錯誤，但它也是有用的。我們並不需要一個模型在每一處都完美無缺時，才能有效地利用它來進行分析。

　　前面，我們把一個複雜的含有車輛、人和機車的車站抽象成一個 P-MAKE 函數。P-MAKE 是用一個非常簡單的函數表示非常複雜終點站。這個模型顯然也存在著某些錯誤。但是，它對我們理解運輸系統仍然很有幫助。因此，沒有必要要求模型特別的詳細和精確，我們只要求模型能幫助我們在系統中做出良好的決策。

投資策略：閉合系統假設

在上面這種情形下你將如何決定有關的投資策略？你如何決定是否增加牽引機車或車輛的數量？一種考慮方法是列出並求解閉合系統方程式。在閉合系統中，我們把托運人和鐵路看成一個整體。之所以把它稱為閉合系統，是因為貨物的運輸價格——通常為運輸公司向托運人索取的運輸費用——被作為系統的內部變數。這樣，貨物的運輸價格已成為系統的內部運輸成本，從整體分析的角度看，它對系統整體分析影響不大。

這樣，如果選定了機車牽引能力的大小和車輛的總數，我們就可以計算系統的運營成本。同時，利用具有這樣機車牽引能力和車輛總數的運輸系統所能產生的服務水平，我們還可以計算出托運人的物流成本。如果我們從庫存的角度先假定商品的價值和托運人的運輸需求量，再利用庫存理論，就能估算出在某一特定服務水平下系統總的物流成本（TLC）。這樣，在不知道運輸價格的情況下——在這個方法中，它被作為系統內部運輸成本——我們可以計算出在某一特定資源水平和各種優先順序運輸業務的需求水平下，運輸系統的運營成本和物流成本。

然後我們可以對系統進行優化。透過調整機車牽引能力和／或調整車輛總數，尋求系統運營成本和物流成本之和的最優值。在閉合系統的前提下，貨物的運輸價格只是系統的內部變數，因此，我們能得到在某個物流情形下最優的機車數量和車輛總數。

各運輸優先順序業務的成本分配

如果我們放寬關於閉合系統的假設，那麼，現在就出現了一個付錢讓鐵路運送貨物的托運人，而不像前面的分析一樣，把托運人和鐵路看成一個整體，這樣，鐵路將面臨另一個難題。如果鐵路系統想要所有運輸優先順序的業務（高、中等和低運輸優先順序）都能盈利，他就必須先計算出三種優先順序貨物運輸業務各自的運營成本。

在各種運輸優先順序業務之間進行成本分配不是一個簡單的問題。舉個例子，如果鐵路公司擁有龐大的車輛庫存量以保證不會出現空車缺乏的情形，但這又表明庫存中有一些車輛很少被使用，而另一方面，鐵路公司還將為擁有這些車輛付出擁有成本。鐵路公司如何才能把這些冗餘車輛的擁有成本分攤到各種運輸優先順序業務中？正如我們在運輸系統的第 13 個關鍵要素中討論的一樣，這是一個難題。

建立模擬模型

　　Kwon 到底是如何計算出運輸系統的運營成本和物流成本的？在閉合形式上，我們所列出的方程式是一個難解的概率問題。我們所能做的是利用這個鐵路系統的概率方程式求解出一個描述運營成本和物流成本之和的概率密度函數（見圖 17.4）。

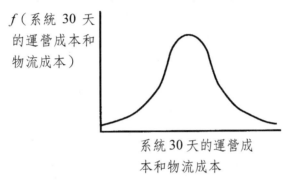

f（系統 30 天
的運營成本和
物流成本）

系統 30 天的運營成
本和物流成本

圖 17.4　系統 30 天總成本的概率密度函數

　　假設系統運營 30 天的總成本是一個隨機變數。那麼，就存在一個描述此 30 天期間系統的運營成本和物流成本的概率密度函數。因此，我們所要做的是由許多個隨機輸入，計算得出閉合形式的概率密度函數。

　　但我們不知道如何在閉合形式中對這個問題進行求解。因此，我們需要利用隨機模擬技術來產生結果。隨機模擬的基本概念是：透過一個亂數產生技術，我們可以在電腦中產生許多偽亂數，這些數字不是真正的亂數，因為它們是由電腦程式產生的。這種程式一般將二個非常大的基數相乘，然後把餘數（remainder）作為（0,1）均勻分布隨機變數（見圖 17.5）。透過這個方法，我們可獲得一系列（0,1）均勻分布的偽亂數，以進行隨機模擬。在模擬過程中，讓我們把偽亂數一一映射到相應的隨機事件。

　　假如有一個隨機事件，其發生的概率為 0.4，我們首先產生一個在[0,1]區間內的偽亂數，如果此亂數小於 0.4，則表明隨機事件發生；如果大於 0.4，則表明該隨機事件沒有發生。

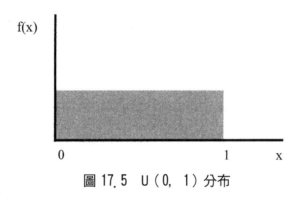

圖 17.5 U（0，1）分布

　　這些數之所以被稱為偽亂數，是因為當亂數產生程式的初始量相同的時候，產生的亂數序列也相同。如果設計良好的話，亂數產生程式產生的各個數值之間的序列相關性會很小，因此，我們可以把它們當作相互獨立的[0,1]均勻分布的亂數使用。

　　這樣，我們就可以編一個亂數產生器程式用於系統產生 30 天的運輸量，然後模擬列車運行，最後再根據模擬結果計算出系統在這 30 天期間總的物流成本和運營成本。

　　在系統模擬結束後，我們可得到有關系統運營成本以及運營成本的概率密度函數的一個樣本。這個樣本是一個隨機變數。為了得到整個概率密度函數，我們需要反覆對系統進行模擬，清零，再模擬……。直到我們能得到在一定統計置信度水平下成立的物流成本和運營成本的平均值為止（見圖 17.6）。

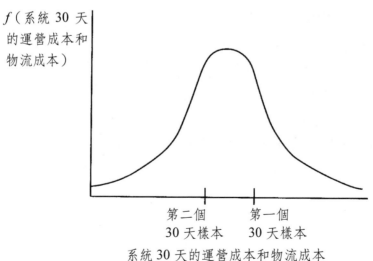

系統 30 天的運營成本和物流成本

圖 17.6 模擬取樣

模擬與隨機分析

　　模擬是運輸系統分析中非常有用的一項技術，因為它有助於解決在閉合形式中無法求解的問題。通常許多運輸系統的概率方程式都非常複雜，模擬技術是一個非常有價值的求解工具。

　　圖 17.7 舉例說明了需要求解模型方程的解析方法與不需要求解模型方程的模擬方法之間的區別。

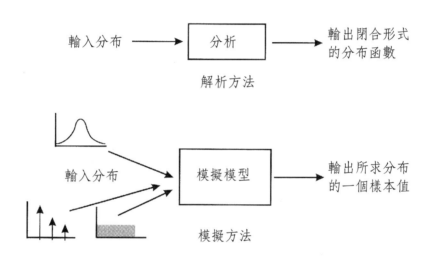

圖 17.7　解析方法與模擬方法

　　概率分析是一個良好的分析工具，但是要用它得出確實的結論，往往需要藉助於模擬技術，而這點需要花費大量的計算器時間。你可以經由大量的重複步驟來得到更好的統計置信度，但模擬所得到的結果仍存在不確定性。當然，我們也可以求解閉合形式方程式的解，只是這樣的話，我們將不得不做粗略的假設才能建立模型。因此，通常情況下只能使用大量的計算器時間來進行模擬，因為那是唯一可行的選擇。

參考文獻

1. Kwon, C. K., *Managing Heterogeneous Traffic on Rail Freight Networks Incorporating the Logistics Needs of Market Segments*, Ph. D. Thesis. Department of Civil and Environmental Engineering, MIT, August 1994.

2. Law, A. M. & W. D. Kelton, *Simulation Modeling and Analysis*, 2nd ed., New York: McGraw-Hill, 1991.

Chapter

運輸服務水平衡量及
其他鐵路運輸問題

運輸服務水平衡量

應該如何對貨物運輸的服務水平進行衡量呢？考察下面一個描述鐵路系統某一特定OD點對的直方圖（見圖 18.1）。圖中描述了貨物從起始點運輸到終點需要花費 *N* 天的概率。

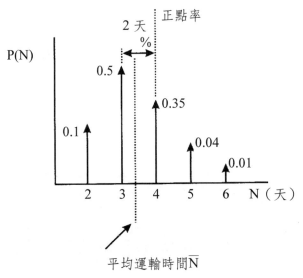

圖 18.1　旅行時間直方圖

　　描述此分布特點的經典概率統計方法是計算出該分布的平均值和方差。但是，在現實資料系統中，分布的方差往往並不十分有效。因為在分布的曲線右端存在一些對方差的計算結果影響很大的點，而這些點往往被證明屬於資料誤差。這些特別長的運輸時間，如果我們在計算方差時不加篩選地使用，會導致方差的估計值比實際值偏大，因為特別長運輸時間根本未發生過。因此，雖然方差是一個經典的概率統計衡量指標，但它往往不是最有效的。

正點率

　　我們通常採用的一個衡量指標是正點率。如果時刻表要求車輛從起始點到終點的運輸時間為 4 日，我們計算準時或提前到達的車輛數目。但是正點率作為一個衡量指標還存在著一些問題：首先，它沒有考慮提前到達的車輛所產生的影響。車輛的提前到達對卸車站來說並不是個有利因素，比如，重車提前到達卸車站，而該車站卻沒有足夠的庫

存空間儲存卸下來的貨物。

　　正點率作為衡量指標的另一個問題是，它很容易被人為操縱，我們可以透過放寬時刻表的要求，從而使得大量的車輛按時刻表運行。這樣，運輸系統表面的工作業績好轉了，但實際的運營情況沒有發生任何改變。

　　這是航空運輸行業的一個痼疾。當聯邦航空局（FAA）公布有關正點率的資料時，各航空公司一個很可能的反應就是更改他們的公司的航班時刻表，延長時刻表所規定的航行時間。這樣，實際的運營情況可能根本沒有改變，但從正點率的角度來看，工作業績得到了改進，因為時刻表變得比較容易遵守了。

不良運輸

　　通常托運人關注真實發生的、不屬於資料誤差的不良運輸。因此，我們把不良運輸（如：運輸時間長達 5 天或以上的運輸）看作是運輸時間分布的變異性衡量指標。當我們對分布曲線右端的點進行衡量時，並不對這些點進行加權平均；我們只是說有 7% 的運輸時間長達 5 天以上。不良運輸常常是導致鐵路運輸系統空車不足的潛在原因。同樣，這個衡量指標也很容易被人為操縱，比如我們把截止點更改到 6 天。這樣，實際的運行情況沒有改變，但系統表面的工作業績變好了。

「X」日百分比

　　「X」日百分比是鐵路運輸系統中一個有效的衡量指標。假定採用一個 2 日百分比作為衡量指標。取一張 2 日寬的紙條，在圖 18.1 的直方圖上移動，找到概率最大的兩個連續日（見圖 18.1）。因此，如果對某一特定起迄點對，2 日百分比的指標為 85%，則表明運輸時間落在可靠性最高的相鄰 2 天（在這個例子中為 3、4 兩天）裡的百分比為 85%。在高品質的複合運輸中，2 日百分比指標可能會達到 100%。

　　與上面各指標一樣，此衡量指標也可以被人為操縱，例如我們可以不採用 2 日百分比，而是 3 日百分比指標來改善表面工作業績。但「X」日百分比的確能有效地衡量運輸時間分布的集中趨勢。如果顧客知道運輸時間分布的 2 日百分比指標，他們可以有一定把握根據運輸時間視窗來調整自己的業務。而且，「X」日百分比指標也消除了分布曲線右端不良資料點的影響。在鐵路運輸行業中，「X」日百分比是一個有用的衡量指標[1]。

其他鐵路運輸問題

下面，我們將圍繞鐵路運輸系統簡要討論其他各種問題——其中許多在其他運輸模式裡也存在相類似的問題；這些問題可以作為貨物運輸系統內在基本概念的具體說明。

空車調度

空車調度是鐵路運輸系統的一個基本概念。鐵路網上的車流經常是不平衡的，因此我們不得不將空車運送到鐵路網的各個裝車點。在美國鐵路運輸中，約有 58%的車輛里程是重車里程。

如果幸運的話，鐵路會發現在產生空車的卸車地點恰好又需要進行裝車。但在通常情況下，我們需要將空車運送到系統中的另一地點進行裝車，這樣就形成三角形的車輛運行路線（見圖 18.2）。

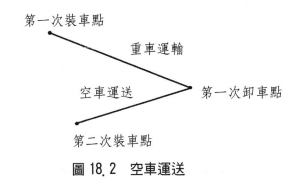

第一次裝車點

重車運輸

空車運送 　　　第一次卸車點

第二次裝車點

圖 18.2　空車運送

在鐵路系統中如何進行空車調度十分重要。運送空車也需要付出相應的成本，它會消耗機車牽引功率，占用鐵路線路通過能力。因此，當我們在考慮空車調度時，應該如何處理空車比較好？是讓空車在原地等待，直到路網的另一地點有確定的裝車需求才進行發送；還是根據預測將空車發送到路網的另一地點。在實際運營中，鐵路一般很清楚路網哪些地點會產生運輸需求，所以鐵路通常有空車運送標準。記住——將空車迅速運送到裝車地點是非常重要的，這是一個服務水平指標。合理分配空車也會產生運輸效益。

空車運送考慮因素

　　在整個鐵路網進行空車運送時，需要考慮一些複雜因素。這裡，我們簡要介紹那些源於美國鐵路制度結構的空車運送考慮因素。

車輛所有權

　　在鐵路運輸行業中，車輛歸各個不同鐵路運輸公司所有，此外，鐵路私營運輸公司也可以自由地向鐵路提供車輛。Union Pacific公司擁有一部分車輛，Norfolk Southern擁有一部分車輛，等等。但是，車流在整個路網上是自由運行的，這也就是說，Union Pacific 公司的車輛並不總是停留在他們公司自己的鐵路網內。比如一個車輛的裝車點可在 Union Pacific 公司的鐵路網內，但它的卸車地點卻位於 Norfolk Southern 公司的鐵路網內。

　　當 Union Pacific 公司的車輛進入 Norfolk Southern 公司的鐵路網時，它就成了一個「外來車」。當它被卸空後我們將如何處置它？

　　Norfolk Southern公司可以將它進行裝車，但是貨物的卸車點必須是往 Union Pacific 公司的路網方向去的。Norfolk Southern 公司可以往它自己擁有的車輛（稱為「系統車」）上裝載任何去向的貨物。於是，就產生了一個「車輛分配和管理業務」，該業務規定了各公司如何根據車輛的所有權情況進行空車處理（見圖 18.3）。

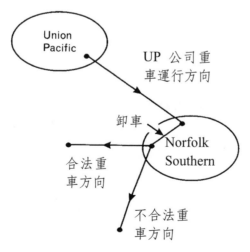

圖 18.3　外來空車的處置

車輛日租金

鐵路運輸行業裡有一個「車輛日租金」的概念。基本上，車輛日租金是鐵路運輸公司之間因使用對方車輛而支付的費用。車輛的租金按使用天數計算，它反映了車輛的擁有成本。如果 Union Pacific 公司的車輛在 Norfolk Southern 公司的路網上，無論它是重車還是空車，Norfolk Southern 公司都要向 Union Pacific 公司支付車輛租金。

這就導致各種有趣的問題出現。由於要支付租金，鐵路運輸公司不希望有外來空車停留在自己公司的路網上。每到月末，各鐵路運輸公司都進行本月的車輛租金結算，這是一項現金支出。

假如現在鐵路上有冗餘的車輛，即空車數目比裝載貨物所需要的車輛數要多。也許在 Union Pacific 公司的路網上有 Norfolk Southern 公司的空車，在 Norfolk Southern 公司的路網上也有 Union Pacific 公司的空車。當出現車輛冗餘的時候，Union Pacific 公司會說：「我要那些外來車輛離開我的路網，這些車每輛每天花費我 15 美元的租金，而我卻根本不需要它們。」而另一邊的 Norfolk Southern 公司也有同樣的念頭。這樣，一方面，有 100 輛空車從 Union Pacific 公司的路網運送到 Norfolk Southern 公司的路網，而另一方面，又有 100 輛空車從 Norfolk Southern 公司的路網開往 Union Pacific 公司的路網。這種空車運送不是免費的。現在，如果我們從一個更系統的角度看這個問題，顯然兩個公司都會說：「看，我將保留你的空車，你也保留我的空車，這樣，我們就不必花費錢互相運送空車了。」

清算所

實際上，基於此問題，一些鐵路運輸公司已經因地制宜地形成了一個叫「清算所」的正式機構系。它由許多鐵路運輸公司組成，為了合理分配空車，「清算所」把所有組成公司的車輛都看作為「系統車」。

「清算所」產生的效果好壞與鐵路運輸的需求量大小息息相關。在經濟繁榮時，每個鐵路運輸公司都需要空車提供運輸服務，如果在 Union Pacific 公司的路網上其他公司的車輛比他停留在其他公司的路網上的車輛要少，那麼 Union Pacific 公司會非常不滿意。因此，「清算所」在鐵路車輛冗餘的時候產生的效果很好，因為它可以避免徒勞無益的空車運送。但是在車輛短缺的時候，當所有的鐵路運輸公司都需要空車進行運輸時，「清算所」產生的效果就差一些。

路網間運輸

整個鐵路系統是由各個獨立的私營鐵路運輸公司組成的。一次貨物運輸的裝車點可能在一個公司的路網上，而卸車點在另一個公司的路網上，這種運輸被稱為「路網間運輸」。提供這種「路網間運輸」需要各鐵路運輸公司之間進行一定的合作。所有的托運人都關心貨物運輸的服務水平，而不關心某一次不良運輸到底是 Union Pacific 公司的責任還是 Norfolk Southern 公司的責任。

Union Pacific 公司和 Norfolk Southern 公司需要特別注意在路網交接點的合作。當貨物運輸由一個鐵路運輸公司移交到另一個鐵路運輸公司時，服務品質通常會有所降低。

因此，鐵路運輸公司之間就形成了一種奇特的業務關係。一方面，在為需要使用二者路網的貨物運輸提供服務的時候，他們之間應該是合作關係；另一方面，在其他一些運輸業務上，他們成了競爭對手（見圖 18.4）。

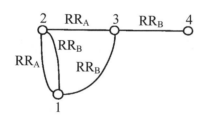

RR$_A$公司和 RR$_B$公司在 2-4 的運輸上為合作關係，在 1-2 的運輸上為競爭關係。

圖 18.4　競爭與合作

合併

幾十年來，合併一直是美國鐵路行業的重要影響因素。這種行業結構本身經過這種進程，又回到 19 世紀末的情形，現在，各主要鐵路運輸公司之間正在進行重組合併，以形成少數幾個非常龐大的鐵路運輸系統。

並聯合併和串聯合併

鐵路行業的公司合併主要有兩種基本類型（見圖 18.5）。在同一線路上提供運輸服

務的鐵路運輸公司之間進行的合併是並聯合併。在並聯合併中，兩家鐵路運輸公司會說：「在這條線路上，我們兩家公司都在虧損，因為沒有足夠的業務量維持兩個公司同時生存，而且維護兩個路權的成本太高了。因此，我們要進行合併，這樣才可以繼續經營下去。」

並聯合併的一個明顯後果是導致競爭減少。托運人希望能在不同的鐵路運輸公司之間進行選擇，因此，在競爭中鐵路運輸行業出現了「運輸價格規範」。

還有一種合併為串聯合併，兩個不存在競爭的鐵路運輸公司會說：「合併後我們可以共同提供更好的服務。車輛在路網間的遷移變成公司內部的遷移，而不是公司之間的遷移。因此，不但貨物運輸服務得到改善，同時我們還可以降低運營成本。」

聯邦協調員通常會積極地看待串聯合併，因為他們認為這種合併是在不降低競爭的情況下，實現運營成本節約和服務改良的一種方法。

假如鐵路運輸公司 A 和公司 B 按照圖 18.5 進行合併。這兩個公司之間有一條存在競爭的並聯線路，還擁有一條沒有競爭的串聯線路。通常情況下，鐵路運輸公司的合併會同時具有串聯和並聯的特徵。

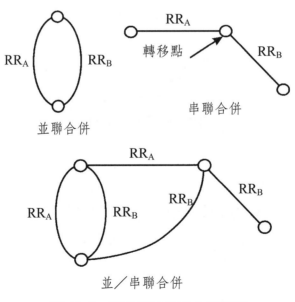

圖 18.5 鐵路運輸公司合併類型

機車分配

在鐵路網上進行機車分配是一個很複雜的任務。牽引一列火車可能同時需要幾輛機車。牽引列車的機車數目可以根據列車運營速度和「限制坡度」（即 A 點到 B 點之間最大的上坡坡度）進行調整。

機車分配的關鍵是保證機車在合適的時間到達合適的地點。只要可能，鐵路運輸公司都不願意讓機車閒置。當一個機車在牽引列車時，它一方面在產生效益，同時也在為下一個需要牽引的列車進行位移。因此，如果一列火車發車誤點，或者被完全取消，這不僅會影響到該列車上的所有車輛的運輸服務水平，還會對該列車上的機車將要牽引的下一個列車的車輛運輸服務水平產生負面影響。這是一個複雜的系統問題。

維護

維護是運輸系統的一個重要概念。鐵路系統需要對其所有車輛、牽引動力和線路進行維護。在這裡，我們大力提倡一種稱為「預防性維護」的工作方式，它與設備出問題時才進行的修復性維護截然不同。

鐵路運輸服務的水平與物理設施的品質有重要聯繫。在某些情況下，比如資金緊張時，設施的維護會被拖延，鐵路運輸公司經常會說：「今年的資金周轉比較困難，從 Albany 到 Buffalo 的線路維護可以等到明年再進行，這不會威脅到行車安全的。」一旦鐵路設施的維護被拖延，線路上物理設施的磨耗速度會越來越快。鐵路想要線路物理設施再恢復到原來的狀態水平會非常困難（其他交通模式的情形也是如此）。

貨運業務類型

一般鐵路運輸行業提供三種不同類型的貨運業務。

一般商品運輸業務

首先是一般商品運輸業務。圖 18.6 中的路網就是一個一般商品運輸業務的例子。

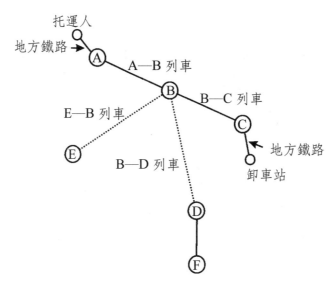

圖 18.6　鐵路網：一般商品運輸業務

複合運輸業務

　　然後是複合運輸業務。在這裡，貨物被裝入貨櫃，由鐵路的平車進行運輸。之所以被稱為複合運輸是因為這些貨櫃除了在鐵路的平車上，還可以在卡車和／或遠洋貨輪上進行國際運輸。目前，鐵路正與公路運輸公司建立合作關係。鐵路運輸公司為公路運輸公司提供長途運輸服務，而公路運輸公司則負責提貨和遞送交付服務。同理，鐵路運輸、公路運輸和海洋運輸公司之間的合作，無論從運輸服務水平還是成本的角度，都證明是有益的。

　　雖然 2 日百分比的服務水平衡量指標對鐵路的一般商品運輸業務來說是適合的，但對複合運輸，可能採用 6 小時百分比衡量指標更適合一些。在鐵路的一般商品運輸中，我們討論的貨物運輸時間是以「天」作為單位；而在複合運輸中，我們討論的貨物運輸時間是以「小時」作為單位。對複合運輸，貨物運輸時間增加或減少 2 小時是一個合理的業務目標。由於托運人習慣在複合運輸中採用公路貨物運輸的服務水平標準，複合運輸的服務水平層次與鐵路的一般商品運輸的完全不同。

大宗貨物運輸業務

　　最後，鐵路還提供大宗貨物運輸業務，如煤炭和穀物的運輸。這些貨物通常由只裝

載單一類型貨物的單元列車進行運輸。如煤炭單元列車，它通常從裝車點滿載運行到卸車點，然後再空車返回到裝車點。這種運輸業務對運輸價格的變化非常敏感，因為運輸貨物總價值中有相當大的一部分為運輸費用。如果運輸的是煤炭，運價上的幾美分相對煤炭的價值來說意味著相當大的一部分。如果運輸的貨物是電視機，運價上的幾美分相對電視機的價值來說只是很小的一部分。決定大宗貨物運輸服務水平的主要因素是運輸價格，運輸時間和可靠性相對顯得不重要得多。

安全

鐵路運輸安全包含多方面的內容。鐵路運輸公司承運的貨物類型中還包括危險貨物（HAZMAT）。當列車車輛出現脫軌事故，導致危險物品發生洩露時，可能會產生很嚴重的後果，尤其是事故發生在有人口居住的區域時。因此，鐵路運輸公司在運輸危險貨物（HAZMAT）時要進行相應的運輸處理。

平交道口安全也是鐵路行車安全一個重要問題。在美國，有大約 300,000 個平交道口——公路運輸與鐵路軌道平面相交的地方。在過去幾年裡，美國每年大概平均有 600 人在平交道口事故中喪生，約占全國公路事故死亡人數的 1.5%。

鐵路運輸系統中另一個與安全相關的領域是列車控制系統，如自動列車分離技術（ATS）或更先進的同類系統——先進的列車控制系統（ATC）。ATS 和 ATC 都是為最小化列車碰撞事故而設計的。ATS 和 ATC 對應不同的成本，有不同的配置方案。控制系統配置方案的選擇是一個很棘手的公眾政策問題。私營鐵路系統和聯邦鐵路管理局（FRA，附屬於美國交通部）常常在這個問題上存在分歧，鐵路系統認為聯邦鐵路管理局要求的那些安全系統需要的巨額資金，與其可獲得的安全效益不成比例。

鐵路運輸結語

上面我們介紹了一個重要的運輸概念，就是透過對貨物運輸業務進行運輸優先順序劃分，從而實現對有限的系統運輸能力進行管理。這是一種有效的方法，而且適用於鐵路運輸。鐵路運輸系統中需要進行分配的能力有許多，如線路通過能力——一條線路每天能通過的最大列車數；車站能力——車站對列車進行改編的能力。鐵路的運輸能力還受到車輛總數、系統總機車牽引能力、勞工和管理人員以及其他因素的影響。在前面，我們描述了一個簡單的二個節點的 Kwon 模型，以及如何用車輛總數和可獲機車牽引能

力進行鐵路運輸能力管理。

鐵路運營組織的靈活程度也是一種重要的設計問題，尤其在鐵路運輸系統的運營水平接近其能力時。目前鐵路系統正在接受這個問題的考驗，因為此時鐵路系統的運輸量達到了歷史最高水準，而公路貨物運輸量則明顯減少。專業刊物上的文章強調鐵路的線路通過能力的問題，但這在幾十年以前就已經不成為行業問題了。鐵路傳統的問題是鐵路運輸能力過剩及進行合理化改革的必要性問題。現在鐵路面臨的問題是沒有足夠的能力去支援欲提供的運輸服務。在 50%的運輸能力水平下表現的很好的方法、概念和運營政策，在 95%的運輸能力水平下不會同樣表現得很好。如何解決這個問題，決定了鐵路行業未來的發展。

參考文獻

1. Marthland, C., P. Little & J. Sussman, "Service Management in the Rail Industry," Proceedings. AAR/FRA/TRB Conference on Railroad Freight Transportation Research Needs, Bethesda, MD, July 1993.

Chapter

公路貨物運輸

公路貨物運輸

整車運輸

零擔運輸（LTL）

公路運輸新技術

自有車隊

我們現在討論其他幾種貨物運輸模式：公路貨物運輸、遠洋貨物運輸和複合運輸模式。

公路貨物運輸

公路貨物運輸與鐵路貨物運輸相比，有以下幾個基本不同點。

在美國，公路運輸和鐵路運輸的路段所有權不同。美國的鐵路運輸公司在自己的線路上運行，並且負責線路的維護，因此，鐵路運輸公司線路費用通常為固定成本。而公路運輸行業使用的是公共道路系統，一般根據其使用量支付線路使用費——是一個可變成本。

公路運輸行業不如鐵路運輸行業那麼規模集中。整個鐵路運輸行業每年總收入達300億美元，而四個最大的鐵路運輸公司的總收入就占整個行業收入的80%以上。

但是，即使我們把公路運輸行業的所有主要大公司（如 Yellow Freight 公司和 Consolidated 公司）的年運營收入都加總起來，所得的結果在整個公路運輸行業的年總收入中的比例也相當小。與鐵路運輸相比，公路運輸的行業規模顯得分散得多，而且還存在許多很小的運輸公司。但公路運輸的年行業總收入為 2,800 億美元，遠高於鐵路運輸行業。由於鐵路運輸佔據的市場份額比公路運輸的大（以貨物噸英里計算），很明顯，公路運輸的價格比鐵路運輸價格要高得多，這也反映了公路所運輸的貨物價值水平比鐵路運輸的貨物價值水平要高。

公路運輸和鐵路運輸在線路使用技術上也存在差別。鐵路運輸是靠鋼鐵車輪在鋼軌上滾動產生位移，而公路運輸是靠橡膠車輪在水泥或瀝青路面上滾動產生位移。兩類運輸的生產動力也不同。公路運輸使用內燃發動機或柴油發動機作為生產動力；而鐵路運輸使用電力機車或柴油內燃機車作為列車牽引動力。鐵路運輸系統使用無動力的車輛，由多個車輛組成的列車由機車牽引運行；公路運輸中也有一種牽引車，通常後面只牽引一個拖車。但在過去幾十年裡，美國公路運輸出現一種叫「前後拖車」或「雙底拖車」的具有兩個拖車的牽引車。

鐵路系統與公路系統關於這種運輸形式的安全性進行了大量爭論。鐵路方面認為這是一種不安全的運輸方式，認為這種雙底拖車在公路上行駛會產生公共威脅。而公路方面則喜歡這種提高生產力的運輸方式，在牽引車後面拖掛兩個而不是一個拖車——就像鐵路在平車運營中喜歡使用雙層的貨櫃列車而不使用單層貨櫃列車來提高生產力。顯然，公路運輸方面會爭辯，認為「雙底拖車」完全符合安全，而且從社會的角度看，由

於運輸成本降低，每個人都會受益。這就是「在什麼位置說什麼話」。

實際上，當我們在牽引車後拖掛一個以上的拖車，就形成一個類似鐵路列車的運輸方式。只是它不在鋼軌上運行而已，但從運行的效果來看，確實有些類似短小的列車。

公路運輸的成本結構

如前所述，與鐵路運輸行業不同，公路運輸行業的成本主要由可變成本組成，而不是固定成本。這一點並不奇怪，因為公路運輸公司並不擁有線路所有權，他們透過納稅來支付道路使用費，如果公司的運輸量下降，其道路使用費用也相應減少；如果運輸量增加，公司支付的道路使用費用也相應增加。如果公路運輸公司擁有線路的所有權，像鐵路運輸行業，那麼無論是否使用了線路，都將不得不每日支出固定的線路費用。

整車運輸

公路貨物運輸主要有兩種運營方式。第一種是整車運輸，簡稱為 TL。從概念上看，這是一種直接的運營方式。一輛貨車負責把托運人的貨物從 A 點運輸到 B 點，托運人實際上等於租用那輛貨車把貨物從 A 點運輸到 B 點。這是一個從起點到終點的運輸服務；在運輸過程中，貨車只為一個托運人提供貨物運輸服務。當貨車到達 B 點，托運人付款後，貨車再尋找下一個托運人。

公路運輸公司可能只是一個個體司機，他可能只擁有一輛貨車，並且想設法讓它多產生效益。為了幫助這些個體司機，目前有一種提供潛在貨物運輸需求的資訊服務。如果新的裝貨地點恰好在貨車前一個卸貨地點的同一條街上，那麼就沒有回空車時間。但如果貨車需要再空車行駛一段距離才能到達裝貨地點，那麼這段距離貨車沒有產生任何收益。

除了小型的個體運輸公司，也有一些規模非常大的整車運輸公司，如 J. B. Hunt 公司和 Schneider 公司。他們大力挖掘大型車隊的內在經濟性：車隊的調度管理越好，生產力就越高，同時他們還有配套的車輛維護、司機培訓等。

裝載篩選

現在，我們來仔細分析當一個個體司機知道某地有一個裝貨機會時的決策過程。這

個過程我們稱為「裝載篩選」。假如一個司機有一個從某特定起點運輸貨物到另一個終點的機會（如圖 19.1 所示）。

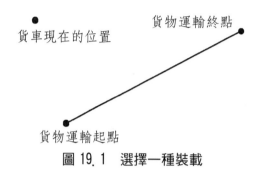

圖 19.1　選擇一種裝載

這個司機將如何做出決定呢？首先，司機必須考慮他能從此運輸業務中獲得的收入，然後進一步考慮把貨物從起點運輸到終點所需要的成本；然後，他還必須考慮將要到達的新地點（即此貨物運輸終點）的價值，考慮他在那個地理區域獲得另一個運輸業務的機會有多大？

最後，司機將再進一步決定採用哪一種策略更好：是空車從現在所在地點開往裝貨地點或乾脆停留在現在地卸貨地點等待下一個運輸需求，這樣可以避免空車行駛。

這是一個複雜的、具有隨機性的系統。貨車裝載量的產生在時間和空間上都是隨機的，而且，還有許多不同的運輸貨物類型，它們的效益和成本特性都不相同。

現在，我們從一個擁有龐大車隊的整車運輸公司的角度來考慮這個問題。這個整車運輸公司擁有許多的運輸需求，雖然這些需求是隨機的，但是大型運輸公司可以利用其運營的規模性來減小運輸需求的隨機性。

大型整車運輸公司通常要完成這樣一個處理過程：裝載篩選——是否接受此運輸業務；調度車輛——指派哪一輛貨車去完成運輸；制定價格——綜合考慮運輸競爭水平以及公司與此客戶的關係來決定運輸價格水平。

大型整車運輸公司已經開發出相應的模型處理以上問題。首先，模型預先指定每個貨車在模型路網中不同節點就具有不同的數值。然後我們就可以把一個車隊管理問題看作儘量保證所有貨車都停留在路網中「有價值」的節點上——即那些可獲得「良好」運輸業務的節點。所謂「良好」的運輸業務是由運輸業務本身的成本和收入以及運輸目的地的特點（但願目的地是另一個「有價值」節點）共同決定的（如圖 19.2 所示）。

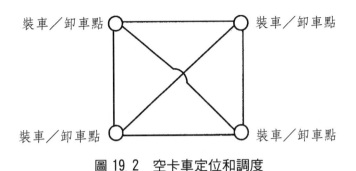

裝車／卸車點　　　　　　　　　　　裝車／卸車點

裝車／卸車點　　　　　　　　　　　裝車／卸車點

圖 19.2　空卡車定位和調度

顯而易見，資訊技術在此類優化處理過程中起了一定的作用——整車運輸公司借助大量有關貨車供給和運輸需求的可獲得資訊來處理即時的決策問題。

這裡，我們應注意到前面已在電梯和鐵路系統中討論過的車輛周轉問題，同樣，這也是公路運輸系統的關鍵因素。車輛是公路運輸公司的重要資產，關鍵是如何讓它們保持較高的生產率。

整車運輸市場

整車運輸市場往往是一個混亂的、競爭激烈的市場，尤其對個體司機而言。通常這些個體司機的運營成本很少，他們之中可能還有一些人抵押了全部財產來買一輛貨車，因此他們盡力想取得足夠的收入。很明顯，個體司機的要價會非常具有競爭性，而且工作非常勤勉。

在公路運輸系統中，個體司機提供了非常重要的運輸服務。所有這些獨立的個體在市場中競爭，就形成了一個靈活、反應靈敏的系統。整車運輸市場有時會出現激烈的價格競爭，而且整車運輸市場的服務遍佈全國，無所不至，所有這些對托運人來說都是有利因素。

複合運輸合作

大型公路運輸公司也在複合運輸市場為貨櫃貨物提供服務。他們通常把貨物從托運人那裡運輸到複合運輸系統中的鐵路連接點。如 J. B. Hunt 是一個大型的整車運輸公司，Conrail 是一個大型的鐵路運輸公司（該公司於 1999 年 6 月分裂為兩部分，分別為 NS 公司和 CSX 公司持有），他們在複合運輸中有著非常密切的合作關係。J. B. Hunt

公司負責把貨物從托運人那裡運輸到鐵路車站；再由 Conrail 公司完成長途運輸過程，然後 J. B. Hunt 公司再把貨物從鐵路車站運輸到最終目的地（見圖 19.3）。

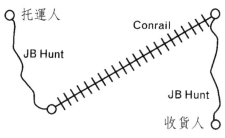

圖 19.3　複合運輸合作

　　這兩種完全不同類型的運輸公司，一個鐵路運輸公司，一個公路運輸公司，利用各自運輸模式的優勢達成了一個非常便利的合作。J. B. Hunt 公司擅長於與托運人和收貨人進行業務聯繫──只要有公路存在即可。而 Conrail 公司則擅長於提供廉價的長途運輸服務。這是一個天然的合作關係，它把四通八達的公路網和低成本的鐵路長途運輸結合起來。

　　這裡，鐵路運輸面臨的挑戰是：使用公路運輸的顧客（托運人和收貨人）已經習慣了高品質的運輸服務，而且他們所期望的也是一種高品質的運輸服務；他們希望貨物運輸時間的可靠性高。因此，鐵路不能把複合運輸的貨櫃貨物與其他普通貨物同等對待。在這種情況下，鐵路系統應該把這些貨櫃貨物看成是在鐵路軌道上行駛的汽車。鐵路為複合運輸提供的這種服務類型，正反映了公路運輸的客戶對公路運輸的高品質要求。

　　因此，一些鐵路人員會抱怨說：「當那些複合運輸的列車一來，所有一切都要靠邊站。甚至一些重要的貨物列車也要給複合運輸列車以優先權。因為我們承諾的運輸時間視窗太小了。」鐵路工業中也有一些人認為，雖然複合運輸的發展很迅速，但鐵路運輸並沒有從中獲得很多利潤。他們指出，由於提供的複合運輸服務的成本過高，以目前的運輸價格水平，鐵路公司不會獲得很大的利潤。

　　複合運輸面臨的基本挑戰是：如何利用各合作運輸模式各自的內在優勢──公路運輸系統的遍佈性以及鐵路運輸系統的長途運輸低成本特性。但是，如果不能在這二運輸模式之間進行有效的貨物換裝，就不能利用這些優勢。貨物貨櫃化是一個基本方面。由於貨櫃標準化和貨櫃轉移設備（如起重機），我們能很快地將貨櫃從一種運輸方式轉移

到另一種運輸方式，這對複合運輸的觀點非常重要。

　　貨櫃標準化和貨櫃轉移設備技術使得複合運輸得以發展。而資訊技術和先進的感測器的應用，則大大促進了各運輸模式之間的合作，並且產生了所謂「運輸過程可見性」的功能——我們可以一直跟蹤在途貨物的確切位置，正是這些先進技術使得複合運輸得以更快速地發展。

零擔運輸（LTL）[1]

　　公路運輸另一種運營方式是「零擔運輸」——LTL——一種在某些方面與整車運輸完全不同的運輸行業。它在運營方式上更接近鐵路運輸而不像公路運輸。

零擔運輸路網

　　公路零擔運輸公司擁有貨運站和供應路網，他們用小型貨車將分散在供應路網上的貨物從托運人那裡集中到線路端的貨運站上；再利用長途貨車將貨運站裡的貨物運輸到另一個貨運站，在那裡，再使用小型貨車進行一次貨物分揀和遞送交付（見圖 19.4）。零擔運輸公司的供給路網線路相當於鐵路系統路網中的支線，鐵路系統的地方列車把空車運到支線上的各個裝車點，再將裝載貨物的重車輛集中到主幹道系統。公路零擔運輸公司將貨物集中在一個大的貨運站，並經過長途運輸到達另一個大型貨運站；這過程相當於鐵路系統將同一去向的車輛編組成一個列車。公路零擔運輸公司的一個長途貨車裡裝載了不同托運人的貨物。這一點與整車運輸方式不同，在整車運輸裡，一次運輸的全部貨物只對應一個托運人和收貨人。

零擔運輸行業

　　在零擔運輸市場存在大型的零擔運輸公司。如：Yellow Freight 公司、Consolidated Freightways 公司以及 Roadway 公司是零擔運輸行業的三大公司。這些零擔運輸公司的資金結構與整車運輸公司有很大區別。由於整車運輸公司不需要對貨物進行集中處理，

---

[1] 關於 LTL 運營方式的一個非常好的參考文獻是 Caplice，Christopher G. 的博士學位論文，"An Optimization-Based Bidding Process: A New Framework for Shipper-Carrier Relationships," 中的第二章，麻省理工大學，土木環境工程學院，1996 年 6 月。

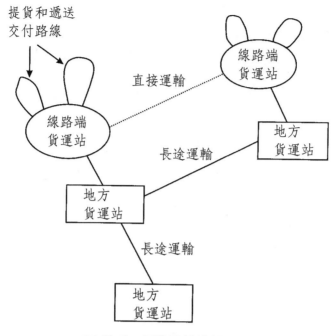

圖 19.4　零擔運輸路網

因此，他們沒有供貨物集中的貨運站。另一方面，零擔運輸公司有一個龐大的資金結構，他們擁有貨運站的房地產權，還有大量用於進行線路選擇和車輛調度等的管理成本。

地方和全國零擔運輸公司

　　零擔運輸行業有幾種不同類型的零擔運輸公司。其中有一種只為某一地區（如東北部、西南部等）的貨物零擔業務提供服務的地方零擔運輸公司。同樣，也存在一種全國零擔運輸公司，它在統一管理下為全國各地提供零擔運輸服務。現在，地方零擔運輸公司也開始形成聯盟，發展長途運輸，提供跨區域的零擔貨物運輸服務（見圖 19.5）。

　　全國零擔運輸公司與地方零擔運輸公司的聯盟存在著競爭。通常全國零擔運輸公司都加入了工會組織，而地方零擔運輸公司沒有加入工會組織。這樣，地方公司在成本上具有一定優勢。零擔運輸行業另一個有利於地方公司的發展趨勢是：由於市場競爭壓力，各生產廠商工廠的選址傾向於離客戶越來越近。

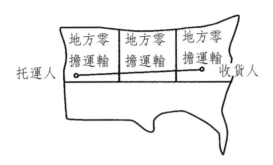

圖 19.5　跨區域的零擔貨物運輸

公路運輸新技術

公路運輸行業引進了各種有利於改良運營和服務品質的新技術。其中許多新技術是智慧型運輸系統（ITS）的一部分（詳見第二十四章）。

自動車輛定位

自動車輛定位（AVL）系統可以對車隊中所有的車輛進行定位，無論是在市區內運行的車輛（如 UPS 的包裹車）還是都市間運行的車輛（如 Yellow Freight 公司的車輛）。雖然我們也可以使用路邊設施進行車輛定位，但現在人們一般採用全球定位系統（GPS）進行定位。全球定位系統中，每個轉發器都有一個唯一的標誌資訊，全球定位系統透過地面基站接收安裝在車輛上的轉發器發出的標誌資訊，從而對車輛進行識別和定位，並把這些標誌和定位資訊傳輸到控制中心。實現了車輛的識別和定位，我們能更好地對車輛進行路徑安排和調度，從而提高車隊的生產力。而且，對車輛的位置時時保持跟蹤，也有一定的安全意義。

運輸過程可視性

透過這些車輛定位系統，我們可以實現向托運人提供有關在途貨物精確位置的即時資訊。透過在一些貨物上安裝轉發器，我們就可以跟蹤貨物的整個運輸過程。我們還可以在貨物上安裝遙感轉發器，這樣，當貨物從公路運輸系統轉到鐵路運輸系統時，我們還可以繼續跟蹤貨物的運輸過程，這就是「運輸過程可視性」。

動態稱重

公路運輸中的另一個新技術就是被稱為「動態稱重（WIM）」的設施。為了對車輛使用道路進行合理的稅收，必須測量車輛的貨物載重。動態稱重技術採用地底感應器，當貨車在公路上正常行駛時對其進行稱重，因此貨車不必在稱重站停車，從而提高了公路運輸生產率。

有關法規對汽車的載重量進行了明確限制，原因主要有三個方面。一是安全方面的考慮；第二個是稅收方面的考慮，道路使用稅的多少是根據貨車的載重量以及貨物的運輸距離確定的；第三個方面，是因為超載的貨車可能會給公路帶來過度損壞。

無紙辦公

另一個公路運輸技術概念是無紙辦公。加拿大與美國、墨西哥與美國甚至美國國內各個州之間都有不同的行政邊界，過境運輸需要進行大量的文檔記錄和文書工作。如果這些工作能實現無紙化處理，那將節約大量的成本。

自有車隊

自有車隊是公路運輸的另一個方面。一些公司由於自身產品的運輸需求，擁有自己的運輸車隊。許多公司都擁有自己的運輸車隊，但他們偶爾也會使用公路整車和零擔貨物運輸服務。

Chapter 20

海洋運輸、國際貨物運輸及貨運概要

海洋運輸

世界經濟發展日益全球化。我們大多數人能從通訊技術如電信、傳真和電子郵件中直接感受到這一點。人們與在日本、曼谷和法國的同事交談，就和與在弗吉尼亞州阿靈頓中的同事和麻塞諸塞州的同事交談一樣方便。人們對此已習以為常。高科技和國際化使得世界變得非常小。

伴隨著全球性經濟發展的還有傳統運輸行業對大量貨物所進行的運輸。絕大部分國際貨物是由遠洋貨輪進行運輸的。

與鐵路車輛和公路貨車等陸地運具相比，這些遠洋貨輪簡直是龐然大物。它們運行速度相對比較慢。一艘快船的速度可到達 20 節左右，即 20 英里／小時，這與陸地運輸方式如鐵路或公路相比實在是低速。但是如果進行海洋運輸，用船進行運輸所需要的單位元運價比較低廉；顯然，它比航空運輸要便宜得多；就是與陸地運輸方式如鐵路運輸或公路運輸相比，海運的單位運價還是相對比較低廉。遠洋貨物運輸費用約占全球總貨物運輸費的 5%。

海洋運輸類型：濕散貨與乾散貨運輸

與鐵路和公路運輸一樣，海洋運輸也提供不同類型的貨物運輸服務。遠洋散裝運輸的貨物一般分為兩種：濕貨和乾貨。濕貨大多指石油產品，一般由巨型油輪進行運輸。乾貨包括：鐵礦石、煤炭、穀物、鐵礬土、鋁、磷肥等。遠洋散裝運輸的船隻運營與公路的整車運輸行業相同，船隻從裝船地點直接航行到目的地，貨物卸船後再空船行駛到下一個裝船地點。

海洋運輸的散裝貨物運輸市場與公路運輸的整車市場有一些相似之處。它也是一個非常不穩定的市場，運輸價格和運輸需求可能在幾天內發生很大的波動。與公路整車運輸行業一樣，這也是一個很容易進入和退出的市場；人們只要購買一艘船就能進行遠洋散裝運輸業務。因此，你可以不費力的進入和退出市場，而這一點也導致了遠洋散裝運輸市場長期的運輸能力過剩和市場不穩定。

遠洋散裝運輸的需求量可能會隨著時間發生很大的變化，遠洋散裝運輸市場時常會出現運輸需求的高峰和低谷。市場的運輸價格競爭也很激烈。在遠洋散裝運輸市場裡所運輸的貨物，運輸成本是貨物總成本的重要組成部分。

　　對船主來說，一艘空船不會為他帶來任何收入，因此，當出現船隻冗餘時，遠洋散裝運輸市場會出現很激烈的價格競爭。常常會出現以成本價甚至低於成本價進行貨物運輸的情形——船主之所以願意做虧本生意只是為了保持船上的船員不至於解散。

　　進行散裝貨物運輸船隻的裝載量都很大；與大多數運輸方式一樣（如鐵路運輸中的長大列車、雙層貨櫃列車、公路運輸中的雙底拖車等），海洋運輸也存在規模經濟效益。

環境問題及風險估計

　　這些容積龐大的海洋運輸船隻會對環境產生巨大影響。數年前，一艘大型油輪在阿拉斯加州的 Prince William Sound 海域內觸礁，在這片環境敏感的海域洩露出上萬加侖石油，在巨額經濟損失的同時，還對環境產生了巨大的影響。

　　如何在海洋運輸中避免類似危害環境的事故發生？一種解決方法是建造雙殼船。如果船隻在觸礁時被刺穿第一層船殼，還有第二層船殼保護石油不洩露。當然，如果碰撞事故非常嚴重，兩層船殼也可能同時被刺穿。顯然，建造雙殼船的費用當然比建造單體船的費用要高；船主是否願意建造雙殼船取決於資金的風險成本結構。通常情況下，他們不得不依據相關法律規定做出這一決策。

　　船員培訓是減少海洋運輸風險的一個重要方面。通常，遠洋貨物運輸船隻都是高度自動的，需要的實際操作人員很少。但是，對這些人員進行培訓對避免事故的發生非常重要。海洋運輸中的導航輔助系統，通常由政府投資，同樣也很重要，它與航空運輸中的空中交通管制有些相似。

　　海洋運輸船隻的安全還與航行的速度有關。如果船隻航行的速度過高，發生碰撞時產生的動能也很大，船殼被刺穿的可能性也相應增加。而且，事故發生的概率也相應增加，因為船隻航行速度太高，船員反應的時間會比較少，也不可能在短時間內對這些大型油輪迅速調轉方向。

　　有關法律規定也是安全的一個重要方面，這些法律規定反映私人和公眾利益相互影響。遠洋散貨運輸行業是有關依靠成本驅動的行業，因此，船主希望運輸船隻造價低廉，航行速度最高，船員人數最少。而另一方面，政府管理者從安全的角度出發，希望船主使用造價高的運輸船隻，如雙殼船，以合理速度航行，船上船員訓練有素而且具有後備人員。這是兩種完全相反的觀點。而一般公眾則要消除這二者之間的分歧，他們既

想保護清潔的環境——公眾並不喜歡類似 Prince William Sound 海域發生的觸礁事故，但如果因為這些規定導致石油的運輸費用增加，最終這些運輸費用的承擔者還是公眾自己。因此，我們需要一系列政治程式在這兩種極端之間找到一個平衡點，使得石油價格不會太高，同時環境也得到一定的保護。

班輪運輸

　　遠洋貨物運輸行業的另一種運營方式是班輪運輸。通常，班輪運輸的貨物是商業成品（這與散貨運輸不同），而且，單個托運人的貨物數量不足以裝滿一艘貨船。因此，與公路零擔運輸及鐵路一般貨物運輸一樣，在遠洋班輪運輸中，許多托運人分享一艘船隻的運輸能力，同時也分擔船隻的運輸費用。

　　在班輪運輸中，貨物裝船和卸船時間非常重要。因為海洋運輸船隻在港口等待貨物裝卸時並不能產生任何經濟效益。這也是推動貨櫃發展的部分原因。把貨物裝入大小統一的標準貨櫃裡，就可以迅速、方便地對船隻進行裝卸，這樣，那些運營成本昂貴的船隻得以迅速回轉運輸。

　　與公路零擔運輸類似，班輪運輸也在多個港口進行提貨和交付。圖 20.1 就是一個班輪運輸的例子。

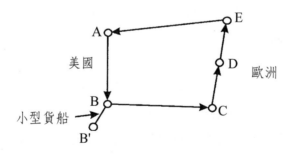

圖 20.1　班輪運輸

　　班輪首先從美國的港口 A 行駛到港口 B；然後橫穿大西洋到達港口 C、D 和 E，然後再返回到美國的港口 A，沿途停靠在各個港口進行提貨和交付。除了在港口按要求進行提貨和交付，可能還要進行稱為「轉運／駁運」的業務。比如在港口 B，一些貨櫃貨物和商品被卸下船後，再轉裝入其他小型的貨船或者轉裝入駁船，再由這些船隻運輸到

另一個港口 B'。

貨物貨櫃化

　　目前，國際貨物運輸中大約 60%的非散裝貨物為貨櫃貨物。從美國輸出或輸入的商品中大約有 80%為貨櫃貨物。

　　與遠洋散貨運輸市場不同，遠洋班輪運輸市場具有穩定的運營環境。班輪運輸公司定期公布班輪運行時刻表，班輪的運行班次早在 6 個月以前就已經確定，發貨人與班輪運輸公司簽署的是長期運輸合同；班輪運輸是一個有序的市場。這一點與公路零擔運輸市場相類似，零擔運輸市場與整車運輸市場相比也是一個有序的市場。

海運同盟

　　許多班輪運輸公司通常會形成稱為「海運同盟」的正式組織。「海運同盟」的主要職能是制定班輪運輸價格，它是合法的價格制定組織。固定的班輪運輸價格會給班輪公司帶來穩定，同時也可以為發貨人保證未來的運輸價格，儘管固定的運輸價格可能比在完全自由市場條件下的運輸價格高一些。但是，透過允許各班輪公司共同協商制定班輪運輸價格，發貨人可得到一個相對狹小，但是價格比較高的運價浮動窗口。在完全自由市場條件下，貨物的平均運輸價格可能會比較低，但是運輸價格的波動會比較大。

班輪運輸決策

　　班輪運輸具有多個裝船港口和卸船港口，同時還有多個發貨人。如何選擇這些裝船港口和卸船港口，才能滿足各個發貨人的運輸需求，是一個經典的運輸路網問題。班輪公司必須做出哪些決策？他們應該為哪些港口提供服務——是波士頓港還是紐約港，或者兩個港口都去？他們應該購買什麼樣的船隻？班輪公司通常擁有各種容積和運行特性的船隻。對某個特定線路，班輪公司應該選用哪一艘船？

規模經濟效益

　　與遠洋散貨運輸一樣，班輪運輸的船隻也具有規模經濟效益。如果把每個貨櫃貨物的運輸成本作為船隻容量大小的函數，得出的函數曲線如圖 20.2。

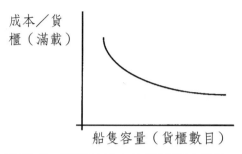

圖 20.2　海洋運輸中的規模經濟效益

　　由圖可見，運輸船隻的容積越大，船隻中每個貨櫃的運輸成本就越低。因此，從成本的角度看，大型船隻的利潤比較大，這與在鐵路運輸中使用長大列車的利潤比較高的道理相同。但船隻的規模太大也有不利的方面：貨物運輸的服務品質會有所下降，非常龐大的船隻的運輸班次會比較少。而且，與較小容積的船隻相比，大型船隻所提供的貨物運輸服務沒有那麼快捷和可靠。因此，這裡我們也需要進行運輸成本與服務水平之間的衡量。

營運速度與成本

　　班輪公司要處理的另一個問題是船隻的營運速度：班輪應該以多大的航行速度在海上進行運輸？這需要在運輸的服務品質與成本之間進行衡量。正如我們所料，當航行速度增大時，船隻的耗油量也隨之增加。如船隻的航行速度由 18 節提高到 20 節時，其耗油量將增加 10%以上──這個比例關係並不是完全線性的。

運輸班次

　　通常班輪公司提供的運輸班次與陸上運輸相比要少得多。班輪運輸一般以一週為單位時間，班次通常為一週二次，或者兩週一次。

空貨櫃運輸

　　與其他貨物運輸方式一樣，遠洋班輪運輸也有船隻空貨櫃運輸問題──將空貨櫃運輸到下一個裝箱點。這樣，班輪運輸的貨櫃中有一部分是空箱。全世界大約 20%的貨櫃運輸里程為空箱運輸。現在班輪運輸行業大多使用一種拇指規則：如果要滿足運營需

求，班輪運輸公司擁有的貨櫃總數，要達到公司所有貨櫃船隻運輸能力的 2.4 倍左右。

複合運輸與國際貨流

　　貨物貨櫃化的主要驅動原因，除了要提高港口船隻貨物裝卸效率外，還為了支持複合運輸的發展。圖 20.3 說明了這一點。

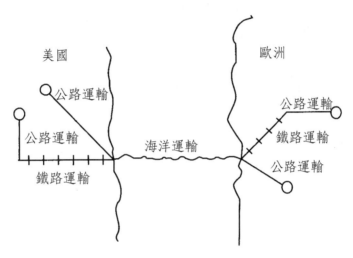

圖 20.3　美國／歐洲複合運輸

　　由圖 20.3 可見，複合運輸過程如下：在美國，公路運輸→鐵路運輸→港口→海洋運輸；到達歐洲的港口後是一個相反的過程：鐵路運輸→公路運輸→最終目的地。在整個運輸過程中，貨櫃裡的貨物一直保持原封未動。發貨人在美國對貨櫃進行封裝，貨櫃到了歐洲的收貨人手裡才被開封。

　　在複合運輸的過程中可能還需要額外的公路運輸過程。有些港口內沒有修建鐵路，就需要公路卡車把船上卸下的貨櫃運輸到鐵路車站。在上面的例子裡，我們可能需要卡車把貨櫃運輸到歐洲鐵路體系，在美國，同樣的過程可能也會出現。

　　現在出現了一些從事貨櫃代理業務的貨物運輸公司，如公路零擔運輸公司，他們把不同發貨人的貨物裝入同一個貨櫃裡，從而獲得規模經濟效益，這樣，當貨櫃進入港口倉庫，公路運輸公司把屬於他們公司的那部分貨物取走，自行進行遞送和交付業務。

　　複合運輸的觀點是儘量發揮出各種運輸模式的效率；我們擁有四通八達的公路運輸網；擁有低成本的鐵路長途運輸線路；還擁有進行海洋運輸的大型船隻。

在國際貨物運輸行業中已經形成了許多國際貿易模式。圖 20.4 列出一些具有代表性的國際貿易模式。

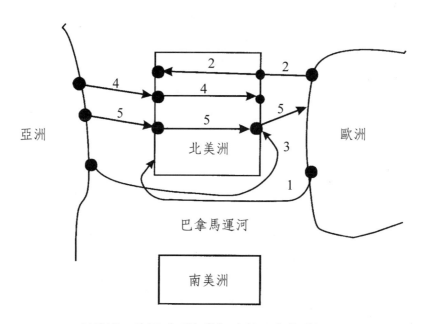

(1)歐洲－美國（西海岸）途經巴拿馬運河
(2)歐洲－美國（西海岸）途經小型陸橋
(3)亞洲－美國（東海岸）途經巴拿馬運河
(4)亞洲－美國（東海岸）途經小型陸橋
(5)亞洲－歐洲途經大陸橋

圖 20.4　主要國際貿易模式

國際貿易模式

不同的海洋運輸線路將歐洲、亞洲和北美洲聯繫在一起。從歐洲到美國西海岸的貨物，可以橫過大西洋，經過巴拿馬運河，停靠在如 Long Beach 港口或洛杉磯港口。另一條貿易模式航線是經過「小型陸橋」（mini land-bridge）進行運輸，即貨物經海洋運輸從歐洲到達美國的東海岸，然後再經由鐵路運輸到達美國的西海岸。同理，從亞洲運輸到美國的貨物，可以取道巴拿馬運河藉由海洋運輸到達美國東海岸。「小型陸橋」的概念也可應用到從亞洲到達美國西海岸的國際貨物貿易運輸中，貨櫃貨物從海洋運輸船

上轉移到鐵路貨櫃列車上，即小型陸橋，然後被運輸到美國內陸地區和東海岸。

　　有時從亞洲到歐洲的貨物運輸會採用「大陸橋」（land-bridge）的方式：由船隻將貨櫃從亞洲運輸到美國，經過鐵路運輸——大陸橋——橫穿美國大陸，再由另一艘貨櫃船運輸到歐洲。在某些情況下，這比只用船隻從亞洲經過巴拿馬運河到達歐洲的線路運輸效率要高。

　　如今，亞洲的製造業中心正從日本和韓國向西轉移到東南亞國家：如泰國和印度。以前，製造業商品一般從日本和韓國經由海洋運輸到達美國西海岸的港口。現在，製造業活躍在東南亞地區而不是東亞地區，相應出現了另一個國際貨物貿易運輸模式：海洋運輸船隻經過蘇伊士運河和地中海進入大西洋，再到達美國西海岸的港口。因此，隨著製造業由日、韓轉移到東南亞地區，太平洋沿岸的製造業貨流開始青睞大西洋海岸的港口而不再是太平洋海岸的港口（見圖20.5）。這就引起了有關美國東西兩個海岸的港口競爭和港口生產力，以及涉及這些港口的投資建設的地區規劃或國家戰略規劃的制定等問題。

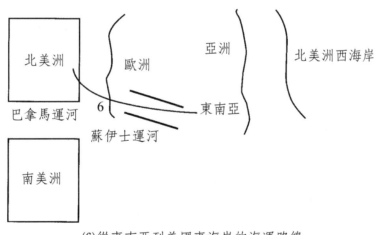

(6)從東南亞到美國東海岸的海運路線

圖 20.5　其他國際貿易模式

港口運營

　　要使複合運輸充分發揮作用，港口的貨櫃換裝效率必須很高。複合運輸是一個完整的運輸體系；客戶並不把複合運輸看作是多個單獨的運輸模式，而是把它視為單個的運輸模式。港口的工作效率對複合運輸過程來說非常重要。

港口是一個複雜的複合體，由能快速進行貨櫃裝船和卸船的碼頭起重設備、為鐵路和公路進行提貨和交付使用的陸路以及庫存貨櫃所需要的倉庫組成。

通常港口歸政府所有，也有一些港口屬於一些私營但具有公共性質的組織，如Massport港或紐約港和新澤西港。由於港口對地區經濟發展有著重要意義，因此港口之間存在著激烈的競爭。

港口能力

港口能力是運輸的一個重要問題。在任何時候，港口能容納的最多船隻數量是多少？海洋運輸公司和托運人都不希望見到昂貴的遠洋貨輪在港口外排隊等待卸船泊位。

港口疏浚

有關港口的另一個有趣的問題是港口疏浚，即對港灣底部的污泥進行清除，讓大型的船隻得以進入港口。港口疏浚是一個持續的過程，因為港灣底部會發生天然位移。但是，港口疏浚涉及到環境問題。港灣底部的一些區域可能含有有毒物質，進行疏浚的時候可能會擾動這些有毒物質，造成環境污染。

複合運輸的生產力

遠洋貨物運輸的發展趨勢是採用更大型的貨輪，以獲取更多的規模經濟效益。因此，港口生產力顯得尤為重要，那些大型的船隻必須快速地完成貨物裝船和卸船。

以上所述都只強調了複合運輸生產力的一部分。複合運輸無疑是一個日益發展的重要行業，它的發展不僅需要更大容積的貨輪，還需要鐵路中的雙層貨櫃列車技術、更大容積的貨櫃、裝卸能力更大的貨櫃港口以及更高效性能更優的起重設備。港口自動化對增進複合運輸生產力也有重要意義。貨櫃內可能會裝有實現 GPS（全球定位系統）定位的轉發器。貨櫃貨輪營運速度的提高也能改進複合運輸的生產力。

複合運輸公司

目前，運輸行業中出現了縱向結合的趨勢，出現了以統一方式為顧客提供複合運輸服務的複合運輸公司。此外，還出現了專門提供綜合物流服務的物流公司。發貨人把他

們公司所有的運輸任務和職能都交給這些專業物流公司代理，而後者負責滿足顧客全部的貨物運輸需求。

資訊技術

複合運輸的一個核心概念是在各個運輸模式之間進行有效率的貨物換裝。而資訊技術則在組織和迅速完成複合運輸過程中起著關鍵作用。雖然是國際貿易貨流推動了複合運輸的發展，然而，是資訊技術使得複合運輸得以真正實現。

資訊技術廣泛應用於複合運輸系統的各個方面：完成貨物運輸價格和收入的收集工作，這裡包含了電子資料交換技術（EDI）；提供各種資訊服務，如即時向顧客提供運行時刻表；實現貨物運輸過程可見性；進行運營控制，這裡包含即時運輸管理技術；實現各運輸模式之間以及車站（港口）之間的聯繫；還有管理資訊系統，其中包含各個運輸模式之間的收入分配、工作情況度量等等。

一些運輸公司把在途貨物的移動資訊作為公司的一項基本服務。《交通世界》雜誌引用了道路行包系統（Roadway Package System）的 Bram Johnson 的一句話：「現在，我們從事的不是運輸業務，而是資訊業務。」他還說：「你必須要讓有關貨物的資訊跑在貨物前面。」

Volpe 國家運輸系統中心的 Aviva Brecher 博士開發了一個表示複合運輸各種技術的圖表，其中包含了設施以及設備以及資訊系統兩個方面的發展情況。我們可以從中感受到支援複合運輸變革的技術活動的領域有多麼大（見圖 20.6）。

國家複合運輸系統

美國國家複合運輸委員會最近發表的一份由 Anne Aylward 主持的報告，報告描述了美國在複合運輸領域率先發展的有利條件和發展過程中必須解決的問題[1]。

報告強調了複合運輸的國際化方面和美國交通部（DOT）在處理複合運輸問題時分散機構問題。美國交通部下屬有對應各個運輸模式的專門管理部門：聯邦公路管理局（FHA）、聯邦航空局（FAA）、聯邦海運管理局（FMA）和聯邦鐵路管理局（FRA）等部門。複合運輸中的橫向問題往往得不到美國交通部的重視。

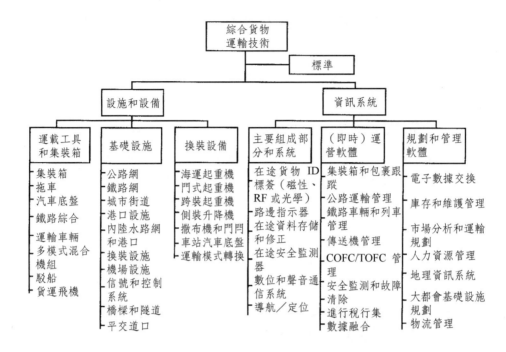

圖 20.6　綜合運輸技術

資料來源：Aviva Brecher 博士，Volpe National Transportation System Center.

　　報告強調了一個事實：對政府運輸部門進行體制改革是很困難的，但真正的複合運輸則要求這麼做。報告還考慮了在進行體制改革的情況下，技術的影響是促進還是阻礙這種轉變。除了上面提到的美國交通部的限制以外，報告還考慮了美國國會對複合運輸發展的影響——因為各個單獨運輸模式上屬的委員會將強烈維護自身的投票優先權。

航空貨物運輸

　　航空運輸是另一種日益成熟的貨物運輸模式。航空運輸費用非常昂貴，它所提供的運輸服務品質非常高，如緊急快遞服務。雖然航空貨物運輸在整個運輸市場中的占用份額很小，但它的發展非常迅速。這是一種高價值的運輸模式——雖然航空貨物運輸占美國總貨物運輸市場的份額不到 1%，但它的貨運收入占美國總貨運收入的 4%以上。美國聯合郵包服務公司和聯邦快遞公司都是航空運輸行業中的先驅，它們為某類貨物提供專門的運輸服務，航空貨物還經過公路運輸在機場和發貨人之間進行提貨和交付服務。

不同運輸模式的成本／服務水平平衡

圖 20.7 表現了不同運輸模式的服務水平與運輸成本之間的權衡。

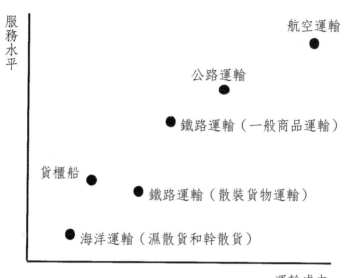

圖 20.7　不同運輸模式的服務水平與運輸成本比值

　　這些貨物運輸模式可以結合起來形成複合運輸模式。複合運輸中一個值得注意的問題是如何在各個運輸模式之間進行利潤分配。可以想像，這是一個非常難以協商的問題。

　　複合運輸的另一個相關問題是：讓誰與顧客直接打交道？在美國的公路／鐵路複合運輸中，公路運輸在零售業務水平上與顧客打交道，而鐵路運輸在批發業務水平上為公路運輸提供大規模的長途運輸服務。公平地說，鐵路運輸公司對公路運輸公司直接與顧客（發貨人）打交道存在著一定焦慮。目前尚不清楚鐵路運輸公司將如何處理這個問題。

貨運概要

　　前面我們已經討論了各種貨物運輸模式、它們各自的技術優勢以及各種貨物運輸模式中不同類型的市場——散裝貨物運輸市場、一般商品運輸市場等。我們還討論了當今

貨物運輸中複合運輸的初步發展。整個貨物運輸行業與 20 年前相比最大、最具有決定性的區別要素是運輸國際化水平的區別。

關鍵因素

貨物運輸模式的關鍵因素主要有以下幾個：

- 成本結構：固定成本和可變成本的關係；
- 物理資產的性質及所有權結構：基礎設施、車站（或港口）、運具等；
- 技術；
- 規章制度；
- 市場結構。

各運輸模式在運輸公司所有權歸屬和技術上存在著很大的結構性區別。在研究這些不同運輸模式時，我們不僅要考慮這些運輸模式運營的規章制度，還要考慮各個運輸市場的進入和退出難易程度，以及運輸價格是如何進行管理的。

車輛周轉

注意：對所有運輸模式，車輛周轉都是運輸生產力的基本要素。

運具和基礎設施

在分析過程中，我們意識到對運具與基礎設施之間的相互關係的認識有著重要意義。例如：當我們在討論鐵路的雙層貨櫃列車時，應該知道一方面它降低了每個貨櫃運輸的燃料和人員成本，從而大大增加了生產力，但另一方面，我們也要考慮它對基礎設施的要求──橋樑和隧道的淨空要求，以及由於載重的增大也加大了對線路的磨損。載重量很大的貨車會對公路產生不均衡的衝擊，從而增加了公路的維護費用。在公路運輸中，長組合車輛（LCV）的運營，即在一個牽引車後拖掛了一個以上的拖車，需要對其進行效率／安全之間的權衡。

運輸市場

理解一種運輸模式還需要瞭解其對應的運輸市場特徵。顧客對哪些服務水平變數感興趣？此貨物運輸模式的行業競爭結構是什麼樣的？路網的結構是什麼？產生運輸需求

的經濟活動地點通常在哪裡？

日常作業計畫和戰略規劃

　　進行高效率的運輸運營需要什麼類型的作業計畫？在進行運輸運營中的基本權衡——運輸成本對運輸服務水平的平衡點是什麼？規劃的完備性在不同運輸模式中意味著什麼？日常作業計畫中的靈活性的代價應該是多大？戰略規劃（用於決定運輸重要資產）與日常作業計畫有什麼聯繫？

　　對提供全球複合運輸的國際運輸公司而言，他們面對的是新型的客戶和要求個性化服務的新型客戶關係，因此，他們在運營中必須具備一定的靈活性，而這些靈活性可以透過先進的技術（尤其是資訊系統）和管理獲得。

30 個關鍵要素

　　現在，讓我們思考不同的貨物運輸模式以及它們之間的競爭，並想一想它們與前面提到的 30 個關鍵要素是如何聯繫起來的。研究這些關鍵要素並把它們與各個不同的運輸模式聯繫起來思考，是一個很好的思考練習。

　　思考運輸系統中三方面的關係：技術、體系和機構，並思考運輸公司將如何處理這三方面的關係，才能在現代貨物運輸行業中獲得競爭力。

參考文獻

1. National Commission on Intermodal Transportation, "Towards a National Inter-Modal Transportation System, " Washington, D. C., September 1994.

旅客運輸

Chapter  21

旅客運輸：緒論

旅客運輸

下面我們將討論許多有關旅客運輸的問題，其中既包括概念方面的也包括模型方面的。但是，運輸系統中包含了許多旅客運輸系統與貨物運輸系統共同的基本特徵。如旅客運輸系統的需求和運營與貨物運輸系統的一樣，也具有基本的隨機性。在旅客運輸系統和貨物運輸系統中，路網結構以及如何將聯機與節點結合起來的思想貫穿整個系統。而且，旅客運輸系統中的許多服務水平參數與貨物運輸的相同或相近。

旅客運輸與貨物運輸的區別

但是，旅客運輸與貨物運輸還是存在著一些重要的區別。下面我們將對此分別進行討論。

運輸過程

第一點，在旅客運輸系統中，從起始點到終點的運輸過程比在貨物運輸系統的運輸過程要重要得多。旅客運輸的對象是人——他們能聞到周圍的氣味、能聽到噪音，如果在黑暗中狹小的空間裡停留太久會感到焦躁不安——這一點與那些對外界環境沒有感覺的無生命貨物截然不同。貨物運輸的顧客一般只關心貨物運輸的及時性和可靠性，以保證為後續的製造加工過程或者銷售過程做好準備。

但旅客運輸過程對旅客來說是很重要的。從波士頓到華盛頓的旅客運輸服務品質並不僅僅由運輸時間的長短決定，乘客還關心運輸的舒適度、乘務員的服務態度以及在途中乘坐時間的長短等因素。

旅行安全

第二點，旅客運輸中的安全要比貨物運輸重要得多。因此，與貨物運輸相比，旅客運輸公司都願意在這一方面進行更多的投資。人的生命是很寶貴的——我們常說生命「無價」，這意味著保護旅客人身安全的花費要比最昂貴的貨物都要高得多。

我們說生命「無價」，是從倫理的角度出發的，但在現實中，生命還是有價的。這雖然聽起來很無情，但我們可以從旅客運輸公司和管理者在運輸安全保護上的投資額和花費額中，推算出保護一個生命的費用。這點暗示，我們願意付出一定的金額挽救一個

生命，但如果超過那個金額限度，就不進行挽救。雖然新聞界和公眾不喜歡聽到這一點，但這點對運輸系統及其他系統（如環境保護）中有關安全的決策非常重要。

服務水平變數

第三點，旅客運輸和貨物運輸的服務水平變數有所不同。在分析貨物運輸的服務水平時，我們利用經濟學基礎可推導出一些重要的服務水平變數。我們從庫存理論和物流成本的觀點出發，來理解貨物運輸平均運輸時間和運輸時間方差，對托運人選擇運輸模式有非常重要的影響。運輸過程中貨物的損失概率會對哪些基於經濟或者業務因素考慮的運輸模式選擇產生影響。

與貨物運輸相比，旅客運輸的服務水平變數在性質上更微妙且帶有心理色彩。當然，它們也可以像那些從經濟原理得出的貨運服務水平變數一樣進行量化。但是，當人們在進行旅行模式選擇時，我們很難從經濟學的角度對其重要影響因素進行描述。

我們發現，用經濟學原理對人們的判斷進行解釋非常困難。最經典的是購買小客車的例子。有時，即使是採用最粗略的經濟原理也能計算出此人實在是沒有必要擁有小客車，也許他居住的附近就有便宜而可靠的運輸方式，而且他還可能有其他非運輸的開支需要，但他還是購買了小客車。在小客車的例子裡，運輸模式選擇還涉及一些心理因素，如：自我形象——如果你的鄰居擁有了一輛小客車，你也想擁有一輛。這樣人們就會做出一個僅僅從經濟學原理難以解釋的決定。

在後面，我們先介紹運輸效益的觀點；然後討論運輸系統中的舒適度以及非常難進行量化但又真實存在的「hugs」變數。在旅客運輸系統中，人們在進行判斷時會受一些心理因素的影響，這一點與貨物運輸完全不同。

群體影響

第四點，人們總是生活在各種群體中——家庭、朋友或者各種聯誼會，或者住在一起的人們會共同做出有關旅行模式選擇的決定。通常這些決定做出的方式相當複雜。一個位於郊區，有十幾歲小孩的家庭應該擁有幾輛小客車？這是一個複雜且很難進行量化的問題。

旅行目的

第五點，人們的旅行總是有各種不同的原因。可以去麻省理工大學上學、到市中心的 Cape Cod 休閒、去加利福尼亞州看望父母等。

但在貨物運輸中，貨物每次運輸的目的都是一樣的。當煤礦公司把煤炭運輸到發電廠，每次進行貨物運輸的原因都是一樣的：煤炭必須要運送到發電廠，發電廠才能發電。

但是，Smith 先生的旅行可以有不同的目的。他可以去上班、購物、接送小孩等。尤其近幾年，由於個人閒暇時間的限制，人們把幾個不同目的的旅行連接起來構成「旅次鏈」。比如人們在從工作地點回家的途中，順便接小孩，然後再去麥當勞。因此人們的一次旅行可能是由幾個不同目的的旅次連接成的旅次鏈。更進一步說，就是人們旅行模式的選擇依賴於他們的旅行目的。

自由旅次

第六點，對乘客來說，旅行常常被看成可自由選擇的事項。實際上，人們的旅行可能會與家庭其他支出項目相衝突。一個人的支出費用總是有限的：一部分用於旅行；一部分用於教育；一部分用於食品等等。去電影院屬於自由選擇事項，因此，我們可以取消去電影院的旅次。

在貨物運輸中，貨物的運輸對業務目的的實現非常重要。煤炭從煤礦運輸到發電廠對其完成發電非常重要。這是不能進行自由選擇的。如果發電廠決定不運輸煤炭，那麼它就不再進行發電的工作了。因此在旅客運輸中很通常的以不旅行替代旅行的現象，在貨物運輸中很少出現，至少短期內如此。

市場成功

第七點，可以作為第六點區別的必然推論，就是那些關注貨物運輸的人，他們在市場的成功通常與貨物運輸緊密相關。企業的一個基本的商業決策變數就是決定採用哪種貨物運輸模式。也許今天為了保持生產流水線繼續工作，我們暫時使用航空貨物運輸；但從長遠考慮，我們應該把貨物運輸從公路轉向鐵路運輸，因為鐵路的運輸價格比較便宜，而且服務品質也符合要求。由於存在市場競爭壓力，那些做出錯誤運輸模式選擇的公司會漸漸面臨破產。

但在一個家庭裡，這種現象就不明顯。一個家庭並不會因為效率低而被市場淘汰。如果父母沒有聰明地把他們的旅次組合成一個「旅次鏈」，而是專門去一趟托兒所接孩子，他們可能會花費較多的旅行費用；但是市場並不會使他們破產；公司也不會因為他們不善於組合「旅次鏈」而解雇他們。因此，旅客運輸市場是一個較為混亂的市場。旅客的決策並不像貨物運輸裡的發貨公司一樣必須非常的理智，否則將面臨破產的威脅。親朋好友不會因為一個人不善於進行旅行規劃而排斥他，他們還可以從更多更重要的方面對他的品質進行判斷。

通訊對旅行的替代性

第八點，從技術的角度看，通訊替代旅客旅行是一個重要的發展趨勢。人們不必為獲取資訊而專門旅行，資料和資訊的流動會代替人的流動。這種技術變革與旅客運輸的關係比它與貨物運輸的關係更為密切。它會對貨物運輸產生一些影響。我們能夠對貨物進行跟蹤來改進運輸品質。但煤炭最終要在物理上從煤礦運輸到發電廠。

但是，現在通訊上班（telecommuting）的概念——人們可以在家裡工作，每個星期只需要去辦公室一次而不是五次——顯得越來越重要。現在，一個重要的問題是：通訊技術的發展將會對旅客運輸產生什麼影響？人們對此有兩種截然不同的觀點：

1. 通訊技術的發展將大大降低旅客運輸的需求；人們將不必親自到辦公室工作，利用家裡的傳真機和電子郵件，人們在家裡一樣可以工作——而且，如果家裡環境良好，工作效果也許會更好。
2. 另一方面，雖然會出現通訊上班，但由於通訊技術的發展，它會產生更多的經濟業務往來，從而將產生比因通訊上班節省下更多的旅行。

運輸／通訊替代性也是一個研究領域的問題。一些關於通訊上班的研究正在進行——瞭解什麼樣的公司以及哪一類人正在使用這種工作方式。

這裡還涉及到的另一個重要的問題是：遠端通訊的發展對運輸基礎設施的投資會產生什麼樣的影響？

在兩種運輸之間你還能看出哪些這裡沒有提到的區別？

難道旅客運輸和貨物運輸之間的運輸價格不存在區別嗎？

說得好。在貨物和旅客運輸中，運輸的價格都具有一定的靈活性。在貨物運輸中，托運人與承運商之間通常簽訂長期合同。這樣，托運人可得到一個長期固定的運輸價格，而承運商則可以得到長期穩定的業務。在旅客運輸中，這種現象比較少，雖然人們也可以購買月票。

那麼在運輸模式的選擇上，貨物運輸的模式選擇不是比旅客運輸要困難嗎？

在貨物運輸中托運人所做的運輸模式選擇可能相對旅客運輸中人們進行旅行模式選擇所受到的限制要多。比如一個煤礦公司，它就沒有很多的運輸模式供選擇。它想做的就是從鐵路那得到最低的運輸價格——把煤炭裝上卡車進行運送是不明智的；而另一方面，一個旅客可以在公共交通、小客車等旅行方式之間進行選擇。

兩種運輸之間的期望服務水平區別難道不大嗎？

旅客運輸與貨物運輸的服務水平變數的尺度之間存在著很大差別；旅客運輸的期望服務水平甚至要比運價最貴的複合運輸的服務水平還要高得多。如果你乘坐一列市郊火車上班，15 分鐘的延誤是很嚴重的問題；但很少貨物運輸會把 15 分鐘的延誤當作大問題。

平等問題在旅客運輸中比在貨物運輸中更為重要。

對。如果某個社會群體，如老年人，不能獲得某種運輸服務，那麼這問題將會引起社會的關注。相比之下，托運人沒有那麼受政治的關注，但他們可以聯合起來要求獲得更好的服務。

旅客在運輸過程中有自己的主觀能動性，比如從公共汽車轉乘到列車。貨物運輸在運輸過程中是被動的從一種運輸模式轉到另一種運輸模式。

　　正確。而且另一方面，我們可以利用定位系統對貨物進行電子跟蹤；但對旅客這麼做會引起有關個人隱私的糾紛。

旅客運輸統計

　　下面介紹一些有關美國旅客運輸的統計資訊[1]。

　　美國平均每年每人的旅行里程（人－英里）大約為 15,500 英里。在美國，這意味著 3.8 萬億的總旅行里程（人－英里）。

模式選擇：小客車在美國占絕對優勢

　　美國的旅客運輸反映了它是一個小客車社會的事實；旅客運輸中大約有 90%的旅行里程為公路運輸，且其中絕大部分為私人小客車。

　　其他旅行模式，如地方鐵路、城際鐵路、航空和水路旅客運輸組成了剩下的 10% 旅行里程。其中份額最大的是航空客運，里程大約有 0.3 萬億人－英里；地方鐵路有 0.04 萬億人－英里；其他旅客運輸模式所占的市場份額都非常小（見圖 21.1）。

圖 21.1　美國不同運輸模式旅客周轉量

水路旅客運輸的例子是什麼？

市郊渡船。

[1] Statistical data is taken from *Transportation Statistics Annual Report 1994*, Bureau of Transporation Statistics U. S. Department of Transportation, Washington, DC, January 1994.

對——在一些都市裡，我們可以見到市郊渡船——如華盛頓市的西雅圖，渡船把海港小島上的居民運送到市中心。在波士頓，一艘市郊渡船從 South Shore 海岸的 Hingham 社區出發，穿過波士頓海港到達市中心。由南面進入波士頓市區的公路運輸非常擁堵，對一些通勤者來說，經由水路運輸到達市中心是一個很好的旅行模式選擇。在一些發展中國家，如泰國的曼谷，「klongs」（即運河）上的小船是都市主要的交通工具。

土地使用和公路運輸

為什麼公路運輸在美國旅客運輸中會占絕對優勢？這與美國形成的土地使用模式有著根本聯繫。簡單的說，大量的小客車使得美國這種「展開式」的土地使用模式得以發展。通常，這種土地發展模式只適合小客車交通，由於居住密度太低，公共交通變得不可行。但小客車的大量使用可能會引起環境惡化，尤其是空氣品質的惡化。

市郊化發展

在 20 世紀，都市的發展出現了兩種主要趨勢。首先，大量的人口從鄉村遷移到都市；人們離開農場到都市裡的工廠找工作。

其次，美國已經變成了一個市郊化國家；人們離開市中心遷移到都市的周邊地帶居住。在 1950 年，美國約有 23%的郊區人口。而在 1990 年，郊區人口達到了 46%。居住在郊區的觀念對人們的影響非常大。居住在郊區既舒適又實用。一方面，人們可以享有居住在都市的好處——大量工作機會和文化娛樂場所；另一方面，他們還擁有鄉村景觀——「每個人」都希望能從自己庭院裡的草地上眺望蔚藍的天空，呼吸著清新的空氣，享受著安詳和寧靜。

這種不居住在市中心而是在郊區擁有一塊個人土地的想法並不新鮮。Max Lay 在他的一本關於土地和運輸歷史的書裡，描述了古代人們的這種觀念[1]。郊區的發展與美國小客車社會有著聯繫。這種「展開式」的土地發展方式也是要付出代價的，如交通能源耗費、交通擁堵、空氣品質問題以及社會問題——被遺留在市中心的窮人既沒有小客車也沒有工作機會。

按照美國的稅收法規，房屋的抵押利息是可免稅的。因此，當我們談論居住在郊區時，人們除了想呼吸清新的空氣外，同時還有其他經濟上的理由。房屋抵押利息是免稅的，而教育貸款利息是要收稅的。人們認為這是一個好的公共政策——它鼓勵人們對房

屋進行投資，從而增加了建築業的就業機會。一些人認為，這個政策也形成了一種從能源和環境的角度來看很難持續下去的「展開式」土地使用模式[2]。

　　因此，隨著人們從邊遠地區遷移到都市，都市的規模不斷變大，使美國由一個大多數人口自給自足的農業國家進入了一個以製造業和服務業為支柱的經濟社會。然後，都市周邊的地區也開始發展。在更長的一段時間裡，都市中心在政治上和經濟上都已經擴展，覆蓋了近郊地區。而市中心的擴展又引發新一輪離市中心更遠的郊區發展趨勢，從而形成面積更廣大的「展開式」土地使用模式。

都市發展簡史

　　下面，我們對美國一些大都市進行簡要的歷史考察，尤其是東北地區的都市，因為以美國的標準衡量，這些都市算是歷史比較悠久。如波士頓北部的近郊 Revere 區，在19、20 世紀之交，Revere 還是富人們的遊樂場。它是一個靠近海濱的社區。那時的有錢人在 Revere 度假消暑就如現在的有錢人在緬因州度假勝地消暑一般。而現在，Revere區已成為波士頓都市的一部分。坦白說，它不再是任何人的度假勝地；它成了一個經濟相對蕭條的地區。

　　紐約市布魯克林區的 Coney 小島，在 19、20 世紀之交也是紐約人的遊樂場。它位於紐約南部，距離市中心的時代廣場約 20 英里。在 1880 年，Coney 小島有三個大型的純種賽馬場，但現在這一切都早已成為過去。Coney 小島現在自然也成為紐約市的一部分。

　　再看曼哈頓島上的 Harlem 地區，它大約位於曼哈頓北部第 125 條街。100 年前那裡曾經是郊區。曼哈頓的大部分居民住在第 42 條街以南地區，而現在，Harlem 也成了紐約都市不可缺少的一部分，而在一個世紀以前，那是人們「逃避」工作的好去處。

市郊鐵路和花園都市

　　Max Lay 具有洞察力地指明都市近郊的發展最初的驅動力並不是由小客車的發展，而是由延伸到都市周邊地區的市郊軌道交通。Lay 談到，從都市輻射出來的軌道交通軸輻使得這種展開式的土地使用模式得以發展（見圖 21.2）。Lay 的基本觀點是：在都市中心的周邊會出現他所說的「花園都市」；這些花園都市是按照人性規模設計的，你可以繞著花園都市徒步走一圈；城裡設備齊全；那裡有都市中心所沒有的令人愉快的優美環境。

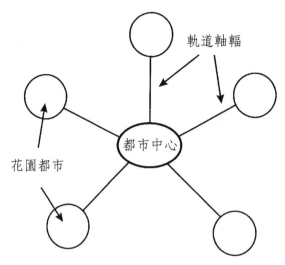

圖 21.2　都市中心和花園都市

　　這些市郊軌道線路是由房地產投機商投資興建的，因為房地產的價格會隨著交通便利性而上漲。而且由於新軌道線路的開通，交通漸漸便利，房地產的價值會不斷上升。由於要保證花園都市的順利發展，軌道交通的車費不會太高。但是這些軌道交通的車費不能彌補其運營成本，Lay認為：「小客車充分利用閒散資源，使這種由投機商發起的郊區發展持續下來」。

　　最終，由於小客車交通的快速和靈活性，軌道線路軸輻之間的空隙土地漸漸也被開發利用，軌道線路之間的空隙被「填充」起來。

　　這樣，就形成了都市蔓延。都市蔓延並不是由於最初的市郊軌道交通的發展形成，而是由於後來小客車技術的發展，使得軌道軸輻之間的空隙填充形成的。現在，新的趨勢是向更遠的郊區發展，這只會加劇都市的蔓延（見圖 21.3）。

　　在紐約長島，有一個都市叫「花園都市」。你可以乘坐每天在紐約市中心和長島往返的長島列車到達那裡。這個所謂的花園都市已經變得不那麼名副其實，因為它再也不是一個適宜步行的、設備齊全、生活品質高的郊區。它超出了人性規模。由於小客車交通的強大影響，它的規模已經變得太大了。

　　同時，經過這麼多年，城內高速公路也有了很大的發展，Lay指出，都市中心的州際公路系統也超出了符合人性的規模。

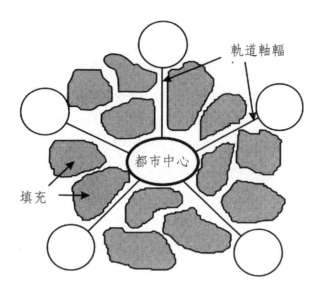

圖 21.3　「軸輻」之間的「填充」

超大都市

　　一個值得注意的現象是「超大都市」的不斷增長，尤其是在發展中國家。當社會漸漸從農業化社會向更集中於製造業的工業化社會轉變時，這些龐大的都市就成長起來。人們聚集到都市裡從事製造業所需要的密集勞動。《經濟人》雜誌（*The Economist*）最近的一篇文章指出，在 1950 年，全世界人口超過 1,000 萬的超大都市只有兩個：倫敦和紐約。到 1994 年，具有如此規模的都市有 14 個。他們推測，到 2015 年，全世界的超大都市將達 27 個之多，包括一些發展中國家的都市，如上海、曼谷和利瑪。

環城公路

　　還有其他一些與土地使用和都市發展形式相關的有趣問題。如人們所說的「環城公路」——波士頓市的 128 道，美國許多都市都建有環城公路，用於滿足周邊地區的交通運輸需求。環城公路對公共交通（公共汽車和市郊鐵路）的發展產生負面影響。由於土地使用的密度太低，不能產生足夠大的運輸流量來維持公共交通的運營。「展開式」的土地使用模式使得除了小客車以外的其他交通模式都難以發展。

邊緣都市

Joel Garreau 在他一本非常好的名為《邊緣都市》[3]的書中提到，美國每一個發展完善的都市都是按照洛杉磯都市的模式發展起來的，都具有多個都市中心。也就是說，在都市中央有一個市中心，然後在這個市中心的周圍又發展起其他都市核心。波士頓地區的 Framingham 區就是一個「邊緣都市」的例子。Garreau 在書中提到，在過去幾十年裡變得非常流行的購物中心，與 Max Lay 提出的花園都市中的「鄉村廣場」的概念相同。他說，這些購物中心與鄉村廣場相同之處在於，它也是一個人們聚集和交流的場所，如不管天氣如何，許多老年居民總是在早上商場開業之前把購物中心作為晨練場所。

Garreau 還指出，當居民決定從市中心遷移到郊區時，商店也隨著人們遷移到郊區。人們居住在哪裡商店就開在哪裡——不一定要在市中心，也可以在 Burlington 購物中心開業。漸漸地，工作機會也轉移到郊區。這樣，經濟活動都集中在周邊地區，原來的市中心的發展變得緩慢和利用率低，而窮人被困在市中心，很難獲得郊區的工作機會。

同時，Garreau 對一種「地域性」的日益喪失感到憂慮。他指出，由於「地域性」的喪失，人們感覺不到自己身在哪裡；周圍所有一切都是一樣的；全部地區都變得像從一個模子裡鑄出來的，他認為，這一點對所有人都是一種損失。

土地使用與公共運輸

「展開式」的土地使用模式和蔓延的都市型態困擾著美國交通部下屬的聯邦公共運輸管理局（FTA）。FTA負責全國範圍內的公共交通。它現在面臨的問題是：面對這種土地使用模式，發展公共運輸系統是否可行。

基本點是：不能把運輸政策和土地使用方式（如居住區、購物中心以及工作地點等）分開來。土地使用和運輸是緊密相關的。

一個最近從聯邦公共運輸管理局的角度出發的研究報告指出：「美國已經歷了50年都市和郊區的快速發展，改變了地表風景和環境。大多數人居住在都市裡或者周邊地區，其中許多人的土地使用增長率比人口增長率要大得多。郊區蔓延及其產生的負面影響——交通擁堵、空氣污染、露天空地減少以及其他居住環境的惡化，在全國各處都很普遍。同時還有一些問題如：中央都市中心的衰退、地方的稅收配額競爭、經濟機會和公共健康的強烈差異也很普遍。雖然，無可非議許多人正在享受這種都市土地使用方式

所帶來的許多好處，但其他人正在為現在這種模式發展將產生的後果而擔憂。」最後一句表明，都市的「蔓延式」發展既帶來利益又要付出代價，關鍵的問題是誰在獲得利益，而誰又在付出代價。

研究報告接著指出：「都市土地使用模式，是由許許多多土地擁有者做出的個人決定形成的」——美國是一個民主的國家。在最初的時候，人們可以根據自己的判斷對土地進行處理——「開發商、經銷商、地方政府、聯邦政府及國會都從這種都市土地發展模式中獲得許多利益，而聯邦公共運輸管理局則要保證花費在公共運輸系統上的稅收資金能獲得高的社會效益和經濟回報。」報告又指出，這種低密度的發展模式使得 FTA 很難提供公共交通服務。

多學科方法

當討論到未來的研究時，聯邦公共運輸管理局提到這類系統問題的研究需要多種學科的專業人員參與。他們認為涉及的專業領域包括：都市規劃、房地產開發、區域經濟、市政經濟、景觀生態學、交通運輸、都市空氣品質、公共健康以及土木工程。FTA 還引證了需要不同學科專家的必要性；人們會發現，隨著工作深入，他們需要與各種不同學科的專家合作的機會比與本學科專家合作的機會更多。

新型運輸專業人才

未來發展對運輸領域的專業人員會有什麼要求呢？對這一點，國際和國內運輸界都進行了大量的討論，產生了許多不同的觀點。但在一點上大家的觀點是一致的：隨著科學技術的發展以及運輸系統與不同社會政治經濟問題的相互作用，我們要求運輸專業人才更具綜合素質及多學科的能力。40 年前，成為一個運輸專業人才意味著你要能夠設計出提供運輸活動的物理設施，如一條公路或鐵路線路；現在，人才衡量的標準發生了很大的變化，運輸市場研究、系統分析、現代技術以及體制和管理問題對交通運輸都很重要。Sussman 提出了一個 T 字型運輸人才的觀點——把知識的廣度和深度相結合，這可作為未來交通運輸教育的框架[4]（見圖 21.4）。

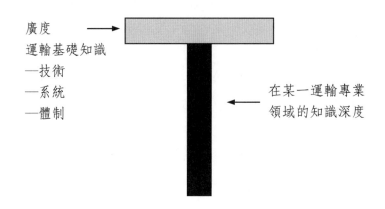

廣度
運輸基礎知識
—技術
—系統
—體制

在某一運輸專業
領域的知識深度

圖 21.4　T 字型「新型運輸專業人才」

參考文獻

1. Lay, M. G., *Ways of World: A History of the World's Roads and of the Vehides that Used Them*. New Brunswick, NJ: Rutgers University Press, 1992.

2. *Brookings Rever*. Special Issue on "The New Metropolitan Agenda," Brookings Institution Press, Fall 1998.

3. Garreau, J., *Eige City: Life on the New Frontier*, Doubleday, 1991.

4. Sussman, J. M., "Educating the 'New Transportation Professional.' " *ITS Quarterly*, Summer 1995.

Chapter 22

通勤旅次、非工作旅行和
運輸安全、運輸簡史

通勤旅次

我們現在開始討論通勤旅次。在住所與工作地點往返是人們一種重要的旅行目的。我們已經看到，人們的上下班旅次需求已經對運輸系統產生明顯的壓力變化。從 1980 年到 1990 年外出工作的旅行人口數目上漲了近 10%——與 1980 年相比，1990 年相對多出約 1,900 萬名工人，其中大部分為女性。

美國的通勤旅次情況又是如何[1]？圖 22.1 對其進行了詳細的分析說明。

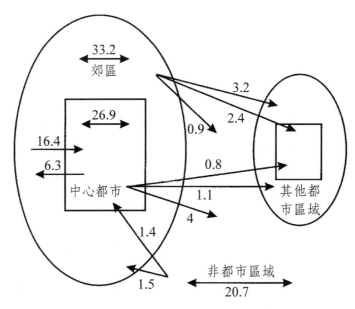

圖 22.1　全國通勤旅次交通流模式

郊區—郊區通勤旅次

由上圖我們可以看出，「郊區－郊區」是最大的通勤交通流模式，約有 3,200 萬次，而且進入中心都市的通勤旅次交通流約為 4,300 萬次（把由郊區出發的 1,600 萬旅次與離開或進入中心都市的 2,700 萬旅次相加可得）。從中我們可以理解郊區在經濟活動中的重要性。

在過去的 10 年裡，隨著工作人口和工作旅次數量的增長，出現了一些有趣的趨勢。

---

[1] Pisarski, Alan E., "Commuting in America II," ENO Transportation Foundation, 1996, is the definitive reference on this topic.

首先，獨自開車上下班旅次占所有工作旅行次數的百分比，由過去的60%增加到70%。過去10年，工作旅次模式中的小客車共乘的百分比，從過去的20%左右下降到15%左右。因此，獨自開車上班旅行模式變得更加重要。人們喜歡獨自開車旅行模式所具有的靈活性，特別是現在許多人喜歡組合「旅次鏈」的生活方式，另外，目前能源（汽油）的價格也不貴。

公共運輸

公共運輸模式占全國工作旅行交通量的百分比由 1980 年的 8%下降到 1990 年的 6.5%。獨自開車旅行變得更加普遍，小客車共乘變得不那麼受人們歡迎；實際上，由於當前的土地使用模式，當人們考慮到旅行便利性時，或者可能甚至在旅行費用上時，會發現選擇獨自開車旅行模式還是有益的，因此，工作旅行中除了獨自開車模式，所有其他工作旅行模式的百分比都有不同程度的下降。

非工作旅行

現在，讓我們考察非工作旅行模式。在過去幾十年裡，旅行者、司機、公共交通使用者等的非工作旅行交通量的增長速度比快速增長的工作旅行交通量的還要快。現在，美國家庭的人口統計特徵正在發生變化：家庭規模在減小；家庭數目在增多；工作女性人數、雙職業或者多職業家庭數量等，都在增多。這些變化都會產生更多的工作旅行和非工作旅行。我們在前面提到「旅次鏈」的概念——人們把不同種類的旅行，如工作旅行和非工作旅行，結合起來，有效地安排路線，使得進行一次「旅次鏈」可同時達到多個旅行目的。

表 22.1 包括了有關美國一些有趣的統計量。

表 22.1　日均旅次、人均旅次和人均旅次距離（按性別和旅行目的分類）

	男	女	合計
人均日旅次數（次／日）			
工作	0.77	0.57	0.66
家庭和個人事務	1.12	1.42	1.28
文化、教育和宗教	0.34	0.36	0.35
社交、娛樂	0.78	0.74	0.76
其他	0.02	0.02	0.02
合計	3.03	3.12	3.08
人均日旅次距離（英里／日）			
工作	10.5	5.12	7.69
家庭和個人事務	8.62	9.23	8.93
文化、教育和宗教	1.79	1.89	1.84
社交、娛樂	10.4	9.38	9.86
其他	0.25	0.20	0.22
合計	31.56	25.83	28.56
平均旅次距離（英里）			
工作	13.91	9.18	11.8
家庭和個人事務	7.75	6.63	7.11
文化、教育和宗教	5.39	5.38	5.38
社交、娛樂	13.45	12.93	13.19
其他	11.59	9.13	10.3
合計	10.54	8.47	9.45

資料來源：1994 年交通統計年鑑，運輸統計局，美國交通部，華盛頓，1994。

　　1992 年，美國人均日旅次數約等於 3。這是全國人口的平均旅次數，而且性別之間的差異很小（男—3.03 次／日，女—3.12 次／日）。即使女性參加工作人數出現了增長，男性的業務旅行次數還是比女性高出約 20%。

　　總人均日旅次距離為 28.5 英里／日。雖然男女之間的日旅次數差別不大，但是在旅次距離上卻存在顯著差別。男性的平均旅次距離為 31.5 英里／日。女性為 25.8 英里／日。不同旅行目的的旅次距離也存在著性別差異。美國平均工作旅次的單程距離為 11.8 英里，這裡，性別之間還是存在有趣的差別：男性的平均工作旅次距離為 13.9 英里而女性僅為 9.1 英里。

城際間旅行

現在，我們考察城際間旅行模式的交通統計量（見圖 22.2、22.3 和 22.4）。城際間旅行模式中商務旅行和個人旅行之間存在著顯著差異。行程超過 100 英里的旅次中約有 16% 是與商務有關的；剩下的都是個人旅行——娛樂、戶外活動、探親訪友，以及其他目的。行程超過 100 英里的商務旅行的平均旅次距離為 862 英里；而行程超過 100 英里的個人旅行的平均旅次距離為 800 英里。

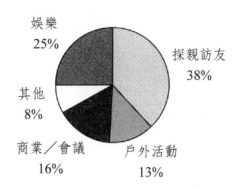

圖 22.2　不同旅次目的的城際旅次

資料來源：*Trans Statistics Annu 1994, Bureau of Transportation Statistics, United States Department of Transportation, Washington, DC, 1994.*

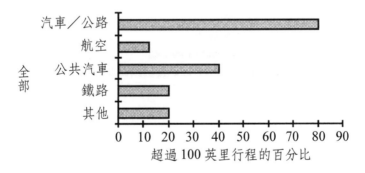

圖 22.3　不同旅次目的的模式分擔

資料來源：*Transportation Statistics Annual Report 1994, Burean of Transportation Statistics, United States Department of Transportation, Washington, DC, 1994.*

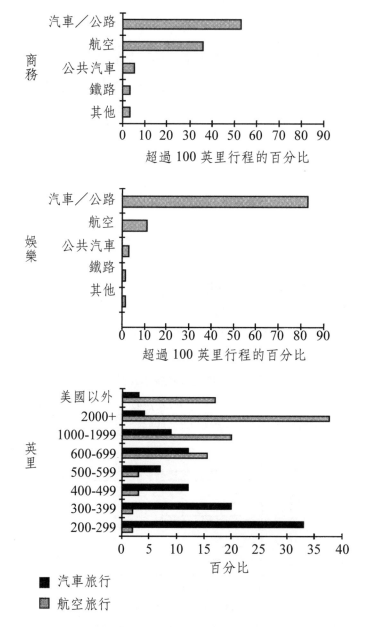

圖 22.4   航空與汽車旅次的行程

資料來源：*Trans Statistics Annu 1994, Bureau of Transportation Statistics, United States Department of Transportation, Washington, DC, 1994.*

這裡，我們可以再次看到，客車交通是最主要的旅行模式，即使是在長距離的旅行中。在行程超過 100 英里的商務旅行中，超過半數的旅次選擇了客車交通；約 35% 的

旅次選擇航空交通。這樣，即使在商務旅行裡，客車交通仍占主要地位。如果我們考察所有的城際間旅行，包括遊覽觀光，我們會發現，有80%的旅次是客車運輸，而航空僅占15%。因此，基本上，這裡仍然是小客車的世界，只有在相當遠的旅行裡，航空才占主導地位。

國際旅行

但是在國際旅行裡，航空占主導地位。美國是世界主要的國際旅行目的地之一。每年訪問人次約有4,800萬次，其中大約有2,000萬的訪問人次來自北美洲以外的地區—即除了加拿大、墨西哥這兩個與美國接壤的國家以外的地區。每年來自加拿大的訪問人次約為1,700萬，墨西哥約1,000萬人次。

4,800萬的人次約占美國總人口數的28%。而許多歐洲國家每年接待的國際訪問人次遠遠超出其國家總人口的100%。因此，雖然美國的國際訪問人次在絕對值很大——4,800萬人次是全世界最高的——但從國內人口數的角度來看，與一些國家如法國和英國以及其他西歐國家相比還是相差許多。

各種運輸模式的安全性

下面開始考察一個重要的運輸服務水平變數——安全性。當然，不同旅客運輸模式之間的安全性存在著很大的區別（見表22.2和表22.3）。

從各種安全衡量指標看，與其他運輸模式相比，客車運輸模式都顯得較為不安全。雖然在過去幾十年裡，美國客車事故死亡率一直保持連續下降——每億車輛英里里程死亡人數從1981年的3.2人，下降到1992年的1.8人——幾乎是原來的一半。

但是從事故死亡總人數上看，數量並沒有發生很大的變化，因為與此同時，客車交通的車輛英里里程也在不斷地增長。美國每年死於公路運輸事故的人數約在4萬左右，但如果事故死亡率沒有下降的話，死亡人數會達到每年6萬或7萬。客車交通事故死亡率的下降有以下幾個原因：安全帶和安全氣囊的使用，嚴禁酒後駕車法規執行力度的加大，以及車輛的防撞性能更佳。

甚至對不同類型的機動車模式，它們之間的安全性能也存在顯著區別。如小客車交通每億車輛英里里程的死亡人數為1.3。卡車交通的死亡人數為1.5，比小客車高出大約20%。而摩托車交通的統計數字是25.1（！）——相當於客車交通死亡率的20倍！

表 22.2 各種運輸模式的死亡率趨勢：1981-1992

年份	美國航空公司（每百萬英里飛行里程）	專用航空（每十萬飛行小時）	機動車（每十億車輛英里里程）	鐵路（每十萬列車英里里程）	娛樂遊船（每十萬艘船）
1981	0.001	3.48	3.2	0.82	8.0
1982	0.008	4.01	2.8	0.89	7.6
1983	0.005	3.72	2.6	0.89	7.9
1984	0.001	3.58	2.6	1.01	6.5
1985	0.054	3.37	2.5	0.80	6.7
1986	0.001	3.56	2.5	0.84	6.2
1987	0.053	3.11	2.4	0.93	5.9
1988	0.063	2.91	2.3	0.84	5.1
1989	0.028	2.75	2.2	0.84	4.7
1990	0.008	2.67	2.1	0.98	4.4
1991	0.010	2.74	1.9	1.02	4.6
1992	0.007	2.98	1.8	0.99	4.0

資料來源：1994 年交通統計年鑑，運輸統計局，美國交通部，華盛頓，1994。

表 22.3 主要機動車類型死亡人數統計：1981-1992

年份	小客車		卡車		摩托車		腳踏車	合計 non-occupant
	死亡人數	死亡率*	死亡人數	死亡率	死亡人數	死亡率	死亡人數	死亡人數
1981	26,645	2.4	7,343	1.8	4,906	45.9	936	8,877
1982	23,330	2.0	7,303	1.8	4,453	44.9	883	8,299
1983	22,891	1.9	7,184	1.6	4,265	48.7	839	7,746
1984	23,621	1.9	7,570	1.6	4,608	52.5	849	7,973
1985	23,214	1.8	7,666	1.5	4,564	50.2	890	7,782
1986	24,944	1.9	8,243	1.6	4,566	48.6	941	7,853
1987	25,132	1.9	8,910	1.6	4,036	41.0	948	7,825
1988	25,808	1.8	9,217	1.6	3,662	36.5	911	7,917
1989	25,046	1.7	9,402	1.6	3,243	30.1	832	7,495
1990	24,092	1.6	9,306	1.5	3,244	33.9	859	7,465
1991	22,385	1.4	9,052	1.5	2,806	30.6	843	6,768
1992	21,366	1.3	8,666	1.4	2,394	25.1	722	6,366

*死亡率為每十億車輛英里里程死亡人數。

資料來源：1994 年交通統計年鑑，運輸統計局，美國交通部，華盛頓，1994。

運輸簡史

Max Lay 的書裡還包含了一些關於交通運輸發展的有趣討論[2]。Lay 開始提到人們把二輪馬車、四輪馬車和長途馬車作為運輸工具，以及人們利用馬作為運輸的動力源。Lay 指出，這種馬拉車的運輸方式對環境，尤其對市區環境的影響很大——不僅由於拉車的馬匹會在市區遺留下大量的排泄物，而且這些馬匹還經常由於疲勞過度而死亡。在當時，如何將這些馬匹的屍體從都市搬運走也是一個主要的環境和公共健康問題。

因此，交通運輸對環境的影響幾乎不算是一個新問題。從系統的角度來看，這種馬拉車運輸方式的動力是生物能量（如一匹馬），而這些生物能量又來源於馬匹的食物；馬匹消化食物後產生的能量就為交通運輸提供動力——這裡的每一個環節都會產生能源浪費。

這種以生物能量作為動力的運輸方式的費用極其昂貴。正如 Lay 所提到的，在 1880 年，乘坐馬拉車從倫敦西部的帕丁頓（Paddington）驛站到倫敦另一個驛站一個來回所需要的運輸費用，大約是當時一個普通工人一年總收入的 1%，而現在，類似的旅行費用只是當時同一個普通工人年收入的 0.02%。實際上，在當時的旅客運輸和貨物運輸中，人們普遍採用長期緩慢的旅行方式，因為這樣可以大大降低旅行費用。

早期運輸系統的安全性比現在的運輸系統要低得多。目前在美國，一年約有 4 萬人死於公路運輸。但如果有人對早期運輸系統的安全性進行考察，在經過旅次距離的調整後，他會發現早期的運輸系統安全性比現在的還要差。

既然外出旅行是如此不安全，我們為什麼還要四處旅行？當然，前面我們已經討論過交通運輸的社會和經濟原因。每當一提及為什麼旅途這麼不安全而人們還要旅行這個問題時，我就禁不住想起以前聽說過的一件軼事。如果當初人們由於運輸基礎設施不夠安全而減少旅行的話，青黴素（盤尼西林）的發現將會推遲許多年；人們建立一個良好的企業系統會面臨更大的困難；而且抗生素的出現也會大大推遲。如果我們從更全面的角度看，與每年有幾十萬個人死於交通事故的危險性相比，在青黴素（盤尼西林）出現之前，人類社會所面臨的威脅要大得多。因此，我們需要從一個更系統的角度來看待這個問題。

---

[2] Lay, M. G.的 *Ways of the World: A History of the World's Roads and of the Vehicles that Used Them*，Rutgers 大學出版社，1992 年。這本書對那些對平面交通運輸的歷史細節感興趣的讀者來說是一本不可多得的很有價值的參考書。

運輸發展的動力

到底是什麼力量推動交通運輸不斷向前發展？在 Lay 的基礎上，讓我們考慮以下幾個重要因素：

科技的發展

推動都市旅客運輸超越馬拉車階段的一個主要改革動力是電力的發展——電力代替馬匹推動電車或其他車輛在都市街道固定軌道上運行。電力為交通運輸系統提供了更快的速度、更高的可靠性，並且大大降低了運輸的成本。正是由於電力在運輸系統中的使用以及都市固定軌道電車的出現，使得都市中心得以沿著幹道向四周發展，從而改變了都市的地理面貌。

在19世紀後半期，由於材料技術和製造技術的發展，促進了自行車的發明和發展。自行車交通成為當時一些美國都市主要的交通工具，而直到現在，在一些發展中國家的都市裡，自行車仍然是一種重要的交通工具。

客車運輸優勢

前面我們已經強調了都市土地使用模式（「蔓延式」發展模式）與客車運輸占絕對優勢之間的密切關係。但汽車運輸的迅速發展也有其科技根源和政策根源。

主要有三種科技推動汽車運輸走在最前面，它們是：

- 橡膠輪胎；
- 內燃發動機；
- 地下原油開採技術。

燃油稅

從政治的角度上看，推動公路基礎設施發展的一個因素是：與其他運輸模式相比，對這種運輸模式進行稅收相對要簡單。人們在加油站繳納稅金。人們因為擁有車輛而繳納稅金。在美國的許多州裡，人們每年都要根據所擁有車輛的價值繳納一定數額的執照稅。這些稅收與個人所得稅相比不那麼容易引起人們的反對；而且稅金的收集過程簡單，不需要很多附加的工作。

目前美國許多州級運輸部長正在考慮的問題是：如果電動小客車得到了普及，人們不再大量購買汽油，那麼政府將如何進行稅收？如果由於人們購買電動汽車而不是燃油汽車，政府就不能從汽車的燃油中收集到足夠的稅金，那麼支持公路基礎設施建設所需要的大量資金又將從何而來？

就業機會

公路運輸蓬勃發展背後的另一個政治力量是公路基礎設施的建造會創造大量就業機會。對建築業及其他相關產業（如大型混凝建築材料——沙礫產業）而言，公路基礎設施的建設是龐大的就業泉源。

交通運輸產業

在美國，交通運輸產業是一支重要的政治遊說力量。Lay 在書中指出，多年來，美國所有最大的公司都與汽車工業有直接或者間接的關係。隨著資訊社會的到來，這種現象已發生一些改變，但目前仍然存在一些非常龐大的與交通運輸產業相關的公司。在美國 50 年代，收益排行前十位的公司中有七個是汽車公司和能源公司，它們分別是通用汽車公司、福特汽車公司、克萊施勒汽車公司、新澤西美孚石油公司、Mobil 公司、Texaco 石油公司和德克薩斯石油公司。這些公司過去有而且現在仍然具有強大的政治影響力。

在二戰後經濟繁榮時期，美國政府對公路基礎設施進行了大量投資，而人們也真想用戰爭期間節餘下的存款購買客車，但當時市場上出售的客車數量卻很少。

直到最近的環境保護運動蓬勃發展之前，人們都達成了一個廣泛的共識：客車交通是一種很好的運輸模式；它所提供的機動性有利於經濟的發展；這就是「美國之路」。公路基礎設施的建設將提供大量就業機會、增加社會發展機會和各種經濟發展機會，而我們可以獨自駕著小客車到任何地方去。這些聽起來很有道理。因此，公路運輸發展的背後有大量的推動力。

在過去幾十年裡，公路運輸背後的發展動力已經開始變得緩慢。正如我們前面提到的，環境保護運動是一個重要因素。早在 60 年代，Rachel Carson 用她那劃時代的著作《寂靜的春天》，激起數百萬美國人開始關注由於人類活動（其中包括客車運輸）所引起的環境破壞。

環境問題

在 70 年代初期，「停止建設公路」（Stop the Highway）運動的呼聲愈來愈高，尤其在都市地區。三藩市市民曾阻止了市區碼頭的建造。麻薩諸塞州州長於 1971 年規定，在 128 環城公路內不再進行公路基礎設施建設。這兩個例子表明，現在人們已經達成了一個新的共識：「透過建造更多的公路來解決交通擁堵問題」，無論在政治上、經濟上還是環境角度上都不再是一個可行方案，尤其在都市地區。

Chapter 23

旅客運輸服務水平

旅客運輸服務水平

在這一章裡，我們首先討論最主要的旅客運輸模式——客車運輸的服務水平變數，然後再推廣到適合所有旅客運輸模式的一般旅客運輸服務水平變數。

為什麼人們喜歡小客車

為什麼人們喜歡小客車這種運輸模式？我們把喜歡客車運輸模式作為一種信念。當然，這在美國是一個真實情況；而且在發展中世界裡也有這麼一種發展趨勢，一旦國民平均收入上升，小客車的擁有數量將急劇上漲[1]。現在，我們從不同運輸模式的選擇和服務水平變數的角度來討論為什麼人們喜歡小客車。

很明顯，我們喜歡小客車的靈活性。你可以想來就來，想去就去。你並不依賴於公共汽車或者市郊列車。你可以根據自己的需要早一些上班或者遲一些下班。公路網四通八達、無所不至，它們界定了我們都市外部型態。而相比之下，列車只能到達鋪設了鐵軌的地方；公車只能在固定的線路上行駛。因此，對小客車運輸模式來說，它同時具有時間上的和空間上的靈活性。客車運輸模式通常是（但不是總是）最快捷的運輸模式，這一點和路段的擁堵程度、運輸的時間點及可獲得的備選運輸模式有關。

與貨物運輸一樣，運輸時間對旅客運輸來說也是一個非常重要的服務水平變數。但是，時間價值的計算，以及不同個體之間時間價值的區別，甚至同一個體對應不同運輸目的時的時間價值的區別，是一個非常複雜的問題。在建立運輸模式選擇的分析模型時，運輸時間及所節約時間的價值是一個關鍵考慮因素。

關於這個問題，有一個最近幾年才提出的有趣想法。一般人認為客車駕車時間是非生產性時間：「你所做的一切只是駕駛客車從這裡到達另一個地點。」但在最近幾年，隨著通訊技術改革，人們可以擁有車載電話。人們還可以在車上安裝傳真機和個人電腦。因此，人們在駕駛車輛的同時還可以進行工作，這可能會改變一些人的運輸時間重要程度。

關於為什麼我們覺得客車運輸具有吸引力，讀者還有更多的想法嗎？

隱私權——你擁有屬於自己的車輛。

對，非常正確。有時候隱私權是經常提到的一個問題。

擁有小客車表明你的社會地位比較高。

說得好。當然，把一個人的社會地位與他的車輛聯繫起來的觀念已經成為西方倫理的一部分。你可能聽說過「炫耀性消費」一詞，人們通常在客車消費上表現得非常炫耀。

人們喜歡享受駕車的樂趣。

是的，當你和你的小客車融為一體時，駕駛車輛就成為一種享受；對某些人來說，人─機互動是非常重要的。關於人類和他們的加工品、工具以及機器之間的相互作用，還有專業的精深著作。對一些人來說，駕駛車輛已經成了一種本能反應。確實有一些人喜歡操作方向盤和一個五檔變速器，並對自己嫻熟的技術感到很愉快。

還有其他幾個方面的原因。首先，正如我們前面提到的，在現在既有的土地使用模式下，尤其在美國，小客車基本上是一個必需品。甚至有一些地區，如果沒有小客車的話幾乎不可能抵達那裡。土地的使用密度非常低，使得公共運輸的運營不可行。社會選擇的土地使用模式可能會讓小客車變得很重要，成為生活必需品，而不是一項奢侈品。

我們喜愛小客車的一個最終原因是這是一個很划算的運輸買賣。它是一件很值得買的運輸產品。花一些錢就可以得到高品質的運輸服務，因為別人也同樣支付基礎設施和環境淨化費用。你的選擇在經濟上是明智的。由於公路基礎設施成本的支付方式，使得小客車旅行的價格很便宜，或至少相對於你享受到的服務水平來說是便宜的。這是一種享受補貼的運輸模式；因此這不僅是個好買賣，同時還是一種高品質、方便、靈活、個人化的運輸模式。

同時，人們可能沒有意識到駕駛客車運輸的真實成本。他們在做決定時通常是基於這樣一個假設：車輛的價格是一個已支付成本──「反正我都要擁有一輛小客車，而且使用它只增加一點開支。」很少司機在決定運輸時會把每英里的小客車擁有成本考慮在內。

旅客運輸服務水平變數

我們現在把關於服務水平變數的討論從小客車模式推廣到一般旅客運輸。

平均旅行時間，旅行時間可靠性

與貨物運輸一樣，平均旅行時間和旅行時間可靠性對旅客運輸的模式選擇也很重要。但通常旅客運輸的情形要比貨物運輸複雜。

時間價值

目前專業學者已經做了大量關於「時間價值」概念以及在設計運輸系統時如何計算時間價值方面的研究工作，還出版了相應的學術論文。基本上所有主要運輸工程項目都是以時間節約為基礎的。因此，我們該如何對這些時間的節約進行評估？

如果某人由於運輸基礎設施的改進而能夠提早 5 分鐘到達上班地點，這裡產生的經濟效益該如何計算？我們如何計算這節約的 5 分鐘對於個人和社會的價值？這是一個非常複雜的問題。人們已經採用各種不同的替代值，如小時工資率（通常要乘以一個小於 1 的調整係數）。我們應如何計算一個旅客運輸系統總的節約時間？把每個人少量節約時間與數字龐大的旅客流量相乘，並且估計這些節約時間對社會和個人的價值嗎？

節約時間的集計

在貨物運輸的庫存模型裡，實質上我們是把貨物的運輸時間映射到貨物的物流成本上。但對旅客來說，時間的價值更加複雜。我們不僅很難估算出時間價值的單位成本價值，而且還很難確定節約的時間要達到多大才會真正產生影響。如果 1,000 個進入 2 號公路的旅客都可以節約 1 分鐘——那就是 1,000 分鐘，但是我們可以簡單地把公路上每個人 1 分鐘的時間價值乘上 1,000，然後把這個數值作為節約時間的總經濟價值嗎？可以說，從純經濟學的角度來說，這是合理的，但是，要知道 1 分鐘的時間，甚至 5 分鐘的時間，對任何人的生活恐怕都不會帶來太大的變化。因此，對單個旅客來說，要節約多少時間才能對他（或她）產生影響呢？

因此，對存在大流量的旅客，而每個旅客的時間節約又非常少的情況下，我們應如何對時間價值進行集計，並且判斷這些節約的時間對決策是否有意義？

同樣，在旅客運輸中，對旅客的運輸時間的「可靠性」或者變化性進行評估也是一個很複雜的問題。在貨物運輸中，我們從庫存理論出發，利用運輸時間的變化性估計貨物脫銷的概率，但是在旅客運輸中，我們不能進行直接的模擬。

其他服務水平變數：旅行費用

旅客運輸中還有其他服務水平變數，如運輸費用。這裡，客車運輸模式的費用可能是很複雜的。其中既包括現款支付的費用，如汽油費。還包括一些不大隨旅行次數變化或者根本不變化的固定成本，如客車的擁有成本。人們通常把這些固定費用視為「已支付成本」。當他們把客車運輸模式與其他運輸模式比較時，他們把客車擁有成本視為零。實際上，擁有成本的影響可能比較大。一旦你擁有了一輛小客車，你就有經濟動機想去使用它。而其他運輸模式的費用相對簡單和直接。你做一次航空運輸的費用是多少？乘坐公車的票價是多少？

運輸班次

另一個服務水平變數是運輸班次。根據具體情況，這個變數可以直接或間接映射到某種等待時間變數。客車運輸模式的一大優點就是它實質上有無限大的運輸班次。

等待時間

有時候等待時間可能是一個很難把握的服務水平變數。比如一個旅客正在趕每小時從波士頓飛往華盛頓的飛機航班。如果我們假設旅客們不顧航班時刻表而均勻到達飛機場，從而得出旅客平均等待時間為半小時，這是不合理的。人們通常會根據已知的飛機起飛時刻來安排抵達機場的時間。一般認為一個 15-20 分鐘的平均等待時間就很可能是合理的。但另一方面，對每 5 分鐘一個班次的公車來說，我們認為一個平均等待時間為 2.5 分鐘的假設很可能是合理的；因為與每小時出發的班次的情形不同，一般人們不會為每 5 分鐘出發的公車班次調整自己的時間安排。

我們還需要注意的是，在航空運輸中，飛行班次比等待時間更為重要。很明顯，這裡包含了一個便利性因素。如果在兩個都市之間同時有兩個航空公司提供服務，那每日提供較多航班的公司被認為比較便利──「如果我誤了晚上 6 點的航班，我可以等晚上 7 點的航班。」而不是「如果我誤了晚上 6 點的航班，我將不得不在機場待到晚上 8 點

55 分。」經驗資料表明，在航空運輸中，飛行班次較多的航空公司占有的市場份額也比較大。

舒適度

廣義上的舒適度是一個重要的旅客運輸服務水平變數。比如說在公車上是否安裝空調？列車上的食物是否可口？在自己的小客車上邊駕車邊聆聽 Linda Ronstadt 的磁帶的感覺如何？

安全與保障

安全與保障是旅客運輸兩個重要的服務水平變數。安全是指事故發生的概率以及事故的後果。保障是指小客車車輛故障事故及公共運輸系統的事故存檔。人們對旅客運輸的安全有不同的反應。雖然乘坐在飛機上的旅客面臨的危險性遠比乘坐在小客車內的旅客要低——整個飛行過程中最危險的時期是飛機在機場降落的時候——但人們的感覺並不是這樣。在他們的小客車裡，他們控制著小客車。但在飛機上，他們處於一種被動狀態。實際上，如果每個駕駛員都能時刻保持清醒，那麼客車運輸的安全性將大大增加！

模糊變數

此外，旅客運輸中還包含許多用語言難以描述的服務水平變數——一些人喜歡駕駛小客車。炫耀性消費和社會地位有著重要影響。但是，不管這些變數多麼難以量化，在進行建模時都不能將它們排除掉。

旅行模式選擇

上面是一個合理的旅客運輸服務水平變數集合。現在，有了這些服務水平變數，讓我們考慮人們旅行模式的選擇問題。旅客運輸中的模式選擇與人們的旅行目的及他們可獲得的備選模式有著密切關係。

旅行目的

人們的旅行目的一般可劃分為如下幾類：

- 工作；

● 購物；

● 教育；

● 娛樂；

● 個人事務。

經驗資料表明，旅行目的不同，人們的旅行模式選擇也會不一樣。旅行模式的選擇與旅行目的緊密相關。

備選模式

下面，我們考慮人們旅行的備選模式。旅行的備選模式依賴於旅行的起點和終點；你不可能選擇一個根本無法獲得的旅行模式。而土地使用模式限制了旅行模式的選擇。如我們不會在人口稀疏的懷俄明州建造地鐵系統。

人們的旅行備選模式包括私人小客車、計程車、公車、鐵路列車、班船、各種旅行模式的組合、自行車、步行等。我們還可以把客車旅行模式再細分為：單乘模式、共乘模式和上下班車輛合用模式。因此，人們有各種各樣的旅行備選模式，但你的備選旅行模式由你現在所處的位置和你想要到達的地點決定。

在對這些備選模式進行評價時，我們必須結合上面討論的旅客運輸服務水平變數進行考慮。但這裡我們還要意識到一點：一種旅行模式所提供的服務水平通常與這種模式的運具上已經承載的旅客數目有關。雖然你一個人所做出的旅行模式選擇只會對別的乘客的服務水平產生微小的影響。但是我們大家一起做出的旅行模式選擇會很大地影響某一種旅行模式的服務水平。這裡就涉及到運輸平衡的概念。當由於旅客數目增多，服務水平下降時，選擇此旅行模式的旅客就會減少。比如當公車上人滿為患，服務水平很低的時候，如果能夠的話，人們會儘量選擇其他的旅行模式。

不同個體的旅行模式選擇方式是不一樣的。在預測個體如何進行旅行模式選擇時，他的收入水平是一個關鍵變數。顯然，是否擁有小客車是一個臨界變數。同時，我們還要瞭解進行旅行模式選擇的個體所處的家庭或者生活群體的性質。家庭大小、家庭成員年齡、有工作的家庭成員數目以及他們的作息安排——所有這些變數都會對個體的旅行模式的選擇產生影響。

綜上所述，個體旅行的原因、他可獲得的旅行備選模式以及這些旅行模式的服務水平、個體特徵，包括生活作息安排，這些因素對個體旅行模式選擇都很重要。

我們經常見到公共宣傳勸說人們不要使用小客車而使用公共運輸系統上下班。他們說這樣對整個社會都有益,可改善空氣品質等等。但是如果外出上班的人們把小客車放在家裡,改乘公車上下班,留在家裡的人就會使用小客車,這時會出現有趣的副作用。因為雖然你成功地說服某些人使用公共運輸系統而不使用小客車上下班,但是你不能保證當他們在上班時,留在家裡的小客車會整天都待在車庫裡不被使用。相反地,一些留在家裡的人可以使用小客車,而且實際上,這時小客車的使用比人們使用它上下班時的使用還要頻繁。因此,當我們進行運輸系統分析時,必須要把家庭那部分也考慮在內。

決策的層次性

交通運輸決策在性質上是具有層次性的。一個人不會在每天早上醒來時都問自己:「我今天坐什麼車去上班呢?」在做這個決定時,人們會用比較長的時間,做比較系統全面的考慮。在 Ben-Akiva 和 Lerman 關於交通需求建模的教科書裡有關於這方面很好的論述[2]。他們認為運輸決策是一個分層次的過程;他們把人們在進行旅行和其他相關活動的決策過程描述為三類:長期、中期和短期。

長期選擇

有關旅行模式中的長期選擇把職業——我準備在哪裡工作;住所——與工作地點對應我將在哪裡居住——納入到人們做「戰略」考慮的判斷裡面。如果是購買了房子的話,人們通常至少會居住上幾年。如果租公寓居住的話,人們會在那裡住至少一年。但是,人們在轉換工作時總是從長遠考慮。

中期選擇

Ben-Akiva 和 Lerman 把是否擁有客車和上下班旅次模式選擇作為旅行決策中期選擇的考慮物件。在中期選擇裡,一些人會決定擁有一輛小客車,並且在大多數情況下會駕駛小客車上下班。

短期選擇

在旅行決策的短期選擇裡,人們會在某一天決定旅行的路徑。Ben-Akiva 和 Lerman 也把非工作旅行包含在短期選擇裡;也就是說,人們在購物或者其他不是上下班旅次的

非正式活動時所做的選擇。短期選擇包括旅行頻率，即你旅行的次數，還有旅行目的地的選擇。一些非工作旅行的模式選擇也屬於短期選擇，某種運輸模式的可獲得性——即小客車在家裡嗎？——可能會影響個體短期旅行模式的選擇。

　　這是一個很有用的理論框架，Ben-Akiva 和 Lerman 以及其他現場工作人員共同利用這個框架建立了一個運輸需求模型。這個理論框架的基本觀點是：在進行旅行模式選擇時，人們並不是立即做一個獨立的判斷；而需要對運輸需求建立模型，透過分層次地考慮長期、中期和短期的選擇才能做出每個旅行的決定。

參考文獻

1. Gakenheimer, R., "Urban Mobility in the Developing World," Transportation Research Part A33, Pergamon, 1999, pp. 671-689.

2. Ben-Akiva, M. and S. Lerman. *Discrete Choice Analysis: Theory and Application to Travel Demand*. Cambridge. MA: The MIT Press, 1985.

Chapter 24

智慧型運輸系統（ITS）

簡介[1]

在這章節裡我們介紹的是智慧型運輸系統（Intelligent Transportation System，簡稱 ITS）。智慧型運輸系統（ITS）把資訊系統、通訊技術、感測器技術以及先進的數學方法中的高科技和改良技術，與傳統的平面運輸基礎設施體系結合起來。這裡，除了技術和系統問題，也需要對有關體制機構的問題進行仔細處理。智慧型運輸系統（ITS）的實施需要強有力的領導作為一個聯合者，實現運輸系統、通訊系統和複合運輸系統在地區規模上的結合。

發展歷史

在 1986 年，美國運輸學術界人士、聯邦和各州的運輸官員以及私營公司的代表們組成團體，並舉行會議討論美國平面運輸系統的未來發展趨勢。促成這次會議召開有以下幾個關鍵因素。

首先，會議需要對新的聯邦運輸法案按計畫在 1991 年實施的運輸系統發展情形進行預見。會議預計此 1991 年運輸法案將是在繼「州際運輸系統」後的新運輸時代實施的第一個法案。而「州際運輸系統」，一個耗資 1,300 億美元的運輸專案，從 50 年代中期開始就一直是美國公路計畫最重要的組成部分。在 1991 年之前，此項目的大部分將完成。因此美國需要開發一個新的運輸系統發展藍圖。

雖然州際運輸系統在全國範圍內為貨物運輸和旅客運輸提供了前所未有的機動性，產生了很大的且大部分是正面的影響，但交通運輸的問題仍然存在。從 1986 年的角度來看，公路運輸延誤依然存在且日益嚴重。在許多大都市中心地區，交通高峰小時情況甚至延長到全天，而且交通安全問題依然存在，尤其是公路運輸安全。

同時，美國也關注交通運輸對環境產生的影響以及不同交通政策對能源的影響。平面運輸系統任何一個新的發展措施都不得不明確考慮環境和能源問題。

國家生產力和國際競爭力是另外兩個推動考慮平面運輸系統未來發展的因素，這兩者都與運輸系統的效率密切相關。早在 1986 年，美國主要的經濟競爭對手西歐和日本

---

[1] 此章節的部分內容節選自 "ITS: A short History and a Perspective on the Future," *Transportation Quarterly 75th Anniversary Special Issue*, ENO Transportation Foundation, Inc., Lansdowne, VA, December 1996, pp.115-125.

已經著手進行應用於先進的平面運輸系統的新技術的開發。他們利用資訊系統和通訊系統中高科技的概念為平面運輸系統的改革創造了有利條件。而這些將產生一系列重要的新興產業和市場，從而增強這些國家的競爭力。

此外，人們發覺交通擁堵、安全、環境以及生產力等問題的解決途徑將不得不從傳統的、單純依靠建造更多公路的方法之外去尋找。尤其在都市地區，建造額外公路的經濟、社會和政治代價太高了。因此，在 1986 年，此非正式團體認為美國正面臨了一個機遇和挑戰，其依據主要有以下幾點：

- 新的交通運輸法規的實施（未來 5 年）；
- 儘管已經在運輸系統進行了大量投資，美國目前仍在為持續的交通擁堵問題所困擾；
- 西歐國家和日本等美國競爭對手透過發展不同技術，提高了工業水平和生產力；
- 將來建造更多傳統公路的限制，尤其在都市地區。

此非正式團體後來發展成為 Mobility 2000——即美國運輸系統智慧型運輸系統協會（ITS America）的前身。美國運輸系統智慧型運輸系統協會（ITS American）的主要職責是為美國交通部提供建議及更新 ITS 的發展議程。

概念的實質很簡單：就是把快速發展的高科技與傳統的平面運輸基礎設施緊密結合起來。其中技術部分包括資訊系統、通訊技術、感測器技術以及先進的數學方法。這個概念就是利用先進的科技提供傳統公路無法解決的更多的運輸能力，透過技術提高和對人性因素理解的加深來改善交通安全。此外，還可以透過先進的運營研究方法為旅行者提供旅行方式的選擇方案及控制運輸系統的運行。

Mobility 2000 的預想被稱為智慧車輛—公路系統（IVHS），後來漸漸演變成現在的智慧型運輸系統（ITS）。ITS 只是在整個人類發展歷史中一直存在的現象——把運輸系統和技術結合——的又一個例子。在本世紀初期，建造和製造業的革新使得現在的運輸系統成為可能。

ITS 四大技術

智慧型運輸系統四大技術是當前適合交通問題的新的一輪技術革新。這些技術主要有以下功能：

1. 透過路邊設施和全球定位系統（GPS），對在基礎設施中運行的車輛或貨物進行

定位和識別；

2.更經濟、快速地進行大量資料的**通訊**（即資料傳輸）；

3.利用先進資訊技術，處理大量資訊；

4.合理利用這些資訊，即時地得出更優的交通路網運行方案，利用線性代數和數學方法開發路網控制和優化策略。

這些技術使得我們在解決交通運輸問題時，能從整個道路／車輛系統的角度著手考慮問題，而不是從單個系統組成部分的角度著手。

ISTEA

1991 年 12 月，美國的複合平面運輸效率化法案（Intermodal Surface Transportation Efficiency Act, ISTEA）開始實施。此法案的目的是「……開發一個在經濟上完善的全國複合運輸系統，為國家在全球經濟中提高競爭力以及實現高效節能的旅客運輸和貨物運輸奠定基礎。」

與 1986 年的預想一樣，智慧型運輸系統（ITS）是複合平面運輸效率化法案（ISTEA）不可缺少的一部分。複合平面運輸效率化法案（ISTEA）調撥了 66 億美元支援智慧型運輸系統的研究、開發和運行測試。再加上聯邦政府、州政府，地方以及私營部門的其他投資，智慧型運輸系統（ITS）將是一個龐大的項目計畫。

戰略規劃

1992 年 12 月，美國智慧車輛－公路系統協會（IVHS America，即現在的 ITS America）向美國 DOT 遞交了一份「美國智慧車輛道路系統戰略規劃」，作為美國未來 20 年 ITS 研究、開發、運行測試和部署的藍圖[1]。

戰略規劃中對 ITS 的發展遠景闡述如下：

● 一個在全美範圍內一貫的和有效運行的國家系統，其職能是促進安全、有序和快速的旅客運輸和貨物運輸。這裡，IVHS America 已經認識到要從複合運輸系統的角度考慮提高旅客運輸與貨物運輸的機動性。

● 一個與運營改良後的公路能平穩相互作用的、高效的公共運輸系統。規劃裡提到，ITS 不能僅僅考慮提高單個乘載率車輛（SOV）的交通服務水平。

● 一個充滿活力的滿足國內和國際需求的 ITS 產業。規劃特別指出，在未來 20 年

裡，美國國內市場對 ITS 硬體、軟體和服務產品的需求量將達到 2,300 億美元。由此推測，在未來 20 年裡，國際市場對 ITS 產品的需求量很可能達到一萬億美元，私營企業很可能對這一市場進行投資。

技術、體系和機構

此戰略規劃集中討論了 ITS 的技術、體系和機構三個方面。首先，我們擁有技術，技術的發展與融合將推動 ITS 不斷向前發展。其次，我們有體系，技術要融入到體系中，ITS 才能運行。第三，我們有許多相關組織機構，ITS 團體在發展公共和私人關係時，以及與政府進行不同層次的相互合作時所面臨的挑戰。同時，第三個方面也包括當前各 ITS 團體所面臨的教育難題以及在 ITS 舞台上成功所必須進行的組織改革難題。人們已經認識到雖然技術和體系在 ITS 的發展過程中很重要，許多的機構和組織問題也相當複雜。

戰略規劃中還認為運輸／資訊的基礎結構是概念上的一個重要突破。換句話說，它承認把電腦、通訊和傳感科學中的新技術融入到運輸系統的傳統基礎設施中，能夠在運輸世界裡創造出一些全新的東西。

ITS 的主要應用領域

智慧型運輸系統（ITS）可以劃分為六個主要應用領域。

先進的運輸管理系統（ATMS）

先進的運輸管理系統（ATMS）就是把道路不同功能的管理結合起來。它能預測交通擁堵，為通過車輛提供備選路徑指示，從而提高公路網的效率和保持高乘載率車輛的優先權。先進的運輸管理系統（ATMS）對即時交通資料進行收集、利用和傳播，並進一步為通過車輛的司機提供備選路徑以改善路網的運行狀況。動態運輸控制系統將對不同管區不斷變化的交通情況即時回應（如透過引導司機繞過事故發生地點）。下面是幾個重要的 ATMS 概念。

事故管理

　　先進的運輸管理系統（ATMS）的首要概念是「交通事故管理」。我們希望能減少路網中臨時性的交通擁堵，即那些由事件或事故引起的而不是由高峰小時引起的擁堵。很明顯，如果能夠對路網中的交通事故進行識別和定位並且快速地對它們進行處理，那麼由於擁堵引起的交通延誤將大大降低。利用路網中即時測量各處車輛速度的技術，就可以根據不同速度明顯特徵進行事故識別和定位。

　　在一些大都市裡，整個路網上的交通警察和電視攝像機數量都有限，但是路網長達幾百英里，路網上行駛了成千上萬的車輛。快速的對事故進行「定位和消除」，說起來彷彿很容易。但交通事故在哪裡？應如何部署緊急事故車才能最快速的清除交通事故？透過在道路地面下埋置感應器，我們能測量整個路網的車輛運行速度，實現即時交通事件定位。因此，用於監視路網車流使人們能即時進行運輸管理的ITS技術，也可以應用在更專業的事故探測領域中。

　　ITS是一個啟動技術。我們在適當的地點安裝了某一用途的技術設備——控制路網運行——結果，我們就能夠對交通事件或交通事故進行識別。

　　發現交通事故，即使不能快速地將它清除，對我們也是有幫助的。因為至少我們可以通知旅行者並對他們進行路徑引導，比如透過改變路邊可變資訊板。

電子收費和運輸管理（ETTM）

　　先進的運輸管理系統（ATMS）中另一個有價值的概念是「電子收費和運輸管理」（ETTM）。電子收費和運輸管理的基本方法是利用路邊設備對單個車輛進行探測和識別，這些路邊設備透過感應裝在車輛擋風玻璃上的轉發器發出的資訊，可以對相應帳戶進行收費處理；這樣，車輛就實現了電子形式的收費而不必再停車交費。這裡，收費的概念是指一輛車可以以每小時 50、60、70 英里的速度行駛，並且自動完成收費過程。這樣，無論對車輛自身，還是整個路網都減少了交通擁堵。

再論擁擠定價

　　在討論擁擠定價之前讓我們概括一下它的概念。如果能實現不停車即時收費，那麼我們就可以靈活選擇是在戰術上還是在戰略上對交通路網進行控制。一旦擁有了電子收

費和運輸管理（ETTM）系統，我們就可以對車輛的收費價格進行調整，比如根據不同時段改變車輛的收費價格。這樣，我們就實現了在非高峰小時進行低收費或不收費，而在高峰小時進行高收費的運營方式。

這就是我們在電梯系統中討論的擁擠定價問題。在 9 點時，每個人都想乘電梯上班，從而引起電梯高峰負載，解決的方法是對高峰小時乘坐電梯的人收取較高的費用，對非高峰小時乘坐電梯的人較低的費用。

運輸經濟學家對這種經濟結構已經討論了近半個世紀，而且這種方法已在別的領域裡實施多年。例如，在能源行業和電信行業中早已廣泛採用這種收費方式。

現在，透過智慧型運輸系統（ITS）和電子收費和運輸管理（ETTM）系統，我們能夠透過調整收費定價來控制路網運輸需求量。就目前實際運營水平看，公路運輸中這方面的能力還很有限。現在，由於能透過電子收費和運輸管理（ETTM）系統即時改變收費價格，我們就能夠實施擁擠定價措施。美國的傳統觀念是：任何人可以在任何時候到任何地方去，除了他（她）自己由於擁堵消耗的費用以外，不再應該有其他附加費用。如果你想在最不利的時間點進入市區，這是你的自由。你所要做的是準備花費一小時而不是半小時而且承擔額外耗費的汽油費。當然，從經濟學的角度來看，這個司機並沒有承擔任何外部的影響——由於他的車輛的加入使得路上每輛車的運輸時間都被延長，以及由於他的車輛所引起的環境影響（同樣，所有別的車輛也會引起額外的環境影響）。而擁擠定價可以成為一種調控手段，讓司機為這些外部的影響付費，從而促進了從整個社會的角度來說比較好的交通行為。

路網控制哲學

ITS 讓我們得以重新審視那種提倡運輸完全自由的機動性哲學，並提出路網控制的問題。我們可以設想透過定價來實現路網控制，亦即，透過價格來表明我們引導某種交通行為。

從政治的角度來考察路網控制的發展是很有意思的，因為它實在是一般運輸系統，尤其是公路系統的運行哲學的根本轉變。路網擁擠定價的方法，雖然在經濟上是合理的，但在政治上很可能不被美國政府採納。

先進的旅行者資訊系統（ATIS）

先進的旅行者資訊系統（ATIS）將在車輛裡、家中、運輸轉換站或者工作地點為旅行者提供交通資訊和資料。它所提供的資訊包括：交通事故發生地點、交通天氣狀況、道路交通情況、最佳路徑、車道使用限制以及各種車內顯示板資訊。先進的旅行者資訊系統（ATIS）的服務物件可以是司機、乘客，甚至是臨出門的人，ATIS 可以幫助他們決定選擇哪一種旅行模式。這裡，ATIS 還包括車輛在故障不能行駛時，能進行呼救的緊急呼救系統。

先進的車輛控制系統（AVCS）

先進的車輛控制系統（AVCS）可以增強司機對車輛的控制，從而提高旅行的安全性和效率。先進的車輛控制系統（AVCS）包括廣泛的概念，有的在短期內可能實現而有的需要長期才能實現。從短期的角度看，智慧巡航控制——車輛能自動根據前一輛車對車輛速度進行速度調整——是 AVCS 的一個實例。

AVCS 中更一般的例子有：碰撞預警系統，它將警告司機可能即將發生的碰撞事故，如車輛與路邊障礙物大碰撞。在更先進的系統裡，車輛可以自動進行刹車或拐彎避讓以防止碰撞發生。這些系統都能對車輛進行自動控制，可以改善安全和減少事故引起的交通擁堵，能帶來很大的社會和經濟效益。在美國，這些技術被稱為智慧車輛創新（IVI）。

從長遠的角度看，AVCS 的概念將更偏重於能將道路通過能力提高 5-10 倍的車輛控制系統。這個概念被稱為「自動公路系統」（AHS）。在 AHS 系統的自動控制下，在一個專門車道上的所有車輛將形成一個密集的車隊，以正常的公路行駛速度前進。

ATMS 和 ATIS 已經在都市和鄉村地區得到應用。AVCS，尤其是 AHS 是預想的長期計畫；實際上，AHS 已經獲得了技術上的成就，但是由於成本太高，在政治方面、證明效果方面和前面提到的長期方面遇到困難[2]。

---

[2] 實際上，在 1998 年，TEA-21，美國 21 世紀運輸效率法案（the Transportation Efficiency Act for the 21st century）已削減了 AHS 的大部分資金。

表 24.1　ITS 六個子系統總結

		特徵
ATMS	先進的運輸管理系統	路網管理，包括：事故管理，交通信號控制，電子收費系統，擁堵預測和減輕路網擁堵的策略。
ATIS	先進的旅行者資訊系統	為旅行前和在途旅行者提供信息服務。ATMS 可協助提供一些即時的路網資訊。
AVCS	先進的車輛控制系統	一整套增強司機對車輛的控制和車輛安全的技術。此系統可以升級到自動公路系統（AHS），在 AHS 中，司機把車輛所有的控制交給系統。
CVO	商用車輛運營	提高商用車隊的生產力的一整套技術，其中包括：車輛自動稱重，預清算程式，電子記錄簿及州際協作。
APTS	先進的公共運輸系統	公交乘客資訊系統和改善公共運輸系統運營的技術。其中包括：車費收取、不同線路和不同運輸模式之間的換乘，車輛調度，以及發車間隔控制。
ARTS	先進的鄉村運輸系統	主要是運輸安全和保障技術（如緊急呼救系統），用於居住人口少的區域。

商用車輛運營（CVO）

在商用車輛運營（CVO）領域，一些私營運輸企業如貨運、篷車以及計程車公司都已經採用 ITS 技術來提高生產力和運營效率了。商用車輛運營（CVO）中包括一些概念如：車輛動態稱重（WIM）、貨車跨越州邊界預清算；車隊管理中的自動車輛定位；以及在途貨物安全監測設備。由於該領域能產生直接的和最基本的效益，CVO 被證明是 ITS 最前瞻的應用領域。同樣，由於對生產力的貢獻，一些技術如「電子收費和運輸管理」（ETTM）在商用車隊裡也有著特殊的價值。

先進的公共運輸系統（APTS）

先進的公共運輸系統（APTS）能夠採用我們介紹的上述 ITS 技術，從而大大提高公共運輸乘客的資訊可獲得性，還可以對車費收取、公共運輸車輛調度、不同公共運輸

線路及不同運輸模式之間的銜接以及車隊的利用等方面進行較大改善。

先進的鄉村運輸系統（ARTS）

如何把ITS技術應用到交通密度相對低的鄉村地區是許多偏遠地區政府正在嘗試的挑戰。先進的鄉村運輸系統（ARTS）主要的動機是安全問題而不是擁堵問題。在先進的鄉村運輸系統（ARTS）中，防止個別車輛的偏離道路事故是系統的一個目標。在這種情況下，呼救系統顯得特別重要。

表24.1是ITS子系統總結。

廣泛的系統方法

ITS代表了交通運輸中廣泛的系統方法。ATMS代表了全面的路網管理方法；ATIS代表了向旅行者提供資訊服務；AVCS則代表了應用於車輛和基礎設施的新控制水平的技術。ITS 在都市和鄉村中的應用還包括：公共運輸、商用車輛和個性化公路—車輛（personal highway vehicle）。

ITS中許多需要考慮的重要技術問題，其中包括如何將不同的硬體和軟體概念融入到現實的運輸路網中。但是，很少技術需要進行「重大突破」。

機構問題

如果要實現對ITS的成功部署，除了技術和體系的問題外，我們還要解決同樣重要的機構問題。下面我們討論一些這方面的問題。

公共—私人合作關係

ITS部署的基本問題是發展公共—私人合作關係的必要性。這裡，我們可以將ITS與美國20世紀最大的運輸工程計畫——「州際運輸系統」進行對比。「州際運輸系統」的特徵是它是一個政府工程——工程建設完全由政府公共部門出資，系統的重大決策也由公共部門決定。

而ITS一方面需要公共部門進行基礎設施的部署，另一方面又需要私人方面安裝相應的車載設備。因此，ITS的特徵是政府工程與消費產品相結合的系統。基礎設施中的

軟硬體必須與私人車載設施的軟硬體互相相容。

　　雖然 ATMS（即基礎設施）和 ATIS（即車載設備）在單獨運行時效果都很好，但研究人員認為，如果兩個系統能協調運行，效果要比兩個系統單獨運行的效果之和還要好。因此，為使系統的運行最優，我們必須在 ATMS 和 ATIS 之間進行協調和相容。這要求政府部門和私營企業的密切合作。在美國，以往這種政府與私營企業的合作力度都不是很強。因此，在 ITS 的研究、開發、測試和部署過程中，我們會遇到一系列機構方面的難題。

組織改革

　　第二個機構問題是由 ITS 帶來的組織改革的必要性。如幾十年來，美國各州的交通局的技術基礎一直是傳統的土木工程技術。公路的建造和維護是各州交通局的特權，實際上，他們也建造了舉世無雙的公路網系統。

　　但是，隨著社會、政治和經濟對修建更多公路的限制以及智慧型運輸系統（ITS）的出現，一切都隨著改變。現在，各州交通局需要關注的是電子技術、資訊系統、通訊和傳感技術而不是傳統的土木工程技術如結構、材料、土力學工程、以及專案管理。各州交通局在強調建造和維護的同時也要重視公路網系統的運營。

　　對於這些公共運輸部門而言，這是一個根本的轉變。為了使 ITS 能在美國成功部署，這些部門將不得不與私人機構一樣，在未來幾十年裡進行艱難的轉變，以完成這個歷史性使命。公共部門和有關的私營企業都需要吸收大量全新的專業人員。而且，這些組織的基本使命也要隨之發生轉變。

　　有趣的是，在美國州際運輸系統的最後幾個主要專案之一——麻薩諸塞州、波士頓市的中央幹線／隧道工程中，ITS 起了重要的作用。專案的承造人——Bechtel/Parsons 公司，投入大量的人力物力去瞭解和開發能與傳統基礎設施的發展互相結合應用的 ITS 系統，以保證這個投資浩大的工程（100 億美元）能實際生效。Bechtel/Parsons 公司與麻薩諸塞州政府、麻省理工大學、麻省理工大學林肯實驗室合作，共同致力於運輸控制中心、交通有效路徑演算法，以及有效交通監測和事故探測的路邊基礎設施等的研究和開發。

　　這件事具有很強的象徵意義。一個大型國際建築財團在建造浩大的州際運輸系統後期專案時，集中於 ITS 技術以保證完成後的工程能有效地運作。

運輸與變化

把運輸系統的傳統基礎設施建設與資訊系統技術、通訊技術、傳感技術，以及先進的數學方法結合起來，服務於旅客和貨物的移動是概念上的一個重大的突破。我們不可能從一開始就預見這個運輸／資訊基礎設施的發展所帶來的所有變化（其中可能包括正面和負面的）。

州際運輸系統帶來的變化

先讓我們考察一下州際運輸系統——一個自 1956 年開始，共耗資 1,300 億美元的工程計畫，所帶來的變化。州際運輸系統可以看成是傳統公路系統進行的同種性質的擴展。雖然州際運輸系統在路網規模和通過能力上有很大提高，但它仍然是傳統公路在同種性質的擴展。即使這樣，我們還是很難預計它實施後會產生什麼樣的結果。例如：

- 都市間公路貨物運輸的急劇增加，給鐵路貨物運輸帶來經濟衝擊，因為鐵路失去了大部分高價值貨物運輸的市場份額。而這又進而導致了鐵路系統的公共部門與私營企業在 1980 年重新定義了他們在貨物運輸中的基本關係，大大縮小了政府對鐵路運輸的干預範圍。

- 州際運輸系統為美國各個都市之間以及進入都市的交通運輸產生了前所未有的機動性，並由此產生了區域運輸的概念，同時還產生了相應的對整個區域範圍進行分析和設計的全新的規劃方法（如大都市規劃組織，Metropolitan Planning Organization [MPOs]）。

- 州際運輸系統還包括大都市周圍地帶的發展，產生了一種與公共運輸服務能力非常不相符的發展模式，而且，正如一些作家如 Joel Garreau 所描述的一樣，邊緣都市的發展，產生了一種完全新型的都市結構。

- 州際運輸系給戰後經濟發展注入了活力，給美國帶來了一段前所未有的經濟繁榮期。

- 州際運輸系統也導致了都市地區對公路建造的強烈反對，而且在政治上導致了支持公路建造和不支持黨派的兩極分化，這已成為美國運輸政治上的一個事實。

以上各點都是由於公路運輸系統進行了同種性質的擴展而產生的結果。

ITS 帶來的變化

關於 ITS 所帶來的變化，目前我們已經知道：

- 供應鏈管理對物流進行了重新定義，現代物流概念把庫存管理與運輸以全新的方法聯繫起來。
- 許多已往從未涉足過運輸領域的組織也令人注目地參與平面運輸系統，如美國國家級實驗室和航太公司。
- ITS 也正在給學術界帶來變化，新的聯盟和新的學術計畫開始形成，學校的師資開始參與 ITS 的教育和研究。
- 各個公共部門機構之間建立了新的橫向聯繫，以保證整個區域及交通走廊級的運輸系統能成功部署。

ITS 所帶來的這些影響已經發生而且僅僅是個開端。我們不能預見 ITS 帶來的所有變化。ITS 中的啟動技術──運輸／資訊基礎設施──能夠而且將產生深遠的影響。我們希望這些影響是正面的──提高路網可及性、促進經濟增長、改善生活品質、改進規劃資訊，以及複合運輸。但有一點我們可以肯定：這個新的運輸事業一定會產生我們未預見的影響（包括正面的和負面的）。

戰略規劃後的發展時期

ITS 團體在戰略規劃後的幾年裡一直都很繁忙。他們開發出了把戰略規劃轉變為具體短期行動的項目計畫。一個國家級的 ITS 體系結構已完成，區域智慧型運輸系統（ITS）體系結構的開發目前正在進行。美國交通部已經成立了一個聯合計專案辦公室（Joint Program Office）作為超越交通部下面各運輸模式專門管理部門的組織，負責解決 ITS 的研究、開發、測試和部署問題。美國運輸系統智慧型運輸系統協會（ITS America）繼續發展，目前成員已有超過 1,000 名。ITS 國際團體通過召開世界 ITS 會議（ITS World Congresses）在專業水平上進行合作。大會最初於 1994 年在巴黎召開，之後在亞洲、歐洲和北美洲每年召開一次。最近的一次會議是 1999 年在多倫多進行。2000 年，新千年第一次世界 ITS 代表大會將在杜林市召開。

ITS 的成果也正在展現。具有代表性的幾個是：新澤西州、康涅狄格州和紐約市的 TRANSCOM 系統，這是一個在這三個州交界地區提供先進的運輸管理系統（ATMS），先進的旅行者資訊系統（ATIS）和電子收費應用的 ITS 例子。波士頓市和

其他一些都市中的正在運營的 Smart Traveler 系統———一個有良好開端的先進的旅行者資訊系統。Houston 市的公共運輸系統是另一個 ITS 部署的例子，此系統正在給 Houston 地區的運輸供給服務帶來品質和數量上的變化。西歐國家和日本也正在積極進行 ITS 部署。

私人機構也有持續積極的 ITS 計畫。由於通訊技術和電子地圖技術的重大創新的支持，美國與海外的汽車製造商都正在銷售先進的旅行車資訊系統。

不同公共機構之間的合作也是 ITS 運動的一個特點。商用車輛運營的創新如 HELP 和 Advantage I-75，就包括了許多公共轄區和私營公路運輸公司的共同努力。I-95 聯盟（I-95 Coalition）在 ITS 領域中的合作從 New England 地區一直伸展到 Virginia 地區。

現在，人們正在努力讓 ITS 成為包括貨物運輸和旅客運輸真正的複合運輸系統。如何利用 ITS 以加強公路—鐵路—遠洋貨物複合運輸的項目在計畫日程中具有很高的優先順序。

區域部署：戰略遠景

ITS 領域未來的焦點無疑是如何進行部署。ITS 領域現在的重點是研究、開發和運營測試，並把成果應用到常規的實踐中。而如何最佳地開發部署日程是目前各 ITS 團體熱烈討論的問題 [3]。

有人認為 ITS 最佳的發展方法是集中於區域範圍，把區域作為經濟競爭的關鍵單元。此觀點的基礎是 ITS 使得區域範圍的運輸控制戰略成為可能。我們常常提到「競爭區域」這個詞。哈佛工商學院的 Rosabeth Moss Kanter [4] 在他的著作中強調了「亞國家」的區域單元將在生產力和生活品質上進行經濟競爭的觀點。（現在，「區域運輸體系結構」正受到大量關注，它的開發與國家 ITS 體系結構的開發保持一致，以此來保證在全國範圍內能實現系統之間的互操作 [5]。）

這種區域運輸系統的概念可以與另外兩個概念結合。首先，ITS 與新生的國家資訊基礎結構（National Information Infrastructure, NII）———一個在規模、範圍和功能上都空前的通訊網路———存在天然的合作關係，這對兩個系統的部署都很有益。其次，貨物和旅客的複合運輸的強大發展趨勢為 ITS 技術提供了決定性的推動作用。而 ITS 中的資訊和通訊技術能幫助克服複合運輸系統中的不同運輸模式在交接時存在的弱點。

綜合以上觀點，我們可以得出：

ITS 的戰略遠景，可以看成是區域規模的運輸、通訊和複合運輸的綜合體。

當然，這只是一個預言。最後 ITS 到底能成為什麼，只有時間才能判斷。
下一章我們將回到路網的概念，並在最後與 ITS 中的路網概念聯繫起來。

參考文獻

1. *A Strategic Plan for IVHS in the United States*, ITS America, Washington, D. C., May 1992.

2. Garreau, J., *Edge City: Life on the New Frontier*, Doubleday, 1991.

3. Sussman, J. M., "ITS Deployment and the 'Competitive Region, '" ITS Quarterly, Spring 1996.

4. Kanter R. M., *World Class: Thriving Locally in the Global Economy*, New York: Simon & Schuster, 1995.

5. Sussman, J. M., "Regional ITS Architecture Consistency: What Should It Mean?, " *ITS Quarterly*, Fall 1999.

Chapter

都市運輸規劃過程與
即時路網控制

路網

單獨旅行個體在路網中做出的諸如：旅行距離、旅行目的地、旅行方式和旅行路徑等決定，都是從個人的角度出發的（貨物運輸也有類似的一些決定）。這些個體的決定對我們從行為學的角度來理解運輸的需求有非常重要的意義。但同時，我們也關心路網的行為——路網作為一個整體所表現的行為——包括從單獨個體的運輸選擇行為到理解整個路網的運行。路網中交通流的情況如何？路網提供的運輸服務水平如何？不同聯機和節點所需要的能力有多大？如何改善整個路網的運行？如何對路網進行即時控制？

我們需要把預測的旅行者的旅行選擇結果集計到整個路網的交通流和運行情況中。下面我們透過所謂的「都市運輸規劃過程」來描述在都市運輸經典的解決方法。

都市運輸規劃過程

都市運輸規劃過程的一開始是構建一個需要進行集計處理的網路。在進行這類分析時，我們先取一些地理區域，然後把它們集合成一個個「運輸小區」。對每個運輸小區，我們定義一個節點或重心，這些節點通常為小區的人口集聚中心或大型活動中心。然後，透過聯機把這些節點連起來就形成一個網路（見圖25.1）。然後，我們再把運輸路網（通常是多種運輸模式，包括小客車、公共汽車和軌道交通運輸等）載入到這個網路上。在載入過程中，我們需要進行一些判斷，除了確定各小區的重心以外，可能需要增加一些虛節點，才能反映出交通路網的拓撲結構（見圖25.2）。通常，我們儘量讓這些小區在土地使用和經濟特點上保持同質。每個小區都能產生和吸引旅次。

圖 25.1 由運輸小區構造網路

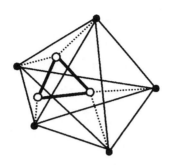

圖 25.2　運輸小區的重心節點和虛節點

確定小區的數目和大小

　　運輸小區的數目和大小確定涉及到建模的一個基本權衡問題。我們可以選擇面積較大和數目相對較少的交通小區劃分標準，這樣，路網的分析就變得比較容易，因為小區的數目少，形成的路網也就相應簡單。此外，我們也可以選擇面積較小和數目相對較多的運輸小區劃分標準，這樣，小區中個體的特點將更加一致；但這就導致路網太複雜，以至我們不能對其進行有效分析。不管選擇哪一個方式，我們都必須進行一定的集計處理。

　　在這個過程中，我們可以採用實踐已有至少 60 年歷史的「四階段法」對路網運輸行為進行建模。

旅次生成

　　首先是旅次生成階段──人們決定是否旅行。

旅次分配

　　第二步是旅次分配階段──一旦人們決定了是否旅行，旅行的目的地是哪裡？

模式分擔

　　第三階段是模式分擔或有時候也叫模式選擇──人們是如何在可獲得的旅行模式中──小客車、快速軌道交通、公共汽車等──分離開的？

路徑分配

第四階段是進行路徑分配——對每種旅行模式，單個旅行者選擇的路徑是什麼？

首先我們假定每個運輸小區都具有一些旅次生成特徵。運輸小區產生的旅次數目可作為小區內土地使用和人口統計特徵的某個函數。同樣，每個運輸小區也具有一些吸引旅次的特徵，它們決定了小區所吸引的旅次數目。比如某個運輸小區內有許多就業機會（即旅行目的地），那麼這個小區的旅次吸引力就大。在「四階段法」中的旅次生成和分配階段就是估計路網中交通小區 i 到交通小區 j 的旅次數目有多少。一旦完成這一步，我們接著估計旅行者如何在可獲得的旅行模式中分離開的；最後，我們再把這些旅行者分配到從小區 i 到小區 j 的不同路徑上去。

現在我們仔細考察一下整個建模過程。為簡單起見，我們假設只有一種運輸模式，這樣就略過建模過程中「模式分擔」這一階段。然後，我們進一步假設所有節點對之間的旅次已經生成和分配完畢。這樣，我們可以用一個 OD 矩陣來表示所有節點對之間的旅次數目，其中第（i, j）個元素表示從節點 i 到節點 j 的旅次數目（見圖 25.3）。

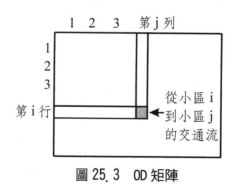

圖 25.3　OD 矩陣

我們現在進行路徑分配，首先對單個聯機上的運輸流量進行估計；這裡，我們想知道的是 OD 點對之間的旅次是如何分配到路網中不同路徑中去的。這個問題可以轉換成一個數學規劃問題，其中聯機的旅行時間是聯機上交通流量的函數——當聯機的交通流量接近它的能力時，服務水平將降低。下面我們介紹解決這個問題的用戶平衡方法。

用戶平衡

用戶平衡方法的基本觀點是：路網系統上的每個用戶都盡力使自己在系統中的旅行

最優化。在這裡,我們並沒有考慮路網的整體最優化,因此,不存在一個路網管理員考慮如何分配路網上的旅行者,使得路網的整體運行最佳。每個旅行者都依照微觀經濟學的方式,盡力使自己的旅行最優化而不考慮他人。當路網任意OD點對之間運輸流不為零的所有聯機的旅行時間都一樣時,路網就達到了用戶平衡,而運輸流為零的聯機的通過時間會比較長。

如我們考慮節點1到節點2的旅行(見圖25.4)。旅行者可以選擇從節點1直接到節點2;也可以選擇從節點1經過節點3再到達節點2。另一個可能的路徑是:節點1→節點4→節點3→節點2,當然,還有其他路徑。當從節點1到達節點2之間所有運輸流不為零的聯機的旅行時間都相等(如果那是唯一的OD點),而且所有沒有運輸流的聯機的旅行時間都比較長時,路網就達到了用戶平衡。簡單的說,就是當路網發生任何改變時沒有人能受益。

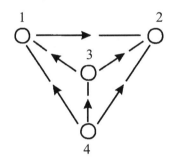

圖 25.4　節點對之間的交通流

當然,通常在路網中有許多或所有的節點對之間都有運輸流,而不僅僅是一對節點之間,這時需要所有節點對都滿足上述的條件才能達到路網用戶平衡。

正如我們上面所提到的,路網用戶平衡問題可以轉換成數學規劃問題,得到的解是各個聯機上的交通流量。這裡我們不詳細描述公式。第五章簡要介紹了一種叫增量分配的數值解法。

系統平衡

首先,我們需要把用戶平衡與系統平衡進行區分。設想我們對整個路網中的運輸流進行組織,從而使整個路網的運行成本達到最低,而不是讓路網中每個人只按照自己的

利益旅行。

假設這個路網的總運行成本函數是每條連線的通過成本乘以這條連線上的交通流所得的積的總和。這些連線上的交通流可能包含幾個不同 OD 點的旅次。我們假設 C_{kl} 是聯機 $k-l$ 的通過成本，F_{kl} 是聯機 $k-l$ 上的交通流量（見圖 25.5）。

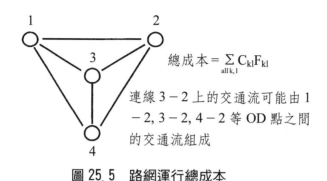

總成本 $= \sum\limits_{all\,k,l} C_{kl}F_{kl}$

連線 $3-2$ 上的交通流可能由 $1-2, 3-2, 4-2$ 等 OD 點之間的交通流組成

圖 25.5　路網運行總成本

現在我們對路網上的交通流進行組織，使得整個路網總的運行成本最優，而不是每個旅行者各自的旅行達到最優。這就是系統平衡方法。如果在運行一個交通路網，當你能夠對路網中所有的車輛進行控制時，你不會對所有的車輛說：「選擇你自己的最佳路徑」，而是想出一個系統最佳的路徑來對下面的公式進行最小化：

$$\text{Min}C_T = \sum\limits_{all\,k,l} C_{kl}F_{kl}$$

這裡，連線通過成本 C_{kl} 是連線運輸流 F_{kl}（也叫流量）的某個函數。通常，通過連線的成本就是旅行時間與一個代表時間價值的常數的乘積。旅行時間會隨著連線流量的增大而延長。可以發現，系統達到平衡時的路網成本最優值 C_T 總是小於或等於用戶達到平衡時的路網成本最優值。

路網規劃

以上這些分析方法在路網規劃中能起什麼作用？當我們想盡力滿足運輸需求或者更有效的提供運輸服務時，可以透過它們瞭解路網改變後會產生什麼結果。比如利用這種公式，我們可以確定需要進行改造升級的道路連線。對聯機進行升級後，由於它對應某

個流量的旅行時間減少了，它的通過成本就降低了。

因此，在進行路網規劃時，你可以考察現有的路網並對地區運輸的戰略投資進行判斷。如何才能達到最佳的投資效益？是在這裡加一條車道，或者對此連線進行更有效的維護，還是對瓶頸橋樑進行改造？

這樣，我們就可以利用路網模型進行試驗；增加某一條（或某幾條）連線的通過能力，看一下路網的交通流會發生什麼變化。投資與效益是否合理？我們還可以對其他可能方案進行試驗，從而找出最佳的資源分配方法。

但要知道我們上面討論的只是路徑分配問題——如何把OD流分配到路網的各個路徑上？下面是四階段法的完整分析過程。它要對以下問題依次進行估計：

1. 一個小區將產生多少旅次；

2. 人們的目的地在哪裡（哪些小區是旅次吸引點）；

3. 旅行者在不同交通模式之間如何進行選擇；

4. 路網上交通流是如何分配到的道路和連線的。

到目前為止，我們只討論了四階段法的最後一步。如果做一個完整的路網分析，我們還需要考慮其他三個步驟，但這裡不再對它們進行討論。

路網與智慧型運輸系統（ITS）

目前，我們已經考慮了運輸的規劃——從戰略的角度考慮對一個交通路網進行資源配置和投資。現在我們再回顧一下智慧型運輸系統（ITS）。路網控制是智慧型運輸系統的一個重要元素。先進的運輸管理系統（ATMS）可以對路網進行即時管理。

即時路網管理

現在，我們不再討論把橋樑從 2 車道擴展到 4 車道，這是一個交通路網的戰略投資，方案的實施需要花費幾年的時間。

我們把ITS作為一種戰術上的控制機制，對運輸路網進行即時控制。我們現在關注的是今天早晨 8 點至 8 點 15 分這個時間段內路網的交通情況，以及在這個時間段內如何對路網進行有效的運行。

想一想在這個時間段內我們將準備做什麼。在進行規劃時，我們通常有一個OD矩陣，它可以是日交通流量的 OD 矩陣——即某一天，某一運輸模式從 O 點到 D 點的旅

次期望值，我們可能還有一個高峰小時 OD 矩陣，用於瞭解路網系統在高峰小時壓力最大時的運行情況。

為了能夠即時應用 ITS 技術，我們必須對路網運行情況有更精細的瞭解。如果我們需要在即時的情況下進行運輸分配，那我們可能每 15 分鐘就需要表示路網最新交通流情況的 OD 矩陣，而不是一天的 OD 矩陣或高峰小時的 OD 矩陣。你可能需要預測在 7 點至 7 點 15 分，7 點 15 分至 7 點 30 分，7 點 30 分至 7 點 45 分等時間段裡路網中所有節點對之間的交通流量。這樣，在原則上，只要有隨時間變化的 OD 矩陣和路網分配技術，你就能夠進行即時預測。而且，只要有 ITS 提供的即時資訊，你還可能做出即時控制決定，對路網中的運輸流進行優化。我們還有各種策略對運輸流進行一定程度的控制，如：改變車道的速度限制、改變匝道控制、由可變資訊板或者車內顯示板提供路徑指示、改變運輸控制信號燈等。

目前我們已經討論了二種使用路網框架的方法。一種是傾向路網規劃，屬於戰略性質的；另一種是傾向路網運行，屬於戰術性質的；這二種方法都是基於同一個基本路網方法。

戰術性問題的難點

有關路網控制的戰術性問題非常難解決。運輸系統的動態路網平衡問題一直是一個重要的學術研究領域。全世界有不少專家致力於動態運輸規劃和擁堵即時預測問題。

為什麼動態路網平衡問題會如此受人們關注？它一直是一個有趣的數學問題，但現在，由於 ITS 技術使得我們能夠即時監視交通流，從而即時進行控制部署，優化系統運行，它也變成了一個有趣的實踐問題。只是動態路網平衡是一個非常艱難的計算問題，到面前為止我們得到的只是一些膚淺的成果。儘管如此，我們還是可以從概念上對其進行瞭解。比如，我們現在每隔 15 分鐘把模擬的交通流量輸入到路網模型中，並與實際的運輸流量注意融合，意識到連線的旅行時間與連線上的交通量是函數關係，我們對連線上的交通流也進行測量；並盡力得出控制策略對路網進行優化。

這是一個複雜的問題，但更複雜的是，如果要使結果有用，我們必須即時得出結果。方法必須能及時告訴我們如何對路網進行即時控制。

假如我們對一個龐大路網進行戰略性的規劃。如決定是否讓橋樑變成 4 車道，或者決定是否迅速對其他一些連線進行維護；在一個複雜路網中，我們有許多備選方案。這

不是一個以計算為關鍵的問題，因為我們可以用幾個星期、幾個月甚至幾年的時間去完成路網規劃。因此，你可以讓電腦運行一個週末，如果需要的話，計算出三個和四個方案。這些資訊對你進行規劃可能有一些指導作用，是否耗費大量的計算器時間屬於次一級考慮因素。

而另一方面，如果面臨的是即時操作問題，我們每 15 分鐘把不同的 OD 矩陣輸入路網中，對不同的控制策略進行測試；如果要花費半個小時才能得出我們應該在下一個 15 分鐘內做出的操作，那麼運算的結果就沒有多大作用。儘管它可能是一個良好的數學解答，但從實際應用的角度來看，如果我們需要花費半個小時才能計算出應該在下一個 15 分鐘內採取什麼措施，它就沒有意義了。因此，動態路網平衡問題不僅是計算上很複雜，同時還是一個即時的問題，這使得問題更加困難。

Ashok 系統流程

圖 25.6 是 Ashok 對這些觀念進行系統陳述的流程圖。

流程圖從圖左上角的路網運輸流框開始。然後，監測系統透過不同的感應器對路網進行監測；監測所得的資訊在提取後輸入到 Ashok 稱為「路網狀態預測」的模組中；在他的研究中，Ashok 考慮了描述路網狀態的多種方式。從對路網狀態的預測出發，他開發出不同的路網控制策略（在圖的右下角）——你將採取什麼措施對路網進行即時優化？因此他考慮了不同的優化策略；然後執行路網狀態預測基準流程。

如果你知道了路網現在的狀態，同時又有路網不久以後的 OD 需求估計。Ashok 列舉了幾種操作策略：計算出需要轉換路徑的交通流百分比、改變某些車道的使用、進行匝道運輸控制等等。

這樣，他就有這些不同的路網優化控制策略。然後他問：「如果我對路網執行了某個控制策略，路網上會產生什麼結果？」而「路網狀態預測」模組則利用相當複雜的數學方法來解答這個問題。

一旦他得到這些預測結果，Ashok 接著提出問題：「這些策略執行時路網的性能如何？」每個控制策略執行時路網的各種有效性衡量指標（MOEs）如旅行時間、輻射範圍等是多少？最後，用於預測不同策略執行性能的基準方法又回到控制管理功能模組，並最終對其中一個控制方案進行實施。我們選擇了一個最佳的策略並對它進行實施，然後，可能在 5 分鐘後，我們再重新開始整個過程。

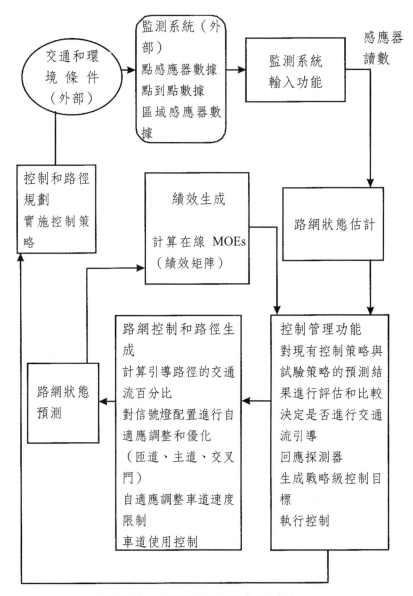

圖 25.6 交通控制系統功能結構

資料來源：Ashok, K., "Estimation and Prediction of Time-Dependent Origin-Destination Flows," 博士學位論文，土木環境工程系麻省理工大學，1996 年 9 月。

也許從直觀上感覺，你覺得這是一個相當複雜的邏輯框架。但再次提醒讀者，這些過程都要求即時完成。如果對路網狀態進行預測和計算不同策略的 MOEs 指標所需要耗費的時間，比我們想控制的物理路網上實施策略的時間幀要大，那麼這些計算過程的

結果意義將沒有任何作用。

一些學術觀點

這裡我們涉及到一個有趣的問題：我們應該花費多大的精力，去得到更好的關於路網運行情況的資訊。

完全預測的價值

在統計決策理論裡有一個「完全資訊價值」的概念。資訊對決策能起多大的作用？這裡的問題是：我們應該投入多少研究力量去探索預測路網運行情況的複雜方法？這取決於我們認為自己能得出好的控制方法的能力有多大。也就是說，如果我們沒有好的策略進行路網優化，那麼，花費那麼多研究力量來計算未來的路網狀態可能沒有任何意義。如果我們不能利用預測資訊來實施合理的控制策略對路網交通進行優化，無論路網狀態預測結果多麼完美，它又能起多大作用？

預測結果與控制方法

如果由於沒有好的控制策略而不能即時充分利用預測結果，也許我們不必要對預測方法進行太多的研究。無論在實踐和研究領域裡，人們都在提出一個問題：我們正在開發的預測方法在實際的路網系統優化時能產生作用嗎？

問題的正式陳述

下面是對路網控制策略和預測問題較為正式的陳述：假設我們能夠對路網現在的狀態進行完全估計，而且我們也能夠完全預測在某種控制策略下 10 分鐘後路網的狀態。

利用這些完美的路網狀態估計和預測結果，我們能從可獲得的方案中選擇最佳的路網控制策略。我們假設 NP_{pp} 為路網運行性能的完全估計。在這個例子裡，它唯一的限制是我們得出路網優化控制策略的能力。

我們假設 NP_{Pi} 和 NP_{Ri} 分別為在控制策略 i 下路網運行性能的估計值和實際情況（見圖 25.7）。

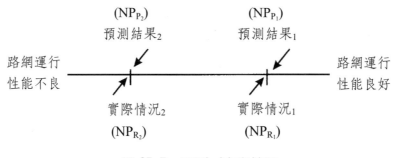

圖 25.7 預測／實際情況

在這個例子裡，$NP_{P1}=NP_{R2}$，$NP_{P2}=NP_{R1}$。10 分鐘後路網的運行情況正與我們預測的一樣，而且，由於方案 1 優於方案 2，所以 $NP_{PP}=NP_{P1}$。當然，現在我們並沒有一個完全的估計，如圖 25.8 所示。

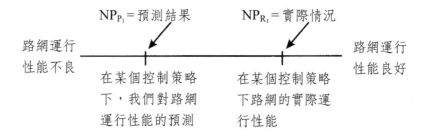

圖 25.8 不完美的預測結果

這樣，利用不完美的預測結果，我們對路網控制策略進行選擇並執行，然後再對路網性能進行監測。

目前，這個領域主要有以下幾種不同的研究方向：

研究方向 1

此研究方向假定預測結果是完美的，然後致力於開發更好的控制策略。這意味著我們將精力集中於優化 NP_{pp}。

研究方向 2

　　這個研究方向致力於理解路網運行性能對我們預測能力的敏感度。這裡，我們將把 NP_{pp} 與 NP_{ip} 之間的差別看為〔「實際情況」—「預測結果」〕的函數，其中 NP_{ip} 表示對路網運行性能的不完全估計。理論上，實際情況與預測結果的差別越大，則顯示 NP_{ip} 的值越差。圖 25.9 說明了這一點。在下面的例子裡，由於路網狀態預測的誤差，在應該選擇優化方案 2 的時候我們選擇了優化方案 1。

$$NP_{ip} = NP_{R1}$$
$$NP_{pp} = NP_{R2}$$

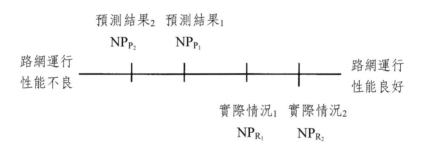

圖 25.9　選擇了錯誤的路網控制策略

　　由於我們錯誤地採用了優化方案 1 而導致的路網損失為 $NP_{R2} - NP_{R1}$。

研究方向 3

　　此研究方向致力於如何改進路網狀態的預測。在術語上，這表示將路網運行的預測結果與實際情況之間的差別進行最小化。方程形式如下：

$$Min\{實際情況 - 預測值\}$$
$$Min\{NP_{R1} - NP_{P1}\}$$

　　如果在研究領域 2 中的路網實際情況 NP_{R2} 幾乎等於路網實際情況 NP_{R1}，那麼我們在研究領域 3 中花很大的精力可能也不會有太大的效果，除非人們在研究領域 1 裡得出

一套新的能充分利用更精確的預測結果的控制備選方案。圖 25.10 說明了這一點。

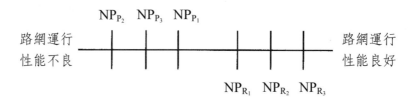

圖 25.10 預測品質的重要性

在圖 25.10 中，我們對路網狀態的預測結果品質是否特別高顯得不是很重要，這是因為我們可獲得的備選路網優化方案對實際情況的影響結果差別不是很大。我們的預測方法——暫時——不是特別重要。我們現在真正需要做的是集中精力得出更好的路網優化控制策略，比如圖中的方案3，它對實際路網性能的改進比方案1和2要大得多。這時，比較好的預測結果才能發揮功效。值得注意的是，在這個例子裡，我們將選擇優化方案1（因為預測結果顯示它為最佳方案），而不是方案3，雖然實際上，方案1是最差的優化控制策略。

現在，我們要記住這一切工作都是即時完成的。如果不能及時完成這些演算法，為實際的路網優化控制決策服務，那就沒有任何意義。

Chapter

運輸信號控制與
其他控制方式

運輸

下面我們將討論公路運輸不同方面的問題。我們先討論公路運輸的信號燈、信號燈同步以及其他運輸控制方式。

信號燈同步

當我們在考慮信號燈同步時，時距示意圖是一個有用的工具（見圖 26.1）。這是一個表現在不同時間車輛的位置的平面圖。假設有三個信號燈沿幹道設置在 A、B 和 C 三點上。「綠波帶」就是指車輛能夠直接通過信號燈而不會遇見紅燈的時距軌道。

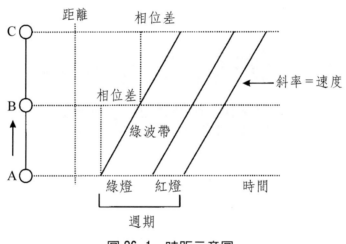

圖 26.1 時距示意圖

限定綠波帶的直線的斜率表示綠波帶的運行速度（即距離與時間之比）。如果車輛通過這三個信號燈時一直保持在綠波帶裡，那麼他將直接通過信號燈 A、B 和 C，而不會遇見紅燈。這個理論表明，我們可以透過對道路上相鄰的信號燈進行同步化設置以最小化車輛的延誤，使得車輛從起點到終點的停車次數最少。

當然，問題不只是這麼簡單，我們還要考慮交叉口垂直相交方向的交通流。假設我們有一個柵格路網；現在問題是，當我們在考慮兩個方向的交通流時，應該如何建立信號燈同步系統（見圖 26.2）？

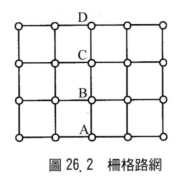

圖 26.2　柵格路網

　　這是一個難題。一方面，我們要考慮各個信號燈的配時設計——把整個信號週期（即兩個相鄰紅燈開始之間的時間）分割成綠燈和紅燈。另一方面，我們還要考慮相鄰兩個信號燈之間的相位差——信號燈 A 和 B 綠燈開始之間的時間差。這樣，我們的問題就變為：如何對交叉口兩個方向上的信號燈進行配時和相位差的最佳設計。

信號燈配置優化

　　甚至連什麼樣的信號燈配置是最優的問題都不那麼簡單。我們有好幾個衡量指標可以進行信號燈優化。比如：我們可以考慮讓系統中所有車輛（包括兩個方向）的紅燈停車總時間最小。另一個衡量指標是：單個車輛需要停車的次數最少。這裡，我們的觀點是：系統允許存在一定的延誤，但人們最關心的是交通要保持通暢。而且，如果僅僅對系統中的停車總時間進行優化，當然還有其他途徑。通常，人們根據經驗和專業判斷對不同信號燈配置衡量指標參數進行加權綜合。

　　信號燈的同步問題會由於其他車輛類型和交通擁堵、左轉車流以及交叉口行人而變得更加複雜——但所有這些在現實中都會發生。因此，在現實中對信號燈進行同步是很困難的。

不同層次的信號燈同步

　　我們可以不同的複雜層次上對信號燈進行同步。這些層次從基本上不進行信號燈同步到採用相當先進的方法進行同步。在低層次上，信號控制系統不對信號燈進行同步控制，路網中每個信號燈都是獨立運行的。

信號同步負方案：Mystic Valley 公園道路

雖然不對信號燈進行同步是一個「零方案」，但同樣，還存在信號同步「負方案」。在極力減少機動車交通的居住區附近，可能會見到一個寫著「頻繁停車信號燈設置」的道路標誌（見圖 26.3）。這裡，信號燈的同步設計，在某種程度上，不是使車輛的通過時間最小而是最大。

現在讓我們按簡單到複雜的順序討論進行信號燈同步的方法。

靜態同步

在第一層次，我們可以對信號燈進行靜態同步；信號燈系統只有一種信號燈配置方案。我們針對典型的運輸情況進行信號燈配置優化，然後，信號燈全天都是按照這個配置運行。這樣，針對高峰小時運輸進行配置的信號燈，可能在午夜的時候配置的紅燈時間過長。

圖 26.3　道路標誌

分時段配置

在第二層次，我們對信號燈進行分時段的信號燈配置。意識到高峰小時的運輸情況與中午，早上 7 點或夜間 2 點的交通情況不一樣。因此，我們開發出一系列靜態配置方案，分別針對一天中不同時段的交通情況，信號燈系統在不同的時段採用不同的信號配置方案。

預定義方法

在第三層次是預定義方法，信號燈系統能根據交通情況對信號燈配置方案進行選擇。人們可以預先針對不同交通情況分別設計出有效信號燈配置方案。在使用時，透過一些探測器感應交叉口的交通情況，如 Memorial 快車道出現擁堵。現在，有了感應的交通情況和一天中所處的時段——實際上就是路網交通情況的短期預測——信號燈系統就可以針對這種交通情況採用預先儲存進去的信號燈方案。這樣，這裡就引進了一些動態性——比如你有七、八個信號燈配置方案，就可針對七、八種不同的運輸情況進行有效控制。當信號燈感應到交叉口的交通情況，它只要選用合適的方案即可。

動態系統

第四層次，也是最複雜的一層是完全動態系統——信號燈系統根據即時交通情況以及對短期的交通流量預測，即時計算出動態的信號燈配置方案。例如：一輛車在Memorial 快車道上出故障不能行駛，人們想通過 Cambridge 道往回走，這樣，運輸流會回流到 Magazine 大街上。這時，信號燈系統會給 Magazine 大街的綠燈時間延長一點，讓車流更快地到達 Harvard 廣場。

因此，在現有技術下，信號燈同步的最高層次是一個動態即時信號燈同步系統，所有信號燈配置都根據路網交通情況進行即時計算；我們測量交通流量、車輛速度和排隊長度並預測短期進入路網的交通流的情況，再把這些預測資訊與路網設計情況結合起來，對路網信號燈同步配置進行一些優化。

當然，如果要做這些，我們需要把即時的交通資訊和相應的計算演算法輸入到電腦系統裡，而且，這些工作都要即時完成。

入口控制與疏散

動態系統中應用到的兩個技術是運輸入口控制與疏散技術。如果在某條線路上出現擁堵狀況（如一個大公司的員工正在下班），我們能藉由延長信號燈的紅燈時間對那條線路進行入口控制，同時，藉由延長此區域的信號燈綠燈時間對運輸流進行疏散（見圖26.4）。

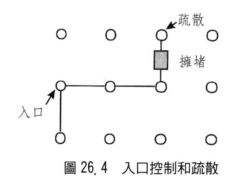

圖 26.4　入口控制和疏散

其他運輸控制方式

下面是其他一些有效的運輸控制方式，尤其在都市區域。

匝道流量控制

首先是匝道流量控制方式。它包括一個動態運輸信號燈，對從平面道路進入有流量限制的高速公路的車流進行控制。匝道信號燈透過紅綠燈轉換，可以管制從入口進入高速公路的交通流，從而平緩高速公路上的交通流。事實證明，透過管制從入口進入高速公路的車流，能使高速公路上的交通流更平緩、運輸流量更大而且運行速度更快。感應器對在入口信號燈前的車流排隊長以及高速公路上的運輸流特徵進行監測，然後車流被合理地安排進入高速公路。經驗資料表明，進行匝道流量控制，區域內所有交通流，無論是交通流量還是安全方面，都得到改善。

思考以上這些觀點是如何與社會對運輸系統的看法協調一致的，在入口信號燈的部署之前我們需要進行環境影響報告。匝道流量控制會引起兩個環境問題。明顯地，第一個問題是，居住在入口信號燈附近的居民擔憂汽車在周圍排隊。

另一個問題是，透過流量控制，高速公路上的運輸流量得到提高，而運輸流的改善

會吸引更多的流量——記住供需平衡關係。這意味著會有更多的汽車廢氣排管污染空氣。這是一個很嚴重的問題；它牽涉到運輸系統有效性的衡量問題。運輸流改善後帶來的結果是好還是不好？這是一個涉及政治的問題。

公車專用車道

第二個方式是開闢公車專用車道——只有公車才能使用的車道。這裡的理論是：如果公共汽車的服務水平較高，就可以吸引更多的人放棄小客車，使用公共運具。實際上，從公路上分出一條公車專用車道，同時也降低了小客車的運輸服務水平。

但是，傳統公共運輸系統的一個問題是，公車與小客車是在同一個交通流裡。當小客車在公路上的服務水平下降時，公車的服務水平也會隨著降低。如果我們實施公車專用車道，公車的服務水平基本上會比其他旅行模式要高。無論在高速公路，還是在平面道路中，我們都可以見到公車專用車道。

通常這種控制方式會引起一些有關政治的問題。人們彷彿覺得是政府從他們使用的車道裡取走了一個車道來設置公車專用車道。協調公共利益與個人利益進行對許多人來說是很困難的。

變向車道

第三種運輸控制方式是設置變向車道，這個運輸工程觀點已經實施了幾年。設置變向車道的觀點大體思路如下：在一個有 6 車道的幹道上，我們可以對車道設置一個信號燈。這樣，在早高峰小時，我們可以把運輸流量大的入城方向設置成 4 個車道，而出城方向設成 2 個車道。然後，在晚高峰小時，我們就反過來把運輸流量大的出城方向設置成 4 個車道，入城方向設成兩個車道。這樣，我們就可以靈活地改變道路系統不同方向的通過能力。

前面我們提到，運輸系統一個基本特徵是運輸流存在方向性和不平衡性。在早上，每個人都湧入波士頓市區，而到了晚上，每個人都要離開波士頓市區。這是一個透過調整道路通過能力來解決運輸流不平衡問題的方法。

高乘載率車輛（HOV）專用車道

第四種控制方式是設置高乘載率車輛專用車道（即 HOV 車道）。這裡，我們從擺

脫單乘載率車輛（SOV）的心理出發，試圖誘導人們採取小客車共乘的方式旅行。你可以為乘載率達到三個或者四個的車輛設置一個專用車道。這樣，與鄰居共乘車輛或家庭旅行的人很可能會更快到達上班地點。你還可以把這種方式與前兩種控制方式結合起來──設置一個變向車道為高乘載率車輛（HOV）和公車專用車道。高乘載率車輛（HOV）專用車道控制方式存在的也是政治上的問題。人們質疑為什麼要減少大家使用的車道。

高乘載率收費車道

高乘載率收費車道是一個與上面相似的運輸控制方式。這裡，乘載率沒有達到要求的車輛也可以使用高乘載率車輛（HOV）車道，但是要支付一定的費用。智慧型運輸系統（ITS）技術能幫助我們有效地做到這一點。

運輸緩和

最後一個運輸控制方式是稱為「運輸緩和」技術。這種運輸控制方式是有意降低交通流的速度，通常應用於居住區或者學校附近。減速坡、頻繁的停車標誌和像圖 26.3 中的交通信號燈都屬於運輸緩和控制方法。

Chapter 27

確定隊長模型

確定隊長模型的應用

這裡，我們將簡單介紹確定隊長模型的入門知識，以及該模型在信號燈設置中的應用[1]。

確定隊長模型

首先，我們舉一個簡單的公路運輸的例子來說明確定隊長模型的概念。假定機動車車流的流率是一個時間函數$\lambda(t)$，這是一個不具有時間隨機性的確定車流。從而，系統輸出車流的流率也是某個時間函數$\mu(t)$；這樣，這個系統的到達車流和離去車流都是可以確定的。首先，我們考慮當系統的輸入車流$\lambda(t)$和輸出車流$\mu(t)$如圖 27.1 所示的情形。在這個例子裡，$\lambda(t)$不是一個穩定的到達車流；車流進入系統的流率隨著時間而改變。這裡，我們可以看到高峰小時行為——運輸系統的一個基本特徵。我們還假定此公路系統的輸出能力是一個不隨時間變化的常數，也就是說，系統輸出能力恒為 1,500 輛／小時。

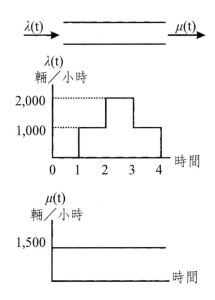

圖 27.1　確定的到達流率和離去流率

---

[1] 關於這方面更詳細的討論可參考 Garber, N.和 L. Hoel 的 *Traffic and Highway Engineering*，第二版，Pacific Grove, CA: Brooks/Cole 出版公司出版，1999 年，以及 Mannering, F.和 W. Kilaresky 的 *Principles of Highway Engineering and Traffic Analysis*，第二版，紐約：John Wiley and Sons 出版社，1998 年。

　　顯然，系統並不總是每個小時都能輸出 1,500 輛車，比如在 0＜t＜1 時，由於系統輸入量為零，系統的輸出量也為零。在 t＝1 到 t＝2 的期間，雖然系統能夠輸出 1,500 輛車，但它只輸出了 1,000 輛車，因為輸入量只有這麼多。但是在 t＝2 和 t＝3 期間，系統開始出現一些問題，因為此期間系統共到達了 2,000 輛車，而系統只能輸出 1,500 輛。因此我們不得不重新考慮如何進行建模，以及如何衡量這類運輸系統的運行性能。

排隊示意圖

　　我們透過構造一種**排隊示意圖**（見圖 27.2）來研究上面這類系統；圖中，垂直方向的數軸表示系統的累計輸入量和輸出量，水平方向的數軸表示時間。我們知道系統最大的輸出能力為 1,500 輛／小時。但是，由於有時車輛數目不足，系統並不總是以這個流率輸出車輛。因此，我們有一個表示系統**可獲能力**概念的直線，直線的斜率為 1,500。1 小時後，系統的可獲得輸出能力為 1,500 輛車；兩小時後，能力為 3,000 輛車；從數學的角度上看，系統可獲得能力是恒定輸出能力 $\mu(t)$ 的整數倍。

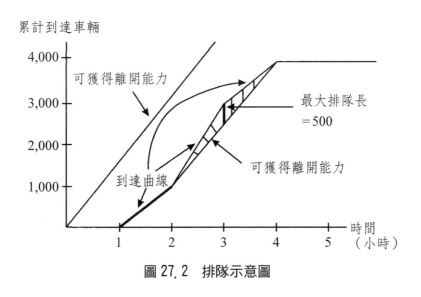

圖 27.2　排隊示意圖

　　現在，我們考慮系統內部的累計車輛數。在第一個小時裡，沒有車輛到達系統，系統內累計車輛數為 0。在第二個小時期間，系統的輸入流率為 1,000 輛／小時，這樣，就有一條經過這個時段，斜率為 1,000 的直線，直線的起點為零。很容易看出，在這個

小時裡，每輛車都及時離開了系統，因為系統的輸入流率小於系統輸出能力。

但在接下來的小時裡，系統進入了排隊的情形。在第三個小時裡，共有 2,000 輛車到達系統。由於受能力的限制，系統不能及時輸出所有的車輛。因此，雖然在前 3 個小時裡，到達系統的車輛有 3,000 輛，但只有 2,500 輛車在這段時間裡能離開系統：1,000 輛在第二個小時裡離開系統，1,500 輛在第三個小時裡離開系統。這樣，在 t=3 的時候，系統內的隊長為 500 輛車。在第四個小時裡，系統又回復到輸出能力大於輸入流率的情形，加上新到達的 1,000 輛車，在 t=4 時，系統內部滯留車輛數目恰好為零。

這些數字是為了讓例子簡單而選定的；在 4 個小時之後，系統內部沒有滯留車輛。車輛佇列恰好在 t=4 那一點疏散完畢。但假如在 t=3 到 4 之間，到達車流的流率為 1,250 輛／小時呢？

那麼在 t=4 時，系統內的隊長為 250 輛車。

對，那麼我們將如何在圖中表現這一點呢（見圖 27.3）？這些在系統中排隊的車輛何時能離開系統？

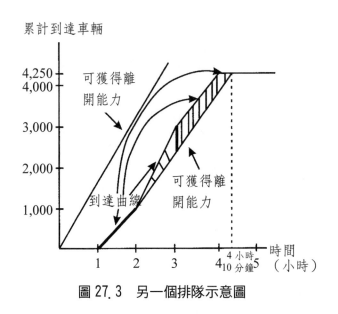

圖 27.3　另一個排隊示意圖

因為系統輸出流率為 1,500 輛／小時，因此，需要 1/6 小時疏散車隊。

上面這個例子說明了確定隊長模型的概念。確定隊長模型的基本觀點是：系統的輸入流率和輸出流率都是確定的，不具有時間隨機性。在這個模型框架裡，輸入流率和輸出流率可以隨著時間變化，但仍然是確定的。

那麼，這個系統中最大的車隊長是多少？我們回頭看一下圖 27.2。在 t=3 時，系統達到最大隊長 500。那麼，系統的最大排隊等待時間為多少？在確定隊長模型的前提下，等待時間最長的車輛就是在系統排隊長最大時到達系統的車輛。因此，如果系統排隊長最大為 500，且系統的輸出流率為 1,500 輛／小時，系統最大排隊等待時間就為 1/3 小時或者 20 分鐘。

系統總延誤的計算

這裡我們不加證明地給出另一個重要的結論——系統輸入輸出車流曲線所圍成的面積等於系統總的車輛—小時延誤。這樣，圖中陰影部分的三角面積等於此系統總的車輛—小時延誤（見圖 27.4）。

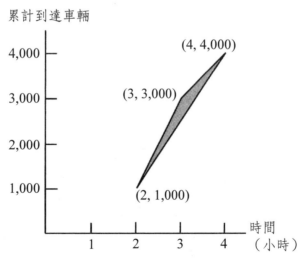

圖 27.4　輸入輸出曲線之間的面積

選擇系統能力

現在，我們回顧一下前面的一些概念，思考一個有關交通設計的問題：「假定系統的輸出能力為常數，你將如何選擇 $\mu(t)$ 的大小？」這基本上是一個系統能力與服務水平

之間平衡的問題。我們可以選擇 $\mu(t)=2,000$ 輛／小時。這樣，系統內總的車輛延誤就為零。這時，系統是為適應最大交通量而設計的。

但是運輸系統能力的提高是需要付出代價的，尤其對那些高峰交通流量很大的系統，做這種針對最大交通量的設計要付出很高的代價。因此，一般我們不根據系統的最大交通需求量來進行能力設計。在上面的例子裡，我們在最高交通流量和基本交通流量之間選擇了 1,500 輛／小時作為系統的輸出能力，這樣，系統會產生一些延誤。

你也可以把系統總的車輛—小時延誤看成是系統輸出能力 $\mu(t)$ 的函數。我們可以選擇 500 輛／小時作為系統的輸出能力，而且系統也能漸漸清空全部的 4,000 輛車。但這要花費長達八個小時的時間。這樣，系統的延誤就很大。但另一方面，你也沒有必要為每天可能只持續 1 小時的高峰小時交通而對基礎設施（即系統能力）進行過度的投資。

隨機隊長模型簡介

目前，我們只討論了輸入流率和輸出流率都是確定的系統。還有一些系統，車輛到達系統的流率與系統對車輛的服務時間都是隨機的。這種系統在數學上太複雜，超出了本書的範圍，我們不對它進行討論。但值得一提的是，當車輛到達隨機分布和系統服務時間隨機分布的方差增大時，這種系統的平均等待時間也會隨之增加。一般說來，系統輸入流率和輸出流率的隨機性會使系統的平均運行性能有所下降。

確定隊長模型在信號燈設置中的應用

現在讓我們把一個交叉口信號燈作為確定隊長模型的例子。車流穩定地到達交叉口；它們到達交叉口時不是遇見紅燈就是遇見綠燈。如果是綠燈，它們直接通過交叉口；如果是紅燈，它們就停車等待。這裡，我們先暫時只考慮一個方向的情況，後面我們再進行推廣。我們可以從下面的圖中得出這種信號燈系統的服務特徵函數 $\mu(t)$（見圖27.5）[2]。

---

[2] 這裡，讀者可以參考 Mannering, F.和 W. Kilaresky, *Principles of Highway Engineering and Traffic Analysis*, 2nd Ed., New York: John Wiley and Sons, 1998.

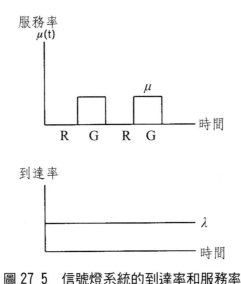

圖 27.5　信號燈系統的到達率和服務率

在紅燈時間裡，系統沒有任何輸出——車輛都在交叉口前停車等待信號燈轉為綠燈。在綠燈時間（為簡化起見，這裡忽略了黃燈時間），我們可以用一個輸出方程來描述車輛離開系統的情況。在這個例子裡，為了便於分析，我們忽略一些細節，如交通流啟動的動態性、人們的反應和滯後時間等。我們假定車流是始終不變的。這樣，這個例子的情形與前一個例子剛好相反；前一個例子裡，車流到達率隨時間變化，系統的輸出能力是常數；在這裡，系統到達率是一個常數而服務率隨著時間而改變。

交叉口信號燈的隊長示意圖

下面，我們再畫一個交叉口信號燈的隊長示意圖。由於在信號燈的紅燈時間裡有車流到達，因此系統中會出現排隊現象。已知車流的到達率是一條斜率為λ的直線。從數學的角度上說，某小時到達的車流數是系統到達車輛流率的整數倍（見圖 27.6）。

現在我們開始確定表示車輛離開系統的線。假定一開始時系統內的隊長為零。我們知道在系統紅燈時間沒有車輛離去，當綠燈亮時，系統會發生什麼情況？由於在紅燈時間，系統裡已經形成了車輛行列，現在車輛以流率 μ 離開系統，並在某個時間點系統的隊長會變為零。這時，μ 必須要比λ大，因為在綠燈時間裡，系統不僅要服務在紅燈時間形成的車隊，還要服務在綠燈時間到達系統的車輛。一旦系統內的車隊清空，車輛將以到達率λ離開系統。

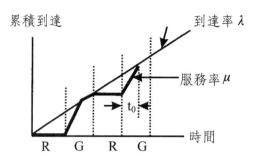

累積到達

到達率 λ

服務率 μ

t_0

時間

R G R G

圖 27.6　交叉口信號燈的隊長示意圖

隊長穩定性

　　為什麼必須要在綠燈時間結束前清空系統裡車隊？如果車隊沒有清空會發生什麼情況？讓我們假定系統在綠燈時間結束時還有 4 輛車在佇列裡。看將會發生什麼情況？

　　交叉口前的車隊將會越來越長。

　　正確。如果每個信號燈週期結束後，我們都有 4 輛車留在系統車隊裡，依照假設，系統裡的車隊長將漸漸累積成無窮大。

　　現在，定義從信號燈由紅燈變為綠燈到系統內車隊被清空期間的時間長為 t_0。從保證系統的穩定性出發（即系統的車隊不會出現無限增大的情形），t_0 必須小於或者等於信號燈的綠燈時間。其數學形式如下：

　　　　如果 $R + G = C$（信號週期長）
　　　　那麼，$\lambda (R + t_0) = \mu t_0$

　　　　從中推導出　$t_0 = \dfrac{\lambda R}{\mu - \lambda}$

　　　　如果我們定義　$\dfrac{\lambda}{\mu} = \rho$（即「交通密度」）

　　　　那麼　$t_0 = \dfrac{\rho R}{1 - \rho}$

要使系統穩定，必須滿足 $t_0 \leq G = C - R$

當我們在進行上面這種數學推導時，每一步都要停下來思考：「公式這樣是否合理？」比如，我們假設 $\rho = 0.5$。那麼信號燈系統的服務率 $\mu(t)$ 恰好為到達率的兩倍。在這種情況下，t_0 應該為多少？系統清空車隊需要多長時間？

全部紅燈時間。

正確。系統需要整個紅燈時間才能清空系統裡的車隊。在這個情形下，t_0 恰好等於 R。

交叉口信號燈延誤：單方向

這裡，系統到達曲線和離去曲線之間圍成的面積也是表示系統的總車輛—小時延誤。圖 27.6 中表示系統總的延誤面積 D 的幾何計算過程如下：

$$D = \frac{\lambda R^2}{2(1 - \rho)}$$

則平均每個週期的總延誤 d 為：

$$d = \frac{D}{\lambda C} = \frac{R^2}{2C(1 - \rho)}$$

此時，系統最大的延誤是多少？系統中哪輛車的等待時間最長？系統中恰好在信號燈由綠燈轉變為紅燈時到達交叉口的車輛的等待時間最長。因此，系統中最大的延誤就等於信號燈的紅燈時間 R。

信號燈的雙方向分析

這種分析的下一步是考慮兩個方向交通流的情形。這裡，我們必須對交叉口不同方向之間的紅燈時間和綠燈時間進行平衡。假設交叉口有四個到達車流：λ_1 表示東入口車

輛到達率；λ_2 表示西入口到達率；λ_3 表示南入口；λ_4 表示北入口（見圖 27.7）。我們要計算出最佳的紅燈和綠燈時間分割，這裡要注意，交叉口信號燈一個方向上的綠燈時間就是另一個方向上的紅燈時間（仍然忽略黃燈時間）。

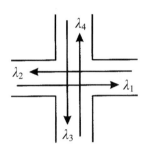

圖 27.7　東─西向和南─北向的車流

在選擇使交叉口的總車輛─小時延誤最小的信號週期時，我們必須先確定如何根據交通情況進行信號週期的紅燈時間和綠燈時間分割。為了簡化分析，假設方向 1 與方向 2 的紅燈時間相等。也就是說，東向和西向的車流的紅燈時間是一樣的。事實上，在一些有左轉信號燈的交叉口，兩個對向車流的紅燈時間可能是不一樣的，但這裡我們假設 $R_1 = R_2$。同樣，我們也假設 $R_3 = R_4$。

交叉口信號燈延誤：雙方向

下面，我們進一步假設交叉口四個方向──東、西、南和北向──的通過能力是一樣的。當然，在現實中的交叉口也不一定這樣。你可以讓交叉口不同方向的入口的車道數目不同。現在可以計算出方向 1（西向）的延誤 D_1：

$$D_1 = \frac{\lambda_1 R_1^2}{2(1 - \rho_1)}$$
$$\text{其中，} \rho_1 = \frac{\lambda_1}{\mu}$$

對 D_2，D_3 和 D_4，我們也可以得出類似的運算式。我們欲進行最小化的交叉口總延誤 D_T 為：

$$D_T = D_1 + D_2 + D_3 + D_4$$

選擇最優值

由前面假設，已知：

$$R_2 = R_1$$
$$R_3 = R_4 = (C - R_1)$$

要對 D_T 進行最小化，其中：

$$D_T = \frac{\lambda_1 R_1^2}{2(1 - \rho_1)} + \frac{\lambda_2 R_1^2}{2(1 - \rho_2)} + \frac{\lambda_3 (C - R_1)^2}{2(1 - \rho_3)} + \frac{\lambda_4 (C - R_1)^2}{2(1 - \rho_4)}$$

要求出 R_1 的最佳值，我們對 D_T 的運算式進行關於 R_1 （唯一的未知變數）的偏導，並令它等於零。

$$\frac{dD_T}{dR_1} = \frac{\lambda_1 R_1}{1 - \rho_1} + \frac{\lambda_2 R_1}{1 - \rho_2} - \frac{\lambda_3 (C - R_1)}{1 - \rho_3} - \frac{\lambda_4 (C - R_1)}{1 - \rho_4} = 0$$

讓我們先看一個特殊的情形；假設四個方向的車流到達率都是一樣的。即：

$$\lambda_1 = \lambda_2 = \lambda_3 = \lambda_4$$

這樣，就有：$\rho_1 = \rho_2 = \rho_3 = \rho_4$

然後我們可得出：

$$R_1 = \frac{C}{2} \text{，} R_3 = \frac{C}{2}$$

結果似乎是合理的。因為如果車流是相等的，交叉口兩個方向上的最佳紅綠燈時間分割應該也是相等的。

現在，我們將上述方法進行一般化。假設：

$$\lambda_1 = \lambda_2，\lambda_3 = \lambda_4 = k\lambda_1$$

對交叉口總車輛—小時延誤 D_T 的運算式進行偏導，並令它等於零，我們得：

$$\frac{\lambda_1 R_1}{1 - \rho_1} + \frac{\lambda_1 R_1}{1 - \rho_1} - \frac{k\lambda_1(C - R_1)}{1 - k\rho_1} - \frac{k\lambda_1(C - R_1)}{1 - k\rho_1} = 0$$

最後，得：

$$R_1 = \frac{Ck(1 - \rho_1)}{(1 + k - 2k\rho_1)}$$

為信號燈最佳紅燈綠燈時間分割的運算式。

$$運算式 \quad \frac{k(1 - \rho_1)}{(1 + k - 2k\rho_1)}$$

表示信號週期中屬於南—北向的那部分比例。

一些特殊情形

利用一些我們已經知道答案的特殊情形對上面得出的運算式進行檢驗，是一個很好的實踐方法。

根據公式，如果 $k = 0$，那麼 $R_1 = 0$

這個結果是合理的。因為如果交叉口東—西向的車流為零，我們就把全部的綠燈時

間都分配給南－北向。

　　如果 $k=1$，那麼所有方向上的車流都是一樣的，也就是我們上面討論過的情形，代入公式有：

$$R_1 = \frac{C}{2}$$

與前面得出的結果一致。

　　現在我們檢驗一個更有意思的情形。假設

$$k = \frac{1}{2}$$

　　這表示交叉口有三分之二的車流是南－北向的，三分之一的車流是東－西向的。我們可得：

$$R_1 = \frac{C(0.5)(1-\rho_1)}{(1.5-\rho_1)}$$

　　信號燈會發生什麼變化？我們計算當 ρ_1 趨向於零時 R_1 的值。這時，R_1 的值趨向於 $C/3$。

　　現在讓我們考察當交通流量增大時，系統會發生什麼變化。假設 $\rho_1 = 0.25$。

　　那麼 $R_1 = 0.3C$　　$G_1 = 0.7C$

　　現在，我們檢驗交叉口兩個方向上的車隊是否都能在綠燈時間裡清空。記住，我們前面推導出一個車隊清空時間 t_0 的運算式。

$$南-北向的\ t_0 = \frac{\rho_1 R_1}{1-\rho_1}$$
$$t_0 = \frac{0.25(0.3C)}{0.75} = 0.1C$$

　　由於南－北向清空車隊需要的時間 t_0 小於它的綠燈時間 $0.7C$，所以，南－北向有足

夠的時間清空系統車隊。

現在，我們對東－西向的車流也進行同樣的檢驗。

$$\rho_3 = k\rho_1 = 0.5 \times 0.25 = 0.125$$

東－西向的 $t_0 = \dfrac{\rho_3 R_3}{1 - \rho_3}$

$$= \frac{0.125(0.7C)}{0.875} = 0.1C$$

東－西向的綠燈時間為 $0.3C$，這樣，這個方向的車隊也可以清空。這點並不奇怪，因為交通流較大的南－北向的交通密度為 0.25，而東－西向的交通密度僅為 0.125。

現在，當我們考察交通密度增大時系統會發生什變化。

$$\rho_1 = 0.5$$
$$R_1 = 0.25C \quad G_1 = 0.75C$$

南－北向的 $t_0 = 0.25C$

這裡，南－北向的車隊清空時間 t_0 還是小於綠燈時間 G。現在檢驗東－西向的車隊：

$$\rho_3 = k\rho_1 = 0.5 \times 0.5 = 0.25$$
$$R_3 = 0.75C \quad G_3 = 0.25C$$

東－西向的 $t_0 = \dfrac{0.25(0.75C)}{(0.75)} = 0.25C$

這時，交叉口東－西向的能力恰好能將車隊清空。變數 t_0 正好等於東－西向的綠燈時間。

現在，讓我們檢驗 $\rho_1 = 2/3$ 的情形。

現在南－北向的交通量相對比較大，交叉口東－西和南－北向之間週期最佳分割方案為：

$$R_1 = 0.2C \quad G_1 = 0.8C$$

對南－北向有：

$$t_0 = \frac{(\frac{2}{3})(0.2C)}{(\frac{1}{3})} = 0.4C$$

比綠燈時間 $0.8C$ 小，因此南－北向的車隊可以清空。但是，交叉口在東－西向，

$$R_3 = 0.8C \quad G_3 = 0.2C$$

$$t_0 = \frac{(\frac{1}{3})(0.8C)}{(\frac{2}{3})} = 0.4C$$

但 G_1 只有 $0.2C$。在交叉口東－西向沒有足夠的綠燈時間來清空車隊。因此，我們需要調整一下信號燈週期分割方案，來防止交叉口東－西向的車隊無限制地增長。在這種情況下，

$$G_3 = 0.4C \quad R_3 = 0.6C$$
$$G_1 = 0.6C \quad R_1 = 0.4C$$

記住南－北向的 t_0 為 $0.4C$，而這時的綠燈時間變為 $0.6C$，因此，這個方案是可行的。

現在，出現了 ρ_1 的水平增大到使交叉口不能清空車隊的情況（在某方向上）。

一個很好的練習是求出使系統出現不能清空車隊現象的 ρ_1 臨界值（在這個公式裡 $\rho_3 = k\rho_1$）。

如果關於確定性的假設是恰當的話，確定隊長模型的觀點可以廣泛應用於多個運輸領域。在這種例子裡，我們也知道車輛的到達率和系統的服務率實際上都是具有隨機性的，但如果經由判斷，我們在分析過程中可以把系統看成是確定的——那麼你將可以利用確定隊長模型得出大量有關系統運行性能的有意義的發現。

Chapter

都市公共運輸系統

都市公共運輸系統

下面，作為旅客運輸系統的延續，我們將接著討論都市公共運輸系統。雖然這裡討論的許多基本概念對其他國家的公共運輸系統也同樣適用，但是我們將集中討論美國的公共運輸系統。

都市旅客運輸的服務水平變數

開始，讓我們回顧一下旅客運輸的服務水平變數：旅行時間、可靠性、旅行費用、等待時間、舒適度、安全和保障，是適用於任何一個旅客運輸系統的普遍服務水平變數。前面，我們已經重點描述了公共運輸系統的直接競爭對手——客車運輸，它的特徵是非常便利。人們坐在裝有空調的客車裡，聽著立體聲音樂；而且服務等待時間根本不存在——你什麼時候想走都可以立即出發。另外，使用客車運輸的費用甚至可能是比較低的，尤其在不考慮車輛的資產成本時，因為大多數人都傾向於不考慮這種成本——「反正不管怎樣，我總是得有輛車。」

如何改善公共運輸系統

與客車運輸相比，公共運輸系統在上述幾個方面總是相形見絀。例如，高峰小時乘坐在擁擠的地鐵車廂裡，當然不會非常舒適；而且人們往往不得不在車站等候車輛的到達。乘坐公共車輛的旅行時間可能比駕駛小客車旅行要長也可能短，這要看具體交通情況。

自我形象是一個很難量化的服務水平變數——不同的旅行模式會影響人們對自己的感覺。在大多數西方社會裡，駕駛小客車旅行總是與良好的自我形象聯繫在一起，而搭乘公共車輛旅行所表現的自我形象就要差得多。

另一個受公眾關注的問題是安全保障問題。雖然最近大量出現的小客車事故使得小客車運輸同樣成為保障關注的焦點，但在「紐約時代」雜誌裡，紐約地鐵的犯罪率在整個都市中是相當高的。

公共運輸服務的可獲得性也是一個問題；在一些都市，地鐵系統在深夜和凌晨是不開放服務的。如巴黎地鐵就是如此。許多都市的公車在晚間也不運行。這使得在夜間工作的人很難使用公共運輸系統。

　　交通安全是另一個服務水平變數。雖然從總體統計資料看小客車旅行比公共運輸旅行要危險，但人們總是傾向於不完全相信統計差異，他們認為，只要車輛在他們的控制之下，就可以安全行駛。而且乘客們總是傾向於把偶然的重大的公共交通事故作為公共運輸系統缺少安全的證據。

服務可獲性

　　公共運輸系統一個特別重要的問題是服務的可獲性。前面，我們提到聯邦公共運輸管理局（FTA）關於他們很難在美國郊區如此發散的土地使用模式下提供公共運輸服務的觀點。服務可獲性是公共運輸行業一個關鍵問題。公共運輸系統依靠把許多用戶需求進行合併，從而獲得規模經濟性；隨著城區蔓延，人口居住密度變小，使得公共運輸系統毫無用武之地。因此，美國二戰後形成的都市結構很大程度上阻礙了公共運輸系統的發展。

　　我們在考慮小客車－公共運輸複合運輸模式時，公共運輸服務的可獲性還有另一方面的涵義。喜歡「開車－換乘」模式的通勤者可能會因為鐵路車站的停車位不足而受到限制。司機們抱怨說，如果他們在上午八點後到達停車場，總是沒有停車位。一個解決的方案是對在郊區周圍行駛的公車進行衛星定位，利用公車把分散的人們帶到郊區鐵路車站，以此解決停車場不足的問題。

　　這點很好地說明了運輸行業的系統性。當你考慮鐵路運輸時，你不能只考慮它的長途運輸特性（它自身可以提供很好的服務），還要從更廣泛的角度考慮顧客的需求，要意識到顧客必須要首先到達鐵路系統才能接受鐵路的長途運輸服務。在這個例子裡，車站停車位的不足就阻止旅客使用鐵路運輸系統。

都市公共運輸服務類型

　　讓我們接著討論都市公共運輸所提供的各種服務類型。

傳統公車（Conventional Bus）

　　我們從傳統公車服務開始。通常這種公車都有固定的停車站和運行線路。普通的都市公車一般運載能力為 60 人。傳統公車包含的技術有內燃機、柴油發動機和所謂的電

車——依靠電力運行的公車。

副大眾運輸（Para-Transit）

第二種服務類型是副大眾運輸。副大眾運輸是一個總括性詞語，它包括除傳統公車以外的所有公共運輸服務，通常使用較小型的或者具有專門設備的車輛。副大眾運輸包括為老年人和殘疾人提供的特殊服務。通常副大眾運輸服務的車輛會提供上門服務，把人們直接從家裡送到某一目的地，如老年醫療中心。

在一些都市裡，有些具有副大眾運輸特徵但運營又沒有那麼規範的運輸模式。如在波多黎各首府聖胡安市，有一個「público」系統。這些車輛類似篷車，通常由私人運營，車輛一般並沒有固定線路，而是沿途搭客，並按要求把乘客送到目的地，車上的乘客根據各自不同的起點和目的地分擔車費。

Público 通常提供「一到多」的服務形式。一輛 público 車輛會在鐵路車站上等待、搭乘去往都市某一區域的乘客，público 司機會選擇有效的線路，使得運行費用和旅行時間都比較合理。在一些都市，這種運輸服務被稱為「小公車」。有時候，這些車輛會在半固定的線路上運行，偶爾會偏離線路行駛。但通常情況下，它們的行駛線路是完全自由的。

需求回應服務（Demand-Responsive Service）

都市裡還設有需求回應運輸系統。乘客可以在家中或者辦公室裡打電話呼叫服務，指明乘車的起始點和目的地，然後，車站調度員可能藉助於電腦系統，有效地動態調度車輛為乘客提供服務。這是一種共乘的旅行方式；這種公共運輸服務希望能透過分擔車輛的承載能力以獲得規模經濟性，同時還能提供與計程車類似的服務水平。實際上，我們可以把傳統的計程車服務看成是一種公共運輸服務類型。

軌道運輸系統

到目前為止，我們已經介紹了面向公路的公共運輸系統。固定軌道運輸系統在公共運輸系統中也占有同樣重要的地位。

地鐵系統

　　大都市一般都具備軌道運輸系統，它分為「重軌」和「輕軌」兩大類。如波士頓的 MBTA 系統、紐約的 MTA 系統、華盛頓地鐵系統和芝加哥的 CTA 系統都是美國大型都市地鐵系統。這些都是重軌系統，通常包含地下、立交以及地面上的基礎設施，可以在固定線路上快速地運輸大量的旅客。與重軌系統相比，輕軌系統通常在地面上運行，而且輸送旅客能力和建造成本都沒有那麼大。

　　在一些都市裡，如果沒有市區軌道運輸系統，幾乎不能想像會變得如何。紐約市曾經幾乎在地鐵罷工面前屈服。其他一些相比而言，更依賴小客車交通的都市，如洛杉磯，許多年來一直都沒有軌道運輸系統。而且，洛杉磯目前的地鐵系統的作用也不重要，只在少量相當偏遠的城區開放服務。

　　值得注意的是，當我們研究美國公共運輸的旅客總量時，會發現紐約市的乘客人數幾乎占了全國總數的一半。想想公共運輸行業的集中性！美國近一半公共交通使用人數集中在一個都市地區，而那裡的居住人口只占全國人口的 7%左右。

通勤鐵路（Commuter Rail）

　　軌道運輸系統還包括通勤鐵路。通勤鐵路通常是指往返於市郊和市中心之間的列車。通勤鐵路一般比地鐵系統向郊區方向延伸得更遠。在一些都市如紐約和芝加哥，人們通常從市郊旅行四十多英里到市中心上班，這種都市對通勤鐵路的依賴性更大。

複合公共運輸服務

　　公共運輸系統提供的另一種服務類型是複合公共運輸服務，這與貨物運輸中的複合運輸的概念是相同的。它與都市旅客運輸有實際關聯。目前，有些公車就為固定軌道運輸系統提供運送旅客到達車站的服務。前面介紹了「開車—換乘」旅行模式，人們駕駛小客車到公共運輸車站停車，然後再乘坐公共運具到市中心。這樣，複合公共運輸就有許多提供服務的機會。與複合運輸一樣，複合公共運輸服務的關鍵要素是各個運輸模式之間恰當的協調合作。複合運輸的觀點就是充分利用各種不同運輸模式內在的優勢，但如果各個模式之間的銜接沒有處理好的話，各種模式內在的優勢很快會被抵消。因此，各個模式之間的協調合作以及時刻表的周密計畫對複合公共運輸的成功非常關鍵。

　　最近幾年，公共運輸系統已經開始嘗試對自身進行重新定義。Brian Clymer，老布

希執政時期（1988-1992）的聯邦公共運輸管理局（FTA）行政長官，認為公共運輸系統包括除了單乘載率車輛（SOV）運輸模式以外的所有運輸模式。因此他認為小客車共乘、上下班車輛合用以及高乘載率車輛（HOV）車道的發展都是公共運輸領域的一部分。在我們這個面向小客車和公路運輸的社會裡，在公路運輸占絕對優勢的運輸體系裡盡力減少單乘載率車輛（SOV）旅行模式，對公共運輸行政長官來說是一個比較注重實際的想法。

公共運輸旅客流量

圖 28.1 表現了自 20 世紀初期開始，美國近一個世紀的公共運輸旅客流量趨勢。

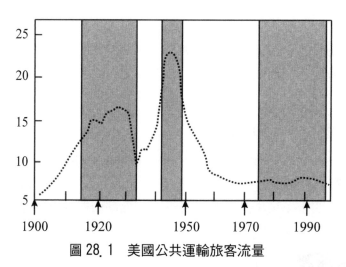

圖 28.1　美國公共運輸旅客流量

資料來源：APTA 1999 Transit Fact Book, American Public Transit Association, Washington, D.C., 1987.

在 20 世紀一開始，公共運輸的旅客流量大約為每年 60 億人次。這時候，波士頓的 MBTA 系統和紐約都市地鐵系統都已經投入運營使用幾年了。那時，各種電車和馬拉車輛也是公共運輸系統的組成部分。

在此後四分之一個世紀裡，直到 1925 年，公共運輸行業一直穩步增長，年旅客流量最高達到 180 億人次。這個時期正是美國處於都市大規模擴展階段。這表明，那時的美國正處於從農業經濟社會向以製造業為基礎經濟的工業社會轉型的歷史階段。數百萬計的人們從農場遷移到都市，從事更高收入的製造行業。那時候，只有社會最富有的階

層才能擁有小客車。公共運輸是大量都市居民唯一的旅行模式。

　　但從 20 年代後期到 30 年代，公共運輸旅客流量突然下降，這反映了此期間美國正在遭受前所未有的經濟衰退。人們失去了工作，因此也沒有了上下班旅次，公共運輸旅客流量正反映了這一點。當國家在 30 年代中期，走出經濟衰退時，公共運輸旅客流量又開始增長。隨著美國加入二戰，公共運輸旅客流量迅速增長，並在 1945 年達到最高峰——240 億人次。戰爭後方有充足的就業崗位，而且由於在戰爭時期，製造業都集中於生產坦克和飛機，而不是客車，基本上人們還是很難獲得客車。另外，當時嚴格的石油配給控制也限制了客車的使用。

　　但是，隨著二戰的結束，戰時被壓抑的經濟需求得到了解放；政府提出明確的公路運輸系統發展政策，以及人們普遍希望在郊區擁有單獨庭院的願望，導致了我們前面討論過的都市土地發展模式的形成。結果，1945 年 240 億人次的旅客流量成為 20 世紀美國公共運輸行業最高的旅客流量記錄。從那以後，公共運輸的旅客流量急劇下降，達到每年 100 億人次左右。在 80 年代中期，旅客流量有少許回升，但是沒有產生顯著影響。因此，目前美國公共運輸行業規模大約是 1945 年高峰時期的 40%左右，而且在目前的環境下，發生顯著增長的可能性不大。

公車服務的重要性

　　目前從全國範圍看，公車承擔了約三分之二的公共運輸旅客流量。對那些居住在大都市和面向軌道運輸的都市居民來說，這顯得有點出乎意料。但我們要考慮到全國擁有地鐵運輸系統的都市並不多。在人口小於幾百萬的都市裡，幾乎所有公共運輸旅客流量都由固定線路公車服務承擔，甚至在一些像紐約這樣的大都市，公車服務也承擔了相當一部分公共運輸旅客流量。

高峰小時及相關問題

　　高峰小時現象對都市公共運輸系統顯得尤為重要。公共運輸系統面臨的服務需求高峰小時現象，比公路網面臨的交通高峰小時現象要嚴重得多。這是因為公共運輸的旅客流量主要由上下班通勤乘客組成。雖然公共運輸企業在高峰小時都會增大服務頻率，但車輛通常還是非常擁擠，車內的乘客也不是很舒適。

　　無論哪一類運輸服務公司，在高峰小時段都需要對員工進行相應的安排。公共運輸

行業面臨的問題是：早晚兩個高峰小時之間的間隔將近 8 個小時，如果在兩個高峰小時期間都要求有足夠的員工的話，就意味著公司的員工將不得不採取「兩班制」上班。簡單地說，員工在上午上班，到中午運輸服務需求低時回家休息，然後晚高峰小時的時候再回來上班。當然，人們不喜歡這種輪班制度。正是由於這個以及其他原因，員工故意曠工已成為全國公共運輸企業長期普遍的問題。理由很簡單，在高峰小時交通條件下駕駛車輛的壓力以及相對低的薪水和社會地位，使得這種職業並不特別令人滿意。

因此，生產勞動力是公共運輸公司管理者面臨的關鍵問題之一。可以說，這是公共運輸服務需求嚴重的高峰小時現象造成的一個直接後果。

公共運輸行業特徵：一些個人觀點

現在讓我們進一步歸納公共運輸系統的行業特徵，注意到這只是本書作者的個人觀點，可能帶有一些個人偏見。

公共運輸系統的行業特徵如下：

1. 利潤微薄。公共運輸行業嚴重依賴政府補貼。波士頓的 MBTA 系統的所有車票收入只能支付系統三分之一左右的運營費用。這還不包括購買新運載車輛和基礎設施的投資費用。雖然美國所有的運輸行業都享有不同程度的補貼，但公共運輸系統的補貼比其他運輸模式都要多。這就導致公共運輸系統物理設備工廠長期投資不足，而且運載車輛和基礎設施的維護長年被拖延。

2. 技術創新不足。公共運輸部門對新技術的採納表現的態度不是很積極。目前我們可以——也許幾乎是理所當然——把這點歸咎於公共運輸行業普遍的不良財政狀況。但是，不論原因是什麼，在公共運輸行業裡，新技術總是傾向於不被很快採納。

3. 絕大多數為國有企業。雖然近年來美國對公共運輸行業，尤其是公車運輸服務，進行了一些私有化的嘗試，但大多數公共運輸企業還是由政府運營。在這個環境下，員工和管理人員的薪金往往比較低，而且比較難吸引一流的人才對這些資產進行管理。

4. 容易受政治因素的影響。作為政府公共部門的一部分，公共運輸行業所受到的政治影響很大。企業中許多事務的決策——運營、職工安置等方面——通常會從政治角度而不是服務或者成本的角度進行考慮。

5. 企業的勞資關係往往比較差。這是公共運輸行業所特有的問題。在美國，無論是國有還是私營，公共運輸企業的故意曠工率高居全國各行業之首。

6. 不良公共形象的受害者。公共運輸服務往往被看成是低服務品質、低效率的行業，只有那些沒有其他旅行選擇，如沒有小客車的人才不得已乘坐公共交通工具。很少有人以乘坐公共交通工具上班自豪（除了學術界人士）。

7. 企業對市場開發的態度不是很積極。目前，公共運輸行業的市場營銷更多的還停留在學術研究階段，很少能在實際管理中起作用。最近，美國一些公共運輸企業已經進行了一些市場研究，其目的在於確定真正考慮使用公共運輸服務的顧客群體，以及如何進行服務設計才能吸引他們[1]。在美國商業中這並不是什麼新觀念，但公共運輸團體還未普遍形成這個觀念。這裡，我們又可以把這些歸根於行業窘迫的財政狀況。

8. 被美國都市所具有的低密度土地使用模式排擠得無足輕重。這個顯著問題也許很好地證明了為什麼公共運輸行業難以管理。

美國公共運輸行業發展前景黯淡。雖然新科技正在促進許多運輸行業的發展，但它們在公共運輸行業中很少得到應用。既有的土地使用模式使得公共運輸系統在許多都市裡成為一種無足輕重的運輸模式。政治影響也非常關鍵，而且公共運輸企業長期來一直存在高補貼和資金不足的問題。

在這樣的情況下，實在是需要一個充滿勇氣的管理者，才能推進公共運輸企業的效率和效力，而美國運輸企業裡還真有這樣的一些人。在德克薩斯州的休斯頓市、俄勒岡州的波特蘭市和華盛頓地區的西雅圖，就具有最優秀的公共運輸組織。還有紐約市的公共運輸系統，儘管有種種不盡人意之處，但它確實每日輸送極大量的人們上下班和其他旅行——也許不是最舒適的運輸方式，但從吞吐量的角度看，我們很難再對它進行責備。

撇開公共運輸系統黯淡的發展前景不談，我們現在看一些有助於理解這些問題的模型方法。（這些模型方法也可以應用在其他運輸模式上）

週期成本

我們已經談論了公共運輸行業的財務困境，導致公共運輸基礎設施和運載車輛的投資和維護均不足。現在讓我們用週期成本的方法來進一步理解這些問題。圖 28.2 表示

了運輸基礎設施在不同時期的一系列成本，其中包括資本費用和維護費用。

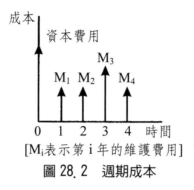

[M_i表示第 i 年的維護費用]

圖 28.2　週期成本

　　我們在項目的初始投入資本費用，然後在後面的幾年裡再投入維護費用。這裡，我們用 M_n 表示維護費用，每一年維護費用可能不一樣。在資本費用和維護費用之間總是存在一個平衡點。高的資本費用會帶來較低的維護費用，相反，低的資本費用會需要較高的維護費用。

　　在週期成本計算裡，我們要用到按現值計算現金流量的概念，在計算某資產的總成本時，我們把貨幣的時間價值也考慮在內。

$$DCF = C_C + \sum_{n=1}^{\infty} \frac{M_n}{(1+i)^n}$$

其中，C_C 表示資本費用，i 表示一個反映貨幣時間價值和風險因數的利率或者「貼現率」。

　　為使論述簡單，這裡，我們不考慮「收益」或者「利潤」。

　　維護成本可以由下列方程表示：

　　　　維護費用＝f（初始建設品質，基礎設施現狀，運營磨損）

圖 28.3 說明了基礎設施的維護與磨損之間的關係。

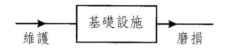

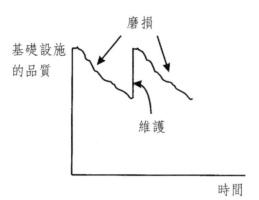

圖 28.3　基礎設施的品質

磨損與維護

　　無論任何時候，基礎設施的品質，都會由於使用引起的累計磨損而發生退化，又由於維護得到改善。因此我們把基礎設施的品質看作一個時間的函數，如圖 28.3 所示。

　　在設計基礎設施維護策略時，我們要考慮到以下幾個因素。首先，維護費用每一美元的價值都與基礎設施目前的品質有關。如果你的設備維護保養好的話——一美元的價值就高——即維護費用中每一美元得到的收益比維護保養差的設備要高。圖 28.4 表明了這一點。維護的收益$M 會隨著時間慢慢降低，如圖 28.5 所示。

維護拖延的問題

　　因此，公共運輸行業在經濟緊張時期通常採用的拖延基礎設施的維護的策略，是存在問題的。如果我們將維護工程延期，基礎設施的「價值」會下降，而且維護費用中每一美元的收益也同時下降。

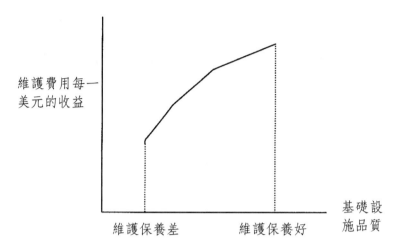

圖 28.4　基礎設施品質與維護收益的關係

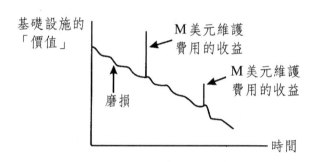

圖 28.5　拖延維護的影響

　　但是，情況甚至比這還要嚴重。觀察證據表明，每單位運輸量造成的磨損量還會隨著基礎設施「品質」（或「價值」）的下降而增加。比如一個固定軌道運輸系統，如果線路處於不良狀態，那麼一列火車引起的磨損量要比同一列火車在狀態良好的線路上引起的磨損量要大（同時，狀態不良的線路對車輛的磨損也更大，但這是另外一個問題）。圖 28.6 顯示了這一點。

　　因此，如果我們拖延或者捨不得對基礎設施進行維護的話，我們的基礎設施品質會下降得更快，我們所付出的維護費用的單位收益會更少。而且，運營會給基礎設施帶來更大的損壞，固定的運輸量會引起更大的磨損量。

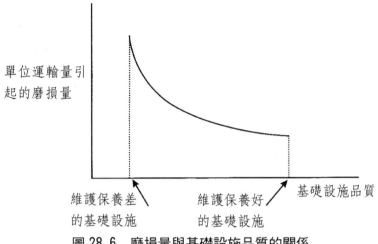

圖 28.6　磨損量與基礎設施品質的關係

基礎設施品質與服務水平（LOS）

　　但是，情況還會進一步惡化，顧客感受到的服務水平與基礎設施的品質是有聯繫的。當基礎設施的品質發生惡化時，列車的行駛速度變慢——也許會發生脫軌事故——那麼列車的服務水平也相應下降，服務水平與基礎設施品質的關係如圖 28.7 所示。

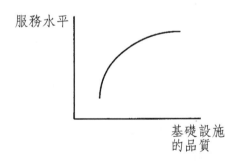

圖 28.7　服務水平與基礎設施品質的關係

　　因此，當基礎設施品質下降時，服務水平也下降，由平衡理論可知，運輸量也會隨之下降。這樣，就導致運輸收入減少，進而使公共運輸企業更缺乏彌補磨損產生的影響和改善基礎設施的維護資金。

惡性循環

上述情形通常被人們恰當地稱為「惡性循環」。一旦情況開始走下坡，我們需要花費很大的代價才能使系統重新回復正常運行。這一點在許多不同的系統都相同。對長期面臨資金缺乏、而且合理的運輸管理決策經常為政治壓力所左右的公共運輸行業來說，惡性循環所產生的衝擊更大。

運輸服務設計

我們現在考察公共運輸系統的運輸服務設計。公共運輸系統的服務設計包括合理確定線路網、車輛數、運輸班次、服務時間、票價水平和結構以及輔助設施（如停車場和車站）的配置等。不同公共運輸模式的服務設計會不相同。很明顯，與都市公車運輸系統相比，固定軌道運輸系統的線路靈活性要有限得多。

公共運輸行業裡的票價系統也存在著差別。幾十年來，紐約都市地鐵運輸系統一直採用單一票價，即不管乘客乘坐距離多長，都是統一票價。其他地鐵運輸系統，如華盛頓地鐵的票價，就會根據乘客乘坐的距離長短和在一天中搭乘的時段而變化。目前，更多的先進技術正在應用到都市公共運輸服務的收費系統中。華盛頓地鐵系統和三藩市的BART系統，好幾年前就開始一直實行卡式車票。現在，紐約地鐵系統也正在採納實施這項技術。這項技術使得紐約地鐵得以實施比單一票價更複雜的票價結構，從而能給頻繁乘坐地鐵的乘客以大量的折扣。

票價對複合公共運輸的促進作用也是一個主要考慮因素。多年來，紐約市一直採用飽受非議的「票價分管」制度，乘公車到地鐵的乘客購買了公車車票，到了地鐵站後，他還得另外購買地鐵票。在許多都市裡，都市公共運輸系統提供一種綜合票價系統，乘坐公共運具的乘客在換乘下一種公共運具時，不需要另外購買車票或者只要支付很少的車費，以此來促進複合公共運輸。

線路網結構

線路網結構設計是公共運輸服務設計一個重要問題。在 Gray 和 Hoel[2] 所著的優秀教材裡，他們闡述了幾種不同的公共運輸線路網結構，包括放射形、棋盤形、環線十字交叉形和主輔線型。

車輛周轉

車輛周轉是運輸系統的一個基本設計元素，公共運輸系統也不例外。運輸系統設計的一個重要問題是確定車輛總數的規模——為保證某一線路在某一運輸班次下能正常運行，我們需要有多少輛車？運輸班次採用每小時在某線路上運行的車輛數來表示，從乘客的角度出發，我們採用車輛間隔，即相鄰兩輛車之間的時間間隔。顯然，運輸班次和車輛間隔互為倒數關係。

確定公共運輸系統車輛總數的基本公式如下：

$$NVEH = \frac{VC}{HEADWAY}$$

其中，$NVEH$ 表示所需的車輛總數；VC 是此線路上車輛的周轉時間——車輛行駛完整一條線路所需要花費的時間；$HEADWAY$ 是運行時刻表上的發車時間間隔。

我們還可以把以上公式改寫成：

$$NVEH = FREQUENCY \cdot VC$$

其中，$FREQUENCY$ 表示單位時間經過線路某一點的車輛數。注意到這與第十六章車輛總數計算一節裡的貨物車輛總數計算方法相同。

簡單舉例

假設我們有一條由東向西，再由西向東回來的線路，每個方向行駛時間為 1 小時，如圖 28.8 所示。這裡，車輛周轉時間 VC 為 2 小時。

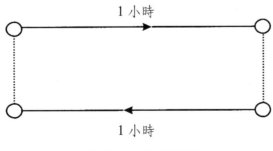

圖 28.8　車輛周轉

　　如果我們要求運輸班次為每小時 4 輛車。從乘客——我們的顧客——的角度來看，這意味著車輛間隔為 15 分鐘或者為 0.25 小時。利用上述的公式，我們可得出需要的車輛總數為 8。

　　在這裡，我們如何減少此線路需要的車輛總數？首先，我們可以減少公車的運輸班次，比如採用 0.5 小時而不是 0.25 小時的發車間隔。那麼，我們需要的車輛總數減少為 4。

　　另一種方法是縮短車輛的周轉時間。假如我們透過減少停車站數目，使得車輛周轉時間從 2 小時縮短到 1.5 小時。在這種情況下，我們需要的車輛總數減少為 6。

　　當然，實際情況不會這麼簡單。由於此類系統的隨機性和不平衡性，我們可以觀察到系統一些有趣的行為。

公車佇列：一個解釋

　　例如公共運輸系統中一個已被人們大量討論的現象——公車佇列現象。乘客們在公車站等待了很長時間，然後，一下接連來了 2 輛或者 3 輛公車。想一想為什麼會發生這種現象？

　　我們假定人們到達公車站是隨時間均勻分布的。如果公共運輸服務的班次頻率達到一定程度，人們通常不會專門去「趕」某一趟公車，而是均勻到達車站。圖 28.9 表明了乘客在某公車站均勻集結的情況。

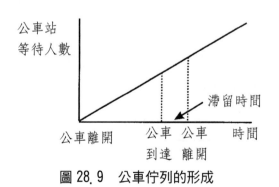

圖 28.9　公車佇列的形成

　　我們假定人們在前一輛公車剛剛離開車站就開始到達車站，而且車站候車人數按時間線性集結。當下一輛公車到達車站時，乘客開始上下車。公車在車站所花費的時間—

一滯留時間——與上下車的乘客人數成正比例。

我們知道公車運行時刻表的設計總是力求使公車之間的時間間隔均勻分布，現在假定有一輛公車比時刻表的規定時間提前幾分鐘從起始站出發。那麼它與下一輛公車之間的時間間隔就會比正常情況下的要長一些。每一個公車站等待第二輛公車的人數都會比正常的人數多，因而，第二輛公車在每一個車站上的滯留時間都額外的長。當第三輛公車按時刻表準時從起始站出發，由於第二輛公車被額外的滯留時間拖延——記住在額外的滯留時間裡仍然會有顧客到達車站——因此，第三輛公車很快會追上第二輛公車，形成了公車衛隊或者公車佇列的情形。

惡性循環：另一個例子

這是我們在反饋系統裡遇見的另一個惡性循環的例子。在前面描述公共運輸基礎設施維護與服務水平之間的關係時，我們採用了這個觀點。這裡也有同樣的現象。隨著服務水平的降低，系統越脫離平衡狀態，使系統遠離平衡的力量就越大。

當然，那些總是提早離開終點站的公車司機不會被同事所歡迎，因為他使得別的司機更遲到達另一個公車終點站，而且沿路公車上人員擁擠。因此，在維持公車時刻表和恰當發車間隔問題上存在同事之間的壓力。

公共運輸調節策略

現在讓我們討論公共運輸系統的一些用於改善運營的策略，我們稱之為調節策略，這裡我們以鐵路系統作為例子。

控制列車發車

這是一種讓車輛間隔更均勻的車站控制策略（前面的例子說明了為什麼均勻的列車間隔是這種運輸系統的一種重要特徵）。車站控制列車發車策略簡單易行，比後面描述的策略使用得更廣泛。

越站運行

在這個策略下，列車將直接通過某個停車站，以使列車之間的時間間隔更加均勻，

並改善整個系統的旅客吞吐量。如圖 28.10 所示。越站運行策略說明了各種運營策略的實施在使一部分乘客得到利益的同時也會損害一部分乘客的利益。如果你恰好要在被越過那個車站下車，那麼你將不得不在前一站下車並等待下一列不越站運行的列車。而另一方面，不在那個被越過車站下車的乘客的旅行時間會比較短。而且整個系統的運作會更接近最佳運營狀態。

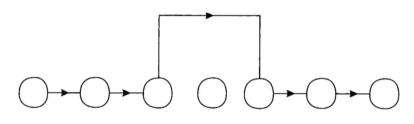

圖 28.10　越站運行

區間運行

在區間運行策略裡，列車不會一直行駛到圖 28.11 中最東　端的終點站，而是在終點站前面的某一車站就調頭往回行駛。同樣，這種策略也是用於改善整個系統的吞吐量和線路上的車輛間隔。在圖 28.11 中，「A」是一列區間列車，它行駛到車站「1」就返回，而不需要到達東邊的終點站「2」。

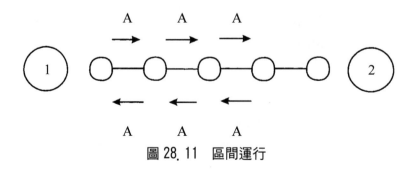

圖 28.11　區間運行

與越站運行一樣，區間運行策略也會給一些乘客帶來不便。如果你想到達最東邊的終點站，那你將不得不下車等候下一列到達終點站的列車。另一方面，調度員認為這樣可以從整體上優化運輸系統的運營。當然，對固定軌道運輸系統，列車只能轉向對應某

個線路布局完全可能的地方。

即時資訊的必要性

上面我們所討論的所有策略的實施都需要知道運輸系統的即時資訊。列車調度員需要知道列車行駛到了哪裡。為了合理地做出上述決定，我們還希望能知道各個列車上乘客人數以及某個車站內的等待列車的人數。

ITS 在公共運輸系統中的應用

在第二十四章裡描述的ITS的概念也可以應用到公共運輸系統中。這些應用的總體被我們稱為「先進的公共運輸系統（APTS）」。它包括車輛自動定位和乘客自動計數器技術，能為固定軌道運輸系統或公車運輸系統更高效的車隊管理提供基礎資訊[3]。

運輸模式銜接

ITS技術在公共運輸系統中的另一個重要應用是促進運載車輛之間的銜接（相同或者不同的運輸模式）。與貨物運輸系統一樣，旅客運輸的銜接點也常常是導致運輸系統低效率和服務問題的主要原因。ITS具有提供管理控制的潛力，這樣，我們可以透過協調運行時刻表，同時結合旅客資訊系統，促進各個運載車輛之間的銜接來提高公共運輸服務品質。

ITS 提供的旅客資訊

旅客資訊——這裡指的是在候車亭樹立資訊板，或者為在家裡或工作地點的乘客提供實際的車輛運行時刻表——是很重要的。這種運行時刻表資訊更新很頻繁，可以讓乘客確切預計自己想乘坐的公車短期內的運行情況，而且可幫助乘客在複雜的公共交通線路網中進行合理的路徑選擇。

把以上這些想法綜合起來，就是目前我們有能使公共運輸系統更有效運行的運營策略。這些運營策略都是由資訊驅動的，並且ITS技術不僅在改善運營和服務水平方面，而且在為乘客提供即時可靠的資訊方面能大大促進公共運輸系統的發展。而後者本身就是公共運輸系統一個重要的市場創新點。

ITS團體有望使公共運輸系統採納其中的一些觀點，而且，目前一些具有革新精神的公共運輸企業已經開始採納並實施其中的一些新觀點。但是，由於全國公共運輸行業普遍存在的財務困境，公共運輸企業可能需要比較長的一段時間才能利用這些ITS新技術。

票價、旅客流量和財務的關係

我們現在考慮公共運輸系統中票價設置與公共運輸整個行業所面臨的總體財務狀況之間的關係。圖28.12顯示了它們之間的總體關係。收入是票價和旅客流量的乘積（我們假定公共運輸行業採用單一票價體系）。在這個分析裡，我們假定成本與乘客人數並不是「第一近似」函數關係。也就是說，對「微小的」乘客人數變化，運營成本與運具上的乘客人數無關（這一點鐵路列車和公路公車的運營很相似）。

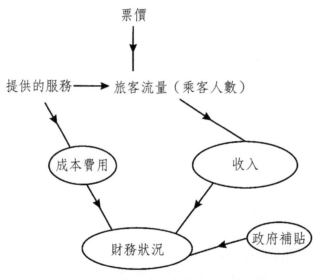

圖 28.12　票價、旅客流量和財務狀況

公共運輸行業的財務狀況是由「利潤」支配的，利潤等於總收入減去總運營成本。這裡，我們就有一些運營策略。比如，我們可以降低票價，來吸引更多的旅客流量——即增加乘客人數。根據需求曲線（表示乘客人數和票價函數關係的曲線）的形狀，降低票價可能會改善公共運輸行業的財務狀況。

各種需求方程

現在，我們看以下幾種需求方程理論。

線性需求

我們開始看圖 28.13 所表示的線性需求方程。

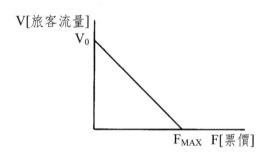

圖 28.13　線性需求函數

圖中直線的方程可以寫為：

$$V = -\left[\frac{V_0}{F_{MAX}}\right] \cdot F + V_0$$

定義 R 為收入。

$$R = F \cdot V = F\left[\frac{-V_0}{F_{MAX}}\right] \cdot F + V_0 F$$

選擇使得 R 最大的 F。

$$\frac{dR}{dF} = 2F\left[\frac{-V_0}{F_{MAX}}\right] + V_0 = 0$$

這樣，最佳收入對應的票價 F_{OPT} 如下所示：

$$F_{OPT} = \frac{F_{MAX}}{2}$$

很明顯，最佳票價水平與需求關係的函數形式有關。

拋物線需求

如果我們選擇一個如圖 28.14 所示拋物線型的需求曲線，我們將得到一個不同的最佳票價水平。

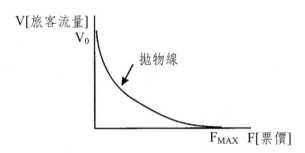

圖 28.14　拋物線需求函數

數學形式如下：

$$V = k \, (F - F_{MAX})^2$$

如果：$F = 0,\ V = V_0$

$$V_0 = k F_{MAX}^2$$

$$k = \frac{V_0}{F_{MAX}^2}$$

$$V = \frac{V_0}{F_{MAX}^2} \Big[F - F_{MAX} \Big]^2 \, ; \ 0 \le F \le F_{MAX}$$

當 $F = F_{MAX}$ 時，$\dfrac{dV}{dF} = 0$

記住，R 為收入：

$$R = F \cdot V = F \left[\frac{V_0}{F_{MAX}^2} \right] \Big[F - F_{MAX} \Big]^2$$

$$\frac{dR}{dF} = \frac{V_0}{F_{MAX}^2} \left\{ \left[F - F_{MAX} \right]^2 + 2F \left[F - F_{MAX} \right] \right\}$$

因為 $\frac{dR}{dF} = 0$

$$F_{OPT} = \frac{F_{MAX}}{3}$$

「真實」需求函數

讀者認為真實的需求函數應該是什麼樣的？許多公共運輸管理人員認為真實的需求函數如圖 28.15 所示。

圖中水平線表示在某個票價水平範圍內，票價的變化對需求量影響很小或者沒有影響。因此，我們為何不提高票價水平來提高收入？

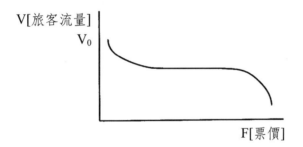

圖 28.15　無彈性需求函數

公平性

甚至當公共運輸管理者能正確理解非彈性需求曲線，即他們可以透過提高票價，使不得不使用公共運輸的人們多付錢來增加公共運輸企業的收入時，這裡還存在一個社會公平性的問題。試問，公共運輸的票價上漲會給哪些人帶來最大的負面影響？通常是那些處於社會最底層的群體受的負面影響最大。

另一方面，如果管理決策是錯誤的，票價的提高會導致旅客流量下降，如 28.15 中右邊的曲線分支一樣，那麼就使公共運輸系統的財政狀況更加惡化。這可能對整個區域的巨觀經濟產生更大的衝擊，當人們發現上下班旅次變得更加困難時，也許會因此而放棄工作。

空氣品質

如果人們放棄公共運具，從而有更多的人們駕駛客車旅行的話，就會產生空氣品質問題。另外，當人們從較為安全的公共運輸旅行模式轉向較為不安全的客車旅行模式，還會產生交通安全方面的問題。

惡性循環

進一步，如果由於收入降低使得運輸系統基礎設施得不到維護，服務品質下降，就會出現我們前面介紹過的「惡性循環」的情形。當然，在這類分析中的這種問題是很複雜的。在目前我們面臨的如此複雜的社會政治環境下是很難作預測的。建立模型能幫助我們理解這些問題，但要知道，建立模型只能解決部分問題。在如此複雜的情況下，無論是提出一個實際可行的解決方案或是作出一個管理決策，都必須把模型結果與專家判斷、政治現實甚至一些基本常識結合起來考慮。擁有複雜的模型，並能產生結果，並不意味著我們就能得出現實可行答案。

其他一些方法

最後，我們總結一些公共運輸行業專家開發的用於改善公共運輸，或者，更廣泛地說是改善美國都市交通的方法。

專用公車車道的觀念已經得到了實際應用。這種方法大體上是規定公路上的某些基礎設施只能由公共運具使用——在這裡是指公車。這種政策實施的困難是單乘載率車輛（SOV）的司機會注意到基礎設施的「低使用率」。關鍵的一點是——從每小時旅客流量的基礎來判斷一個基礎設施使用率的高低並不是很明確。

David Jones，公共運輸領域專家，指出公共運輸需要進行結構改革[4]。他提出了一些公共運輸行業的改良方法。改良方法包括開發新型的、更靈活的票價結構，以及面向市場的企業組織結構——這些都是公共運輸行業遠遠落後於其他行業的方面。Jones 指出，公共運載車輛的組成類型應該更多樣化，它應包括各種類型、大小不一的車輛；而且公共運輸系統應該提供更多不同類型的服務。他並不贊成現代社會公共運輸行業裡這種「統一車型」的方式。為人們提供他們所需要的服務，就是把人們從客車內轉移到公共運具內的方法。

　　Jones 還提到了公共運輸企業建立新型勞資關係的必要性。公共運輸行業裡管理階層和勞工之間的摩擦可謂歷史悠久，雙方各自都存在許多不對的地方。Jones 指出，管理層和勞工之間建立新型的關係，是保證公共運輸行業在促進都市繁榮發展中發揮應有作用的基礎。

結論：公共運輸系統

　　這裡，我們提出的觀點並不是特別的讓人樂觀。目前，公共運輸行業已經進入困難時期，其中還存在的一些亮點的部分原因是美國國家政策的傾向。從聯邦公共事業經費的角度看，二戰後美國將大部分公共經費都投入到公路建設和機場建設。房地產抵押稅減免制度以及擁有獨立庭院的美國夢形成了目前這種使公共運輸難以提供服務的土地使用模式。因此，公共運輸行業正面臨著一場攻堅戰。

　　一些較有創新意識的公共運輸行家和管理者已經意識到「公共運輸」一詞具有更廣泛的涵義，並致力於讓人們離開單乘載率車輛（SOV），這是一個恰當的策略。當然，如果公共運輸系統能變得與目前財務和土地使用的實際狀況相適應，我們的都市會變得更宜人。但這需要許多具有創新意識和獻身精神的公共運輸行家和管理者來實現這一切。

參考文獻

1. Hoffman, A. "Toward a Positioning Strategy for Transit Services in Metropolitan San Juan", Thesis for Mastor of Science in Urban Studies and Planning, M. I. T., February 1996.

2. Gray, G. E. and L. A. Hod, (eds.), *Public Transpertation: Planning, Operations and Management*, 2nd Ed., Englewood cliffs, NJ: Prentice-Hall, Inc., 1992.

3. McQueen, B. and J. McQueen, *Intelligent Transportation Systems Architectures*, Norwood, MA: Artceh House, 1999.

4. Jones, D., "The Dynamics of Transit's Decline and Continuing Distress, " *Urban Transit Policy: An Economic and Political History*, Englewood cliffs, NJ: Prentice-Hall, 1985.

Chapter 29

城際旅客運輸：航空

城際旅客運輸

我們對城際旅客運輸的敘述從航空旅客運輸開始，主要集中討論美國的航空運輸業。下一章，我們將討論鐵路城際運輸，主要也是討論美國鐵路運輸業，同時也介紹其他國家的鐵路系統。

航空客運發展簡史

懷特兄弟

在 20 世紀早期，美國卡羅萊納州的北部，懷特兄弟首次成功進行了人類歷史上真正意義的飛行。與許多其他新興技術一樣，在 1914-1918 年間的第一次世界大戰期間，航空運輸技術得到了迅速發展。這顯示了航空作為一種運輸模式的長遠潛力。人們認識到，航空是一種有實際用途的民用運輸模式，而不僅僅是一個新奇事物（如帶翼行人等）。

航空郵件與 Kelly 法案

在 1918 年，美國開始出現航空郵寄服務；1925 年，聯邦政府通過了 Kelly 法案，允許美國郵政局與私營航空公司簽訂郵件航空運輸合同。運輸歷史學者認為，這是美國航空發展史一個極其重要的事件。Kelly 法案還要求提供航空郵寄服務的公司同時也提供航空旅客運輸服務。聯邦政府當局意識到航空旅客運輸的巨大發展潛力，因此政府利用航空郵件的利潤為槓桿，吸引私營航空公司不僅提供航空貨運服務，同時還提供航空客運服務。

在 20 世紀 30 年代，幼小的航空運輸業有相當大的一部分收入來自於航空郵件合同。經濟學者認為，政府支付的郵資遠遠高於航空郵寄成本——也就是說，政府為了發展航空業，對那些公司進行補貼。同時，在 30 年代，聯邦政府還投資建設國家空中航線系統，現在稱之為「空中交通管制系統」。

第二次世界大戰

在 20 世紀 30 年代，航空運輸業的發展相對緩慢。安全問題困擾著航空業。同時，

由於受到全球經濟衰退的影響，美國也沒有太多可自由支配的投資經費。同時，這段時期的技術進展步伐也開始放緩。但後來在 30 年代末、40 年代初爆發的第二次世界大戰，為航空運輸業的第二次迅猛發展提供了強大的推動力。航空運輸業在飛行器設計和製造工藝上有了極大的技術進展。飛機，作為二戰主要作戰元素，技術上得到了迅猛發展。

　　二戰爆發引起的社會因素也對航空運輸業的發展產生影響。首先，許多在正常情況下（和平時期）不會接觸到飛機的人們接觸了航空進行運輸。武裝部隊的調遣是透過航空運輸。人們漸漸不再認為只有宇航員之類的人才能飛行，而是把飛行作為一件每個人都能做的普通事情。

二戰後時期

　　美國在二戰後經歷了一個經濟快速膨脹時期。人們大量購買小客車，以及其他一些物品，同時，人們也有足夠的經濟收入支付這些消費。在此經濟發展時期，大量二戰期間研究出的技術成果極大促進了航空運輸業的技術進步。

商用噴氣式飛機

　　在此期間，美國航空運輸業發展迅速。到 50 年代末，噴氣式飛機首次投入商業運營。直到那以前，商用飛機一直是螺旋槳飛機。噴氣式飛機具有更大的旅客承載能力、更快的飛行速度；而且還為機內乘客提供更高的舒適度。

往返班機

　　60 年代初，航空運輸業出現了重要的市場革新——東方航空公司在美國東北空中走廊推出了一種往返班機服務（現在東方航空公司已經破產了，但這種往返班機服務被保留了下來）。東方航空公司提供的往返班機服務包括：在波士頓、紐約和華盛頓三個都市之間開通一種無需預約、每小時起飛一次的往返班機服務。

　　往返班機的出現是航空市場的一個重大改革，因為它把航空運輸服務定位為面向普通大眾而不僅僅面向社會精英。人們只要走入機場候機室，登上飛機，然後（在當時）在飛機上再購買機票。人們不需要進行預約定票。東方航空公司在廣告中承諾，如果乘坐六點班機的乘客人數超過一架飛機的承載旅客量，他們將增加另一架班機，即使只有

兩三個顧客需要服務。由於這種航空運輸服務無需預約、方便簡捷而且選擇性大,使得它走在當時航空運輸市場的最前端。

廣體飛機

在 70 年代,航空運輸業持續發展,出現了廣體飛機——747 系列、DC-10 系列。這種飛機的機艙內都有兩個走廊,可並排放置 11 個座位。根據飛機具體構造的不同,承載能力可達 400 人左右。

航空運輸成本

勞動力成本是航空運輸業總成本的重要因素,它包括飛行機組人員、機場工作人員、機場售票員等等。從行業整體看,航空運輸業總成本中大約有 35%-40%費用與勞動力有關。

燃料費也是美國航空運輸公司運營總成本的一個主要組成部分——約占 20%。燃料費總是變化迅速而且變化幅度很大。在 1973 年和 1979 年的石油危機中,噴氣式飛機的燃料成本急劇上漲,給航空運輸業帶來相當大的負面衝擊。

設備成本也是航空運輸業總成本的重要組成,一架大型航空客機的成本可高達上億美元。當把設備折舊和利息考慮在內時(這些飛機由運輸公司負擔購買),我們會發現這是一個很大的成本支出。因此,航空運輸運營的關鍵是保持高的設備利用率,讓客機總是在不停的運轉,並儘量減少空載時間是航空運輸業降低成本的關鍵。

規章制度

聯邦政府於 1978 年解除了對航空運輸業的管制,允許各航空公司比以前有更多的市場競爭自由。各航空公司可根據市場壓力和運營狀況,適應競爭對手相當自由地改變機票價格。新航空公司的行業進入壁壘也明顯降低了。

航空運輸業財務問題的原因

關於為什麼航空運輸業會面臨間歇性的財務問題有許多原因。競爭顯然是其中一個重要元素。有些人認為航空運輸業所具有的運輸能力比實際的航空運輸需求要大。有一

些公司在競爭中對自己進行恰當的市場定位，如西北航空公司，它實行一種高旅客運輸量，和相對低的運輸服務品質（從乘客在飛機上受到的服務水平來看）的運營方式——提供非常低廉的票價把乘客從常規航空公司那裡吸引過來。

　　航空運輸業的收入對飛機內的乘客數與座位總數之間的比率（承載率）的變化非常敏感。一旦某個座位是空的，就沒有可能由它得到任何收入。意識到這一點，各航空公司之間曾經進行過一些惡性價格競爭。人們可以購買到高折扣機票，尤其在當他們願意提前很早購買不可退換、轉簽的機票的時候。這一點反映了各航空公司都已意識到，飛機上多一個乘客，甚至是低價機票的乘客，也比飛機上多一個空座位的情形要好。一些公司認為昂貴的票價會使市場蕭條。

　　航空運輸業發現很難迅速調節企業的航空客機總數，從而很難調節自身的運輸能力。從向製造廠商訂購一架新客機到航空公司收到客機之間的時間間隔可能會長達數年。再加上數年後航空旅客運輸市場狀況進行預測非常困難，這顯示，航空運輸公司在市場運輸需求量大的時候訂購的客機，等幾年後到達航空公司時，航空運輸業的市場需求可能已經縮小了，這使得航空公司裝備上昂貴而多餘的運輸能力。

　　許多國家的國際航空公司在提供國際航空運輸服務時，政府都有相應的補貼，而美國的航空公司，至少在原則上，是沒有補貼的。因此，可以說，在利潤可觀的國際航空市場上的競爭並不是在同一個起跑線上。美國的航空公司會爭辯，因為不享受政府補貼，他們與享受政府補貼的法國航空公司進行的競爭是很不公平的。允許哪些航空公司提供到達哪個國家的航空旅客服務是一個政治性相當強且容易引起爭論的問題。

航空客運與運輸系統 30 個關鍵要素

　　前面我們介紹了運輸系統的 30 個關鍵要素。回想一下這些要素，哪些可能會對航空運輸業產生特殊影響？

隨機性

　　對航空運輸業非常重要的第一個關鍵要素是運輸系統的隨機性（第 26 個關鍵要素）——運輸系統無論在供應還是需求方面，往往都會受到各種隨機因素的影響。航空運輸業中存在的隨機性——比如說，天氣方面——是一個尤其重要的影響因素。造成航空運輸系統延誤的最大原因是天氣狀況。如果天氣狀況不佳，服務水平將大大下降。

需求高峰

另一個對航空運輸業尤為重要的關鍵要素是需求的高峰時段（第18個關鍵要素）。這裡的基本問題是應如何選擇運輸能力——我們不滿足乘客運輸需求的頻率是多少？航空公司往往會面臨一些非常嚴重的需求高峰——如在感恩節和耶誕節前後的假日旅行。與上下班旅次相似，商務旅行基本上是出現在工作日，而且主要集中在每日早晚。假日旅行主要傾向於週末，而且不同的目的地具有不同的季節高峰期。

選擇運輸能力

巔峰性在航空運輸模式中顯得尤其重要。它與機場能力——機場以某種速度接受飛機著陸的能力——是航空運輸系統的主要瓶頸這一事實有關。某些機場的起飛和著陸跑道數目可能非常有限。因此，我們可能會因為機場能力限制而使飛機延誤。

這是一個很嚴重的問題，因為擴張機場能力——至少是採用新建機場或者在已有的機場上建設新跑道的傳統方法——在美國實行起來非常困難。反對在大都市地區興建機場的社會壓力相當大。每個人都希望有機場，但沒有人願意居住在機場附近，因為噪音及其他一些影響如大量的客車交通。在大都市地區集中土地興建一個機場幾乎是不可能的。因此，在過去幾十年裡，美國的大都市地區只新建了很少的機場。丹佛國際機場是過去20年裡唯一的一個例子。

網路行為

30個關鍵要素中另一個相關點是線路網運行（第25個關鍵要素）。線路網的運行方式總是難以預測的。航空線路網以一種高度互聯的方式運營；因此航空公司很容易受這些線路網的影響。這樣的線路網結構使得地區性的飛行延誤很容易引起廣大地理範圍的延誤。而線路網的高度互聯性是航空運輸系統的定義特徵。

在這種情況下，值得一評的是新丹佛國際機場的建造動機並不僅僅是改善丹佛市的可及性，相反，它在美國線路網中起著網路中心的作用。丹佛市經常出現不良天氣狀況，而老 Stapleton 機場的物理配置又限制了它在複雜天氣下的作業，這使得 Stapleton 機場發揮不了線路網中心的作用。

陸側問題（Land-Side Issues）

我們繼續討論航空旅客運輸中與陸側設施有關的問題。

機場可及性（Airport Access）

旅客們真正感興趣的不是從一個機場飛到另一個機場，而是從某個起始點到達某個目的地。因此，乘客的旅行實際包括，比如說，從市中心旅行到機場，從機場乘飛機飛抵達位於目的都市的機場，然後再從機場到市中心（如圖 29.1 所示）。

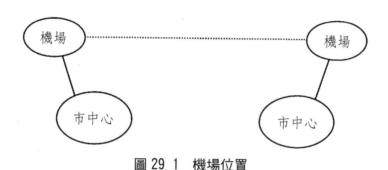

圖 29.1　機場位置

因此，戶及戶的旅行時間除了空中旅行時間之外還有其他重要的組成部分。我們有一個地面旅行抵達機場，通常在機場裡會有一些逗留時間和空餘時間——你要停泊客車，然後步行穿越候機室到登機門。因此，你將留出一定的空餘時間保證能乘坐上飛機。飛機著陸後，你又要離開機場：走出飛機場；租一輛小客車或乘坐機場大巴士，去往市區裡的最終目的地。

相關服務水平問題

航空運輸旅客感受到的服務水平並不僅僅取決於空中旅行的速度，但這是唯一由航空公司直接提供的服務。旅客感受到的服務水平還受旅行中其他特徵的影響，如機場離市中心的距離、市中心與機場之間道路的交通擁擠狀況等類似因素。

一些航空班機服務，如波士頓到紐約的班機，明確意識到他們提供的服務具有複合運輸的性質。他們提供的服務還包括從紐約機場到曼哈頓的車輛換乘服務，只在原來的飛機票上附加上換乘車票，顧客在購買機票時可以自由選擇是否加上換乘車票。

這些班機意識到他們真正提供的服務是什麼。他們提供的服務實際上是把乘客運送到他們想到的地方去，而不只是把他們運送到目的機場。大西洋航空公司在廣告中說，在飛往歐洲前，他們可以用豪華轎車將你從任何地方送到飛機上。由此可見，複合運輸服務的觀點在旅客運輸行業中愈來愈得到認可。

機場與市中心的臨近度

機場與市中心的臨近度是航空運輸的一個問題：旅客旅行的總旅行時間顯然會隨著機場與市中心的距離不同（5 英里，20 英里，還是 50 英里）而發生變化。在波士頓城區有一個非常臨近市中心的機場，Logan 機場，如果道路交通狀況良好的話，從波士頓市中心駕車到達 Logan 機場只需要很短的時間。

另一個離市中心非常接近的機場是位於華盛頓市的國家機場（現在稱為雷根國家機場）。國家機場還有一個額外的便利之處在於：華盛頓地鐵系統與機場相銜接。波士頓的 Logan 機場也如此，雖然從 MIT（麻省理工大學）到 Logan 機場途中需要換乘兩次，但在交通擁擠的高峰小時，這是最快的旅行方式。

新建的丹佛國際機場距離丹佛市中心有相當一段距離。國際上，日本的成田機場與東京市中心有大約 50 英里的距離。日本東方鐵路運輸公司提供一種高品質的列車服務──成田高速列車──從東京市中心的火車站到達成田機場需大約 1 個小時左右（中途無停車）。

機場軌道通路（Rail Access to Airports）

在機場修建軌道通路的觀點──歐洲機場在很早以前就開始實行，如德國法蘭克福或者瑞士蘇黎世的機場──現在，對美國大都市顯得日益重要[1]。在亞特蘭大的 Harts-field 機場；你甚至不用離開候機室就可以進入地鐵──MARTA 地鐵系統──花 1.5 美元就可以直接到達亞特蘭大市中心。你也還可以透過 CTA 系統到達 O'Hare。

幾年來，紐約政府一直在討論開發一個「到飛機」的列車系統，即一列火車將直接從曼哈頓東部開往拉瓜伊拉機場。建造這個通過皇后區的機場高速軌道通路──這裡的高速是相對目前擁擠的公路線路和低速的地鐵系統而言──是有可能的。

但居住在皇后區的人們──皇后區是拉瓜伊拉機場所在的地區──擔心這些列車高速通過，會給他們的地區帶來一些影響，而他們本身並不能從這種高速的服務中得到任

何益處，因為列車基本上會從曼哈頓東部直接到達機場，對皇后區的人們不提供任何運輸服務。這是運輸系統經常面臨的經典而棘手的政治難題。建造一個運輸系統，就要考慮誰是獲益方以及誰承受負面影響。要到達某個地方就不得不通過某個地方。使用運輸系統的乘客獲得利益，而那些居住在「被通過」地區的人們則要承受列車帶來的負面影響。

機場候機室設計

機場可及性是陸側問題的一個方面。陸側的另一個問題是機場候機室的設計。如何才能提供高效率而且用戶友好（如：步行距離最短）的候機室？

乘客行李管理是陸側設施運營一個非常重要的部分。行包管理，尤其在有大量乘客在機場進行飛行中轉的情況下——正如我們後面討論的軸輻式線路網運營中出現的情形——是非常重要的。

有人進行了一些研究，內容是機場作為一個都市地區的入口在心理上的重要性：機場給了你對這個都市的第一印象。這是你在下飛機後見到的第一個地點。許多都市規劃人員和都市開發者主張，在心理上，機場是很重要的都市入口，就與美國前一發展階段時期，鐵路車站的地位一樣；無論從身心角度看，人們都會把 Grand General 車站、Pennsylvania 車站和 Union 車站作為芝加哥市顯著的大門，是進入某個大都市的入口。

機場商業中心

把機場本身作為商業中心的觀點非常有意思。在日本，擁有鐵路車站的日本東方鐵路運輸公司，就把車站運營看成是重要的商業機會。他們在車站裡開闢了購物區。在許多人口在 50 萬－150 萬之間的日本都市裡，火車站就是商業活動中心。在日本，人們去火車站購物正如你去購物中心購物一樣。那裡有很好的商店和餐館。日本東方鐵路運輸公司已經把他的火車站作為商業利潤中心。在擁有高檔商店和餐館的機場，我們也可以看到這一點。

航空運輸業的重要問題

機場能力

正如我們前面提到的，航空運輸業的能力限制與機場能力息息相關。可以說，機場處理飛機起飛和著陸的能力，尤其在高峰小時的處理能力，是限制航空運輸業增長的因素，尤其在目前這種難以建造新的機場基礎設施的環境下。

機場擁擠定價

擁擠定價措施是一個更好利用機場能力的運營方法，我們已經在別的運輸模式中介紹過這種方法。這種方法能起作用，但它面臨著極大的政治阻撓。各航空公司都向機場繳納一定的機場使用費。正如其他運輸模式一樣，機場可根據一天中不同時段對航空公司收取不同的機場租借費，達到「分散高峰」的效果。

機場擁擠定價的目標物件之一是在機場著陸的專用航空（航班飛機以外的民航飛行）飛機，這些飛機通常屬於私人所有，而且體積相對比較小。如果它們在高峰小時著陸，會導致機場嚴重的擁堵和延誤，而且，由於機場使用費基本上是按照飛機重量計算的，這些飛機支付的機場使用費金額並不大。因此，為什麼不在繁忙時段對這種普通航空飛機收取較高的費用來「迫使」他們在非高峰小時著陸？

事實已經證明，反對機場擁擠定價實施的政治阻撓力量是非常難以克服的。波士頓地區在幾年前就已經開始嘗試，藉由在高峰小時對普通航空飛機收取較高的機場使用費，迫使專用飛機在非高峰小時著陸。這項措施使得機場的擁堵程度大大降低。但最終，政治和法規的力量證明是不可抵抗的，Logan機場的擁擠定價措施最後還是被終止了。

軸輻式運營方式

　　圖 29.2 表現了航空公司一種軸輻式的航空路網運營方式。在美國西海岸三個都市的乘客透過在丹佛機場中轉到達東海岸的三個都市。

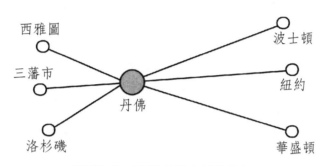

圖 29.2　軸輻式航空線路網

軸輻式運營的成本／服務水平衡量

　　軸輻式運營已經成為美國航空運輸業一種重要的運營方式；它表現了成本／服務水平之間的經典的平衡關係。軸輻式運營提供的航空運輸服務品質比從西海岸直接抵達東海岸的飛行服務品質要低。但是，航空公司提供這種軸輻式航空運輸服務的成本顯然要比提供直達飛行服務的成本要低。他們認為，至少在原則上，節約下來的成本會轉移到乘客身上。在航空運輸業這種高度競爭的環境下，這很可能是事實。直達航空運輸服務的費用高昂；軸輻式航空運輸服務相對要便宜一些，航空公司以較低的成本獲得較低的服務品質，在原則上，乘客方面也是如此。

　　軸輻式路網運營方式還存在其他的問題。首先，我們提到，機場能力已成為美國國家航空運輸系統能力的瓶頸。而軸輻式路網運營方式往往會加劇這類能力問題。在軸輻式運營方式下，會有更多的飛機進出機場，而且各航班飛機的時刻表設計原則是要儘量減少乘客在中轉機場停留的時間。因此，這些飛機的著陸和起飛時間往往會集中在一起——導致機場達到最大負荷。

軸輻式運營與系統穩定性

　　我們在討論鐵路貨運時介紹了系統穩定性的概念。現在，讓我們在航空運輸的環境下考慮這個問題。假設各銜接航班飛機的著陸和起飛時間非常接近。如果一切運轉正常

的話，人們會得到很高的服務水平，因為到達飛機的著陸與出發飛機起飛之間的時間間隔相對比較短。但是，如果遇到天氣狀況不佳，或者飛機因為機械故障或其他任何可能性發生延誤，在這種時刻表緊密規劃的運營方式下，系統很快會變得不穩定。

在鐵路貨運中也存在同樣的問題。比如，是否為等待貨物集結而延遲發車？延遲發車會產生什麼後果？假如不知什麼原因，三藩市的飛機起飛被延遲了，那麼，我們要不要為了等待從三藩市來的乘客而推遲從丹佛到波士頓飛機的起飛？而另一方面，從西雅圖和洛杉磯來的飛機已經著陸，坐在飛往波士頓的飛機裡的乘客們問：「飛機為什麼還不起飛？」航空公司可以回答：「我們正在等待三藩市的班機」嗎？

如果你延遲飛機的起飛，那麼你將會為三藩市的乘客提供較高品質的航空運輸服務，因為他們不必等待下一班機，如果是在夜晚的話，他們可能要等待第二天的班機。另一方面，對那些早就等待在飛機裡來自西雅圖和洛杉磯的乘客來說，他們受的服務水平就會降低，而且如果你延遲了此班機的話，你可能會對波士頓機場的班機產生許多問題，也許它正依靠這班機的及時抵達才能飛往其他目的地。

由此可見，軸輻式運營是一種精細調整的運營方式。當它像時鐘一樣準確無誤地運行時，可以達到非常好的成本效益，而且成本和服務水平之間可以達到合理平衡。但是這樣的系統比較容易脫離平衡狀態。對隨機性高的航空運輸業來說，出現這類情況並不少見。

航空線路網管理：地面等待（Ground Holds）

「地面等待」是現代航空線路網管理一個重要部分。在早些時候，比如，飛機從波士頓起飛，當到達紐約附近的時候，它會在機場上空盤旋，等待機場的跑道暢通時才能著陸。

現在航空運輸系統的航線網運作方式與以前完全不同。現在，飛機在起飛機場原地等待，直到目的機場空出可供飛機降落的跑道再起飛。為什麼我們要採取這種運營方式？首先，讓所有那些等待降落的飛機在機場上空有限的空間裡盤旋等待是非常危險的。讓它們停留在機場地面上等待要相對安全得多。其次，讓飛機停留在地面上比較經濟，因為這不像在空中盤旋那樣需要耗費燃油。因此，透過地面等待方式，我們使得飛機在空中的停留時間最小化。

雖然航線網管理系統得到了很大的改善，但無論如何我們也不能說它毫無缺陷。特

別地，進行地面等待的理由之一是目的都市的天氣發生了變化。天氣並不總是那麼容易預測的；預測天氣是否會在一個或者兩個小時之內變晴朗，超出了現代氣象學的技術發展水平。這意味著你可能會浪費機場能力。飛機也許會在起始都市裡等待起飛，而目的都市的天氣比預期的提前晴朗。目的機場控制塔裡的人會說：「這裡已一切就緒」。他抬頭看看天空（象徵性地），然而空中卻沒有一架飛機準備著陸。由於預計到不良天氣狀況會繼續下去，在過去幾小時裡，開往目的機場的飛機都停留在地面沒有起飛。

這種地面等待，或更一般地說，航線網管理系統通常被稱為空中交通流量管理系統。它試圖在一個有多個航空公司競爭和多個機場（有時也存在競爭）、具有高度隨機性的環境下，提供一種最適宜的，能在安全、效率、利潤和服務水平之間達到平衡的空中線路網運營方式。

安全

安全是航空運輸業一個關鍵服務水平變數。雖然航空運輸的安全性遠遠高於客車運輸，但是，航空事故一旦發生，往往都很重大且引人注目。聯邦航空局（FAA）一方面負責管制航空公司的安全；另一方面，他們也被授權推動航空運輸業的發展。有人認為聯邦航空局扮演的這兩種角色有內在的衝突。

航空器技術

航空器規模

航空器規模是航空運輸行業的一個重要參數。不斷開發更大型的客機，是民航旅客運輸業一個持續不斷的發展趨勢。前面我們提到了在 70 年代初期出現的廣體飛機，其運載能力可達 400 人左右。更大型的航空器——現在使用的專業名詞是 VLA，或者稱「超大型航空器」——正處於發展階段。現在，人們正在探究單個航空器的最大允許規模經濟，如運載能力達 800 人的技術構想。

理論上，我們認為航空運輸大型客機這種運營方式，與前面討論過的油輪運輸一樣，也存在著規模經濟性。利用超大航空器，你可以用較低的座位－英里成本來運送乘客。使用超大航空器（VLA）進行運輸會產生許多影響。從機場擁堵的角度出發，你

可以猜到 VLA 的使用會發生什麼情況？

它將緩解機場擁堵。

為什麼會這樣？

因為每一架飛機將會運載更多的乘客，因此減少了飛機的降落和起飛次數。

正確。比如以前需要兩架運載能力為 400 人的飛機進行運營，現在只要一架可運載 800 人的飛機即可。

如果一次飛行乘客數量達到 800，而不是 400 的話，可能會給地面系統帶來嚴重問題。

這可能導致機場陸側設施需要進行一些「改造工程」，試想，當在下午 2 點，從倫敦、巴黎和布魯塞爾同時各有 800 名乘客同時抵達 Logan 機場，而且每一名乘客都想通過海關安檢，這會是一個很難處理的情形。

那麼，超大航空器的使用會對旅客大眾的服務水平產生什麼影響？你又如何看待這一點？

如果飛機上仍舊只裝配一個登機門的話，那麼飛機裡的乘客離開飛機的時間將會長得多。

正確。

飛行航班次數很可能會減少。

完全正確。我懷疑，當飛機承載能力達到 800 人後，航空公司會減少飛行航班的數量。飛往芝加哥的航班可能會從原來的一日 5 次，減少到如一日 3 次。這樣，作為一個

乘客，我並不認為這樣對我有利。我的機動性降低了。航空公司的成本可能會降低，而且，原則上，這將會反映到我的飛機票價上。但是，實際上，這裡有一些基本的服務水平／成本之間的平衡。

短距離起落航空器

　　航空運輸業一些其他的技術革新：我們前面提到了 50 年代出現的噴氣式飛機，70年代出現的廣體飛機，和可能在未來會出現的超大型航空器。另一個技術革新被人們稱為「短距離起落航空器」，或者稱為 STOL。

　　「短距離起落航空器」的想法是：目前機場存在的兩個問題是與市中心的距離太遠以及機場能力不足。這兩個問題的原因都在於飛機在起飛和降落時需要很長的起飛距離和著陸距離。飛機是在一段時間內漸漸從高空降落；當飛機著陸後還需要滑行一段長長的距離才能在跑道上完全停下來。這就意味著機場需要很大的占地面積，而且飛機在降落時會產生巨大的噪音。這就是為什麼機場通常都建設在遠離都市中心的郊區的緣故。

　　短距離起落航空器（STOL）的構造使得航空器能垂直安置它的引擎。它能夠像直升機一樣垂直起飛。一旦上升到足夠高度，航空器會把引擎移向水平位置，再進行正常飛行。到達目的地後，航空器將垂直著陸。這對機場的選址和能力有潛在的巨大影響。

　　這種航空器是否能在成本和安全因素的範圍內製造成功在目前還是一個問題。現在，已有大量的資金投入到這個領域的研究和開發中，而且軍方，當然，對這個領域也非常感興趣。至於這類航空器是否將在民航運輸中應用，目前尚不明確。

超音速飛行

　　從長遠角度看，超音速飛行是一個非常重要的觀點。你乘坐協和飛機，從紐約到巴黎和倫敦只需要 3 小時左右，但超音速飛行也存在著一些問題。首先，它的運輸費用高昂。這是一個成本非常高，價位也很高的服務，其擁有的市場相對狹窄。而且，超音速飛行還會對地面產生音爆效應。但的確，可以在 3 小時之內從巴黎飛達波士頓或者紐約，還是有一定價值的。

太空穿梭機

　　航空運輸業的一些空想家為下一代人設想出了「太空穿梭機」。這種太空穿梭機

將進入亞軌道空間飛行——在 10 萬或者 15 萬英尺的高空中——並且在 2、3 個小時之內就能從紐約抵達東京。

引擎和航材技術

對航空器發展非常重要的引擎和航材技術——我們不在這裡進行詳細討論，但要意識到航空運輸業是一個技術密集型產業。在過去一戰、二戰以及冷戰時期，軍方的研發成果一直對航空運輸業的發展有著非常積極的推動作用。

飛機作為美國出口行業

與美國政府對航空運輸業進行的大型研發投資相關的是，航空運輸飛機對擁有像波音等大型飛機製造公司的美國來說，是一個龐大的出口市場。航空運輸飛機作為美國重點出口行業（同時也是國內重點行業）有著舉足輕重的地位。

航空運輸業的投資收益管理

在各航空公司儘量合理地使乘客坐滿飛機內座位的背後，有著重要的商業利益。我們應如何建立一種演算法，針對某次班機，隨時間推移以不同的價格售出飛機票，從而使飛行航班的收入達到最佳？

下面是某航空公司如何針對某條航線，選擇合適規模飛機的方法。飛機的規模越大，其運營的成本就越高；但是，飛機的運載能力越大，飛行的溢出成本——即由於飛機運載能力已滿而損失的收入就越小。（當然，我們必須假設當乘客只是轉乘下一班飛機時，我們可重新獲得這些收入。）圖 29.3 說明了上述平衡關係。

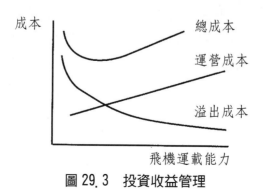

圖 29.3　投資收益管理

航空運輸業：補貼的例子

我們現在以航空運輸業作為例子，來說明一個在整個運輸行業都通用的補貼概念。

當討論到補貼時，我們需要瞭解的一個問題是，支援某一個運輸服務所需要的運營成本與使用此運輸服務的乘客所支付的費用之間的關係是什麼。在航空運輸行業裡，存在不同類型的補貼。讓我們從企業內部補貼開始。一個獨立的航空公司，為不同類型的乘客提供服務，實際上，公司可能會把從一部分乘客那裡得到的收入對另一部分乘客進行補貼。也就是說，航空公司把運營收入的一部分補貼給一些乘客。

下面，我們將討論幾種不同類型的補貼。首先是航空公司在長途乘客與短途乘客之間進行的補貼。長途乘客與短途乘客的成本計算是不一樣的。從每英里飛行里程看，航空運輸長途飛行比短途飛行的成本要低。長途飛行乘客所支付的高於成本的價格，可能補貼了短途飛行乘客所支付的飛機票價。

第二類補貼是商務乘客與非商務乘客之間進行的補貼。商務乘客要求有足夠的機動性，他們會在非常短的時間內做行程計畫，並且可能很快又會更改計畫。航空公司為這種靈活的服務收取額外的費用。假日乘客通常有更多機動性，而且他們提前很早就作好了旅行安排。航空公司一般為這些旅次提供低廉的機票。這樣，商務乘客就為非商務乘客提供了票價補貼。

有關補貼的另一個例子是航空公司內不同航線之間的補貼。航空公司可能會有距離和運營成本相當的兩條航線，但有時由於市場競爭，兩條航線的機票價格會不一樣。這時，無競爭航線的飛機乘客就為存在競爭航線的飛機乘客提供了票價補貼。

常飛乘客計畫

對常飛乘客，航空公司會採取什麼樣的優惠策略？

這種觀點的想法是儘量建立乘客的品牌忠誠。如果你在某一航空公司已經有很多的累積飛行里程，在合理的時候，你一般會選擇這個航空公司的班機。

這是另一類型的補貼。累積有足夠的某個航空公司的飛行里程的乘客可以免費搭乘此航空公司的飛機。我們可以認為，這些經常搭乘飛機的乘客和很少搭乘飛機的乘客之間存在著票價補貼。

那麼，不同運輸服務水平——頭等艙、商務艙和經濟艙——之間存在補貼嗎？

飛機裡頭等艙的乘客為一般乘客提供了票價補貼。提供頭等艙服務的實際成本可能

只是頭等艙飛機票價的一半。但是，相當一部分的頭等艙乘客並不需要為享受頭等艙服
務支付額外的現金，他們是透過使用以前的累積飛行里程免費升級到頭等艙。

再論補貼

我們已經討論了航空公司企業內部的各種補貼——一部分乘客為另一部分乘客提供
票價補貼。下面，我們可以更廣泛地考察航空公司、政府與乘客之間進行的補貼問題，
如圖 29.4 所示。

圖 29.4 左側是飛機乘客，他們要向商業航空公司支付各種服務費用。圖 29.4 的右
側是航空系統——機場設施和空中交通管制系統——基本上是航空運輸業的運營基礎設
施。

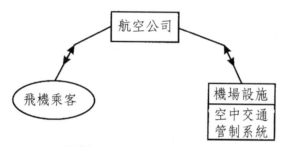

圖 29.4　航空運輸的資金流

航空公司向航空運輸基礎設施支付機場使用費。航空公司還透過繳納各種稅，如噴
氣機燃油費甚至公司所得稅，來支付基礎設施費用。但是，這些資金不足以支援整個航
空運輸系統的運轉。

因此，我們需要尋找航空運輸業的其他資助者——整個社會（詳見圖 29.5）。

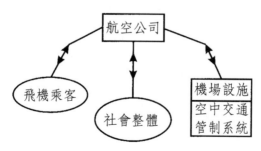

圖 29.5　航空運輸業補貼

也就是說，美國的國家總稅收收入承擔了機場和空中交通管制系統的維護費用。我們可以這麼說，整個航空系統都是由不乘坐飛機的人們提供補貼的，因為支持機場和空中交通管制系統的資金是從美國總稅收基金中來，由美國公民和企業繳納的稅金組成。雖然航空公司在使用機場時確實支付了費用，乘客們在搭乘飛機時也確實向航空公司購買了機票，而且乘客們還要透過稅收形式繳納機場和空中運輸控制系統等基礎設施的建設費，航空公司也透過繳納燃油稅來支援機場和空中運輸控制系統的運轉，儘管如此，航空運輸系統還是需要社會的補貼才能保持運轉。

社會效益足以證明補貼是合理的嗎？

問題是整個社會獲得的效益，足以證明它對航空公司、飛機乘客、機場以及空中交通管制等基礎設施所進行補貼是合理的嗎？現在，透過政治程式，我們已經做出判斷：實際上，我們的社會獲得的利益確實足以證明補貼的合理性。

我們看到，所有的運輸模式都未能從系統的直接運輸費用中獲得足以維持自身系統運轉的資金。客車使用者、公共運具的乘客、城際列車的乘客——所有這些人都是補貼的物件。為了幫助維持整個社會的機動性，其他一些資源的資金不可避免要流向運輸系統。可以說，運輸系統對易受難以預測變化的市場影響的社會基本需求實在太重要了。

但是，這些補貼會使人們做出一些運輸決策，而這些決策可能會導致整個社會的資源得不到最佳配置。當一個人決定駕駛小客車上下班時，他（她）並沒有承擔所有的旅行費用。這可能會導致社會總體資源達不到最合理的使用。但是，透過政治程式，社會開始基本上明白：對我們所有人，甚至包括那些不旅行的人，從社會機動性中獲得的利益來說，對客車運輸進行補貼是恰當的。

波士頓 MBTA 系統從運營車票收益中只能獲得 33%的運營費用（注意到這還不包括任何資本費用）。社會已經做出政治判斷；從波士頓都市、麻薩諸塞州以及新英格蘭地區的健康發展看，值得對搭乘 MBTA 的人們進行補貼，因為這產生就業機會和社會機動性，對每個人都有益。

其中有一些運輸系統補貼具有社會平等成分。人們總是要去工作的。如果我們不提供公共運輸服務，那些經濟狀況不大好，無力購買小客車的人們又如何加入到社會經濟活動中去？在美國這個小客車社會裡，對經濟比較困難的人來說，旅行是一個很頭痛的問題。這也是我們在政治程式裡對公共運輸系統進行補貼的原因之一。

　　關於補貼，人們還有另一個觀點。現在我們又回到航空運輸業的例子：國家透過公共基金對航空運輸系統進行補貼，從而各航空公司對波音公司生產的飛機會產生更多需求，整個社會也可以從航空運輸補貼中獲益。所以，這些問題——工作和企業的生存能力——也在補貼問題的考慮範圍之內。這取決於你如何劃定系統邊界。

　　回顧一下我們前面介紹過的電梯運輸系統。在那個例子裡，電梯運輸系統完全是由整個大樓對它進行補貼。沒有人為使用電梯直接付費；一個公司並不會因為它的員工使用電梯更多，或者位於大樓的高層而比其他公司支付更多電梯費用。電梯的費用已經被包含在大樓的租金結構裡了。物業公司根據每平方英尺面積來收取租金，但是，大樓裡不同的租借人之間會進行補貼。

　　也許大樓裡有一個從事快遞服務的公司位於四層；其公司員工頻繁地進進出出，並且大量使用電梯。然後，有另一個公司，它的員工只是早晚上下班才使用電梯。這裡就產生一些補貼，因為我們不會在每個人使用電梯的時候都收取費用，然後再利用這些收益來降低大樓的租金。因此，甚至在這樣一個簡單的系統裡，都存在補貼的問題；我們甚至不會認真考慮到這類補貼，因為我們已習慣性地認為，大樓裡的電梯服務是免費的。當然，它不是免費的——這樣一來，系統裡就產生了補貼。

參考文獻

1. Coogan, M. A., "Comparing Airport Ground Access: A Transatlantic Look at an Inter-modal Issue," *TR News* No. 174, November-December 1995.

Chapter 30

城際旅客運輸系統

鐵路旅客運輸系統

我們現在討論鐵路旅客運輸系統。設計適宜、設備齊全的鐵路列車可能具有很高的舒適度——許多情況下比乘坐飛機要舒適得多。乘客在旅行過程中有較大的機動性，可以坐在桌子前吃飯，還可以在一張真正的床上就寢，這些都是鐵路列車的優點。根本問題是你不能很快地到達目的地。而且，在現今社會，人們希望在相對少的時間內到達某個地方，並減少出門在外的留宿夜晚，這一點推動了城際運輸的發展，至少對商務乘客是如此。因此，不管乘坐鐵路列車多麼舒適，旅行多麼愉快，如果你只想儘快地趕回家並趕回來，那麼在長距離旅行中，鐵路運輸還是很難與航空運輸相抗衡。

鐵路車站的地理優勢

與航空運輸的機場通常遠離市中心建設不一樣，鐵路車站（許多在 19 世紀就已經建造）都位於都市中心（見圖 30.1）。因此鐵路運輸具有一個固有優勢：從鐵路車站到市中心需要花費的時間比從機場到市中心的要短得多。但隨著都市市郊化發展趨勢，人們旅行的起迄點也漸漸分散，鐵路運輸的這個優勢正在削弱。現在，從一個都市中心到達另一個都市中心的旅次數量，只是 40、50 年前旅次數量的一小部分；因此這些位於都市中心的鐵路車站的地理優勢沒有以前那麼大，雖然它仍然是一個競爭優勢。

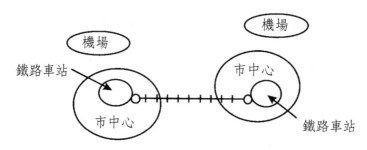

圖 30.1　鐵路車站位置與機場位置

鐵路列車：平面運輸模式

鐵路運輸與航空運輸相比，另一個優勢是：列車在地面上運行。鐵路運輸代表了一套與航空運輸完全不同的運輸能源和控制方式。你不需要像航空運輸一樣把幾噸重的鋁

升到空中,而這從結構設計和燃料耗費的角度來說都是非常昂貴的。而且,從控制的角度出發,鐵路運輸是讓列車在軌道上運行,這是一個控制非常嚴格的情形,而航空運輸是讓飛機在空中飛行,沒有任何物理導軌可循。

對於列車,我們還能夠透過把多節車廂連接起來提高列車的運載能力。如果我們發現每天早晨 8 點開往紐約的列車總是滿員,在列車後增加一節車廂是一個相對簡單的運營更改。但在航空運輸行業中如果要進行類似的運營更改,通常要增加一個班機,對能力有限的機場來說,這可能很困難。

鐵路運輸的另一個優勢是,由於列車運行的基本原理,因此它受天氣的影響很小。當然,大暴風雪也能使列車運行困難,但與航空運輸相比,平面運輸對天氣的敏感度要小得多。

問題:速度

當然,鐵路運輸系統同時也存在許多劣勢,其中最主要而且很明顯的一個是——速度方面。鐵路列車沒有飛機運行的速度快。

美國:幅員遼闊的國家

從整個國土面積來看,美國像一個巨大的矩形,東西相距 3,000 英里,南北相距約 1,500 英里(見圖 30.2)。

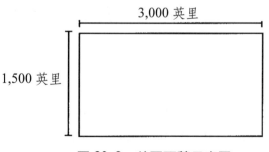

圖 30.2　美國面積示意圖

這是一個幅員遼闊的國家,即使列車以 200 英里／小時的速度行駛(它們的運行速度往往比這個速度低),也需要花很長時間才能從一個地方到達另一個地方。建立一個全國範圍的軌道運輸系統——連接東西海岸和南北邊境——在美國是不可行的。相反

地，把鐵路運輸系統作為地區的運輸解決方案，如建立軌道運輸的東北走廊，也許是可行的。

噪音影響

噪音可能也是鐵路運輸的一個問題，但與航空運輸的問題不一樣。當然，航空運輸會在機場內部及附近產生很大的噪音。但它產生的影響是相對局部的。在許多都市，機場離市中心都有相當一段距離，與整個都市的居民人口數相比，受到噪音影響的居民只是一小部分（但這對波士頓、紐約和華盛頓市來說不成立，因為它們的機場位置都接近市中心）。

鐵路列車的噪音影響情況完全不同。列車在整個運行過程中都會產生噪音（飛機在飛行的整個過程中也在產生噪音，但由於它在 3 萬英尺的高空飛行，產生的影響很小）。一列從波士頓開往紐約的列車，會對整個鐵路沿線的居民都產生影響。沿線房地產的業主對不斷增加的列車速度和每日發車頻率很擔憂。因此，由於鐵路運輸是一種平面運輸模式，「要到達某一個地方就必須經過某個地方」，因此，就產生了噪音影響問題。而對航空運輸來說，這點就沒有這麼重要。

實際上，並不是所有人都能從鐵路運輸中受益，這使得政府在處理鐵路沿線周圍的噪音和土地使用問題時更加為難。例如，康涅狄格州的居民擔憂，他們承受著從波士頓開往紐約的高速列車的影響，而實際上，位於康涅狄格州內的高速列車車站很少，因為車站數目的增加會降低高速列車的旅行速度。所以，這裡存在的問題是，雖然列車會對整個鐵路沿線的居民都產生影響，但並不一定會給他們每個人都帶來利益。

美國國家運輸政策與鐵路旅客運輸

自二戰以後，美國國家運輸政策一直都沒有為鐵路旅客運輸的發展提供有力的支持。國家政策一直都集中在公路運輸系統和航空旅客運輸系統的發展上，很少關注鐵路旅客運輸的發展。

國家政策對公路運輸和航空旅客運輸發展的關注，主要有以下幾個原因。首先，在二戰後時期，對公路運輸系統進行投資被認為是一項重要的經濟發展策略。國家投入大量的資金到公路基礎設施建設，以改善整個國家的機動性。這是一種促進和鼓勵美國基礎工業由武器製造向汽車製造轉變的方法。當時，整個社會有大量被壓抑的消費需求，

因為人們找不到消費項目來花費他們在戰爭時期積攢下的錢。鼓勵人們購買小客車是推動經濟發展的最佳方法。因此，國家對公路運輸系統的投資可以看作是一種經濟發展策略。同樣，公路基礎設施建造本身也為經濟活動的產生和發展起到推動作用。

其次，國家對航空旅客運輸系統的投資的理由很簡單：正如我們前面提到的，美國是一個幅員遼闊的國家。整個國家東西海岸相距近 3,000 英里，南北相距 1,500 英里；如果政府在考慮採用哪一種運輸模式把整個國家聯繫起來，航空運輸無疑是唯一可行的選擇。因此，美國政府對航空運輸的基礎設施——機場和空中交通管制系統進行投資。

第三，在二戰後時期，環境問題並不是運輸決策過程中一個主要考慮因素。我們前面已經討論過客車運輸對環境產生的影響。我們以為這些環境問題是一直存在的，但如果回到 70 年代以前，除了少數環保先驅，瑞吉兒·卡森的追隨者以外，幾乎沒有人對環境有任何憂慮。報紙上偶爾會有一些關於空氣品質的文章，但當時人們的環境保護意識比現在要低得多。現在，任何大型運輸工程項目在啟動之前都必須進行環境影響分析，而且政府頒布的空氣潔淨法令對運輸決策會產生根本影響。

如果那時公眾的環保意識也像現在那麼強烈，可以想像，美國投資策略可能會完全不同。鐵路線路的投資建設（它對環境的干擾顯然比公路基礎設施建設要小），可能會在公共建設日程裡占據比較重要的位置。

第四點原因是鐵路運輸公司的興趣並不都在旅客運輸方面。在他們看來，貨物運輸是一項營利業務，而旅客運輸不僅是一項虧損業務，還會招來人們的議論——人們總是抱怨誤點的列車。此外，旅客運輸還妨礙了公司的核心業務——貨物運輸的發展。列車的票價要受到政府規定的限制。各鐵路運輸公司不見得不樂意看到旅客運輸業務的衰落。記住，美國的鐵路運輸系統完全是由私營運輸公司組成，它與法國的鐵路運輸系統不一樣。在法國，鐵路運輸系統是國有產業，可作為國家政策的工具。美國各鐵路運輸公司很樂意放棄城際旅客運輸業務，而且直到現在還未將它視為一項重要的業務。基本上，他們都屬於貨物運輸公司。

美國公共部門對城際運輸的投資

現在，我們已經把航空和鐵路運輸作為不同的城際運輸模式進行了討論。同時，我們也注意到私人小客車在城際運輸中占絕對優勢。這些運輸模式不僅提供的服務不同，而且它們的行業財務和機制，也存在著很大的區別。原則上，我們願意把城際運輸系統

看成是由許多不同運輸模式協調合作組成的，但實際上，聯邦和州交通部門都很難在各運輸模式的機制和投資上進行平衡。

因此，現在隨著公眾對環境問題日益重視，而且航空系統面臨嚴重的能力限制，公路網也存在許多擁擠的情況下，也許真正合理的解決方法是對鐵路客運進行投資——不是把它建設成整個國家運輸體系，而是在某些人口居住密度大的交通走廊建設成區域性的運輸系統。

對鐵路運輸進行投資可以減少運輸對環境造成的影響，還可以緩解航空與公路運能緊張問題。我們何樂而不為？為什麼我們不在三藩市和洛杉磯之間投資新建高速鐵路（HSR）。這樣就有一個相當有說服力的改良環境的例子。

強烈的模式傾向性

這個問題也有部分機構原因；聯邦交通部下屬有非常強有力的模式管理機構。聯邦公路管理局非常的強大，而聯邦航空管理局也是如此。那種考慮模式互補的組織機制目前尚未出現。國會也存在類似的問題；不同的強大委員會分別負責不同的運輸模式。

在新英格蘭區，幾年來關於修建一個新的機場以緩解 Logan 機場的觀點被反覆提出和否決。根據預測，由於航空運輸的發展，Logan機場在未來幾年會變得非常擁擠。政府已經考慮建設一個大型機場（與 Logan 機場一般），但機場的選址非常困難。

同時，鐵路部門建議在紐約和波士頓之間建設一條高速鐵路。Logan機場相當一部分航空運營與東北走廊有關——去往紐約、華盛頓、費城等地方的航班。透過提供高速鐵路運輸服務，我們能提供另一種運輸模式，將在波士頓地區新建另一個大型機場的需求推遲許多年。從波士頓到紐約 3 個小時的旅程（從以往 4 個小時以上），在 2000 年開始，是否能吸引更多的乘客，讓我們拭目以待。

投資新建鐵路而不新建公路基礎設施也有相類似的觀點。但沒有任何真正的組織機制將它們看成是複合運輸的問題。高速公路、航空與高速鐵路之間的公共基金是不可相互移交的。

鐵路旅客流量資料：從歷史的角度看問題

現在考慮用鐵路旅客流量資料來看看鐵路的發展歷史（表30.1）。追溯到30年代，航空運輸業處於發展初期，鐵路是一個古老的運輸模式。考慮三種商業運輸模式：鐵

路、公共汽車和航空之間的市場分擔。在 1930 年，鐵路運輸占有四分之三的市場份額；公共汽車約占 18%，航空約占 0.2%。1956 年，州際高速公路項目剛開始啟動，但我們看到鐵路運輸市場份額在那以前就大大減少了。

現在，約 90%非客車旅行者乘坐航空飛機旅行，因此，在過去 60 年中，航空運輸業已發展成為一個占主導地位的運輸模式，而鐵路則變得無足輕重。（這是乘坐商業運具的旅客的市場份額。我們強調大部分人們在城際間旅行時還是選擇駕駛小客車。）

表 30.1　美國旅客運輸市場份額〔商業運輸公司（%）〕

年份	鐵路運輸	公共汽車	航空運輸
1930*	74.6	18.1	0.2
1940	68.5	28.2	3.3
1945	74.7	21.9	3.4
1950	50.4	35.2	14.4
1955	39.9	30.5	29.6
1960	29.8	26.5	43.7
1965	18.5	25.0	56.5
1970	7.5	17.3	75.2
1975	3.9	14.7	79.4
1980	4.5	11.3	84.2
1985	3.6	7.6	88.8
1990	3.5	6.0	90.5
1991	3.6	6.3	90.1

*由於在 1930 年水運仍然吸引相當一部分客流，因此這一年的百分比總數並不是 100。
資料來源：Wilner, F. N., The Amtrak Story, Omaha, NE: Simmons-Boardman Books, Inc., August 1994.

為什麼旅客列車變得不那麼重要了？我們在前面已經接觸到了一些原因。航空運輸變成了一個強有力的競爭者，而隨著強大公路系統的發展，客車運輸也成為強有力的競爭對手。航空和公路運輸模式都是二戰後時期聯邦政府青睞的運輸模式。更深一層的原因是鐵路行業強有力的工會保護組織鐵路合理化運輸成本，使得他們提供相對昂貴的運輸服務。同樣，正如前面我們所提到的，鐵路運輸行業覺得他們的未來在於貨物運輸

上，而對在旅客運輸市場的衰落並不感到擔心。

美鐵公司

　　70 年代初期，美國聯邦政府成立了一個國營組織，在全美範圍內提供城際鐵路運輸服務，稱為全美鐵路客運公司，簡稱美鐵。表 30.2 表明了從 1972-1993 年之間，美鐵公司的線路里程、輸送旅客人次和旅客里程方面的資料。

表 30.2　美鐵概況

年份	線路里程（千英里）	旅客車站	城際旅客人次（百萬）	旅客運輸里程（十億）
1972	23	440	16.6	3.0
1973	22	451	16.9	3.8
1974	24	473	18.2	4.3
1975	26	484	17.4	3.9
1976	26	495	18.2	4.2
1977	26	524	19.2	4.3
1978	26	543	18.9	4.0
1979	27	573	21.4	4.9
1980	24	525	21.2	4.6
1981	24	525	20.6	4.8
1982	23	506	19.0	4.2
1983	24	497	19.0	4.2
1984	24	510	19.9	4.6
1985	24	508	20.8	4.8
1986	24	491	20.3	5.0
1987	24	487	20.4	5.2
1988	24	498	21.5	5.7
1989	24	504	21.4	5.9
1990	24	516	22.2	6.1
1991	25	523	22.0	6.3
1992	25	524	21.3	6.1
1993	25	535	22.1	6.2

資料來源：Wilner, F. N., The Amtrak Story, Omaha, NE: Simmons-Boardman Books, Inc., August 1994.

　　美鐵年年運營虧空。美鐵擁有並負責維護自己的移動設施以及車站基礎設施。但軌

道線路是由私人鐵路貨運公司提供的。美鐵成立的法規明確規定，鐵路貨物運輸公司必須為美鐵的旅客運輸服務提供線路使用。美鐵則向貨運公司支付線路使用費用。而近年來，美鐵為提供高品質的旅客運輸服務，要求合理使用軌道的權利的態度也更加強烈，在這一章的後面我們再回來討論美鐵。

目前在美國，鐵路旅客運輸並不是高速列車。最快的列車是華盛頓／紐約之間的列車，速度可達到 125 英里／小時，是東北走廊的一部分。與其他國家的鐵路旅客列車相比，這個速度實在是低。目前全國幾個人口密度高的走廊地區都在研究高速鐵路。

聯邦鐵路管理局正在對高速鐵路進行研究，包括保持時速 150 英里／小時的內燃機車的研製（意識到美國大部分鐵路系統尚未電氣化）、先進的列車控制系統以及平交道口保護等。

國際鐵路運輸系統

國際上，一些國家的鐵路運輸系統提供高速、高品質的全國範圍的旅客運輸服務。法國的 TGV 鐵路長期提供速度近 200 英里／小時的運輸服務。日本新幹線自 1964 年以來，在全日本提供 170 英里／小時左右的運輸服務。高速鐵路技術在德國（ICE 列車）、瑞典（擺式列車）和義大利都得到應用。這些國家都認為有很大的責任將高速鐵路建設成為國內城際運輸中航空運輸的可行替代模式。這些國家的公路系統與航空系統都不如美國發達和完善，而且這些國家在地理面積上也遠遠小於美國。因此，在這些國家可能在較短的時期內建立全國範圍的高速鐵路網，而對幅員遼闊的美國來說，需要的時間要長得多。（目前，大量關於橫跨歐洲大陸的高速鐵路網的討論也正在進行。）

法國、日本和德國都積極向其他國家推銷本國的高速鐵路技術。南韓已經承諾在他們的漢城與釜山之間的線路採用 TGV 技術。台灣也已開始建設從台北到高雄之間的高速鐵路。

TGV 技術在美國有一些令人感興趣的應用前景，包括被稱為「德克薩斯三角」的項目——此項目由 Morrison-Knudsen 公司承建，計畫連接德克薩斯州的三大都市：休士頓、達拉斯與聖安東尼奧，但由於諸多原因，包括財政問題（項目主要由私人投資建設）等，這個項目最終失敗了。其他國家中成功的高速鐵路項目無一例外全是以國家投資為主。以營利為基本的私營公司能否成功運營高速鐵路，在世界任何國家都是一個問題。然而，可以為高速鐵路運營建立一個補貼機制。但不論好壞，美國看來不適合這麼

做。佛羅里達州政府曾經準備建設一個連接邁阿密—奧蘭多—坦帕的公私營相結合的高速鐵路系統，但在 1999 年州政府撤銷了該方案。

高速鐵路技術

日本、法國和德國應用的高速鐵路技術都要求一個專門的旅客軌道線路（沒有其他旅客運輸或貨物運輸）。軌道結構一般是採用無縫鋼軌和水泥軌撐。由於設計速度高，軌道的水平和垂直曲線限制要嚴格得多。

高速列車的機車牽引動力都統一採用標準的電力牽引。在美國，很難對軌道線路進行統一電力化。高速鐵路的移動設備採用輕質材料，因為能量消耗與車輛重量的立方成正比。同樣，空氣動力的影響對高速行駛的列車而言也是非常大。

高速列車的噪音問題更加突出。例如，車頂上的受電弓在高速運行時產生的噪音相當大。在日本這已經成為一個問題，研究人員對受電弓噪音進行了大量研究，而且美國東北走廊沿路的噪音，也成為社會關注的問題。

一些移動設施技術，尤其是東北走廊上的技術，稱為「擺式列車」。擺式列車能夠在曲線線路上高速運行，仍保持車廂乘客感到舒適。在東北幹線上，已經對各種擺式列車進行了實驗，包括 Asea Brown Bovari（ABB）和 TALGO 技術。美鐵選擇 Bombardier 向其提供高速列車成套設備，並如前所說，從波士頓到華盛頓 3 小時的鐵路旅客列車在 2000 年開通。

其他技術領域包括信號燈、通訊和列車控制。隨著列車速度的提高，列車控制顯得更加關鍵。高速列車在平交道口的安全也是一個主要問題。這裡的問題不是當事故發生時，公路上的車輛會發生事故，而是大量的列車旅客安全將會受到威脅。在法國，高速列車的平交道口問題解決方式非常直接——沒有平面交叉道口。如果高速列車出現，美國是否也能做到這一點尚不清楚。

速度的成本

這裡有一個關鍵概念：速度是需要付出成本的。當速度提高時，線路的維護成本會急劇增加。如圖 30.3 所示。120 英里／小時的標準的維護成本是 60 英里／小時標準的維護成本的四倍，而且隨著列車速度的提高，維護成本急劇上升。

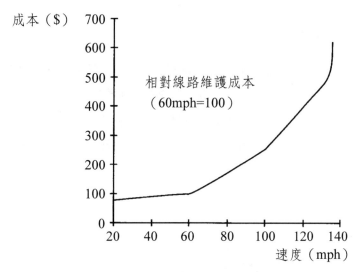

圖 30.3 速度與線路維護成本

資料來源：In Pursuit of speed: New Options for Intercity Passenger Transport, Special Report 233, Transportation Research Board, National Research Council, Washington, D. C., 1991.

增量式高速鐵路

意識到專用客運線路的可能，美國考慮採用一種被稱為「增量式」的高速鐵路建設路線。Daniel Roth 對「增量式」高速鐵路做了詳盡的研究[1]。它基本的思想是：不修建高速旅客專用線，而是把現有的貨物運輸線路進行改造、升級，讓高速旅客列車與貨物列車同時在一條線路上運行。無論是客運還是貨運，它們的速度都比現在要高——可以達到 130-180 英里／小時（旅客列車）。這種線路改造、升級的費用比修建一條高速列車專用線路的費用要低得多。

「增量式」高速鐵路將為部分旅客提供比目前好得多的鐵路旅客運輸服務，而且成本也比較合理。但是，鐵路貨運公司普遍不樂意與更多的客運列車共用一條線路。為提高線路客貨混營的安全性，必須開發與實施更好的列車控制系統。

磁浮式列車

目前，日本式或者法國式的高速列車，在高速客運專用線上運營，速度範圍為

150-200 英里／小時，都是輪－軌機制的列車──透過採用更好的懸浮方式，更好的列車控制系統，這些列車的速度可以不斷提高。但是，如果想要一下子跨入高速列車時代，而不透過「增量式」的方法，有一種技術概念稱為「磁浮」（mag-lev）。這個觀點是利用超導技術產生的強大磁力。一個帶有磁鐵的車輛沿著磁化的軌道運行，車輛與導軌之間存在幾英寸左右的間隙。實際上，車輛是在導軌上「飛行」，與導軌並沒有物理接觸（見圖 30.4）。Richard Thornton 是將磁浮技術作為重要平面運輸方式的早期擁護者之一[2]。

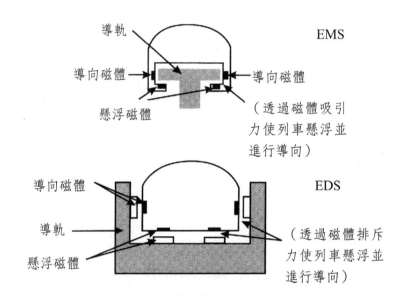

圖 30.4　EMS 吸引式磁浮系統與 EDS 排斥式磁浮系統

資料來源：Phelan, R. S., "Construction and Maintenance Concerns for High Speed Mag-lev Transportation Systems," Thesis for Master of Science in Civil Engineering, MIT, June 1990.

　　磁浮式列車的潛在速度可達到 300-400 英里／小時以上，比任何高速列車所能達到的速度都高得多（普通輪軌機制）。當然，我們需要專用線路，實際上是非常昂貴的專用線路；我們需要超電導磁體，並對基礎設施進行精密維護以保證列車正常運營，因為列車與導軌之間狹小的間隙是磁浮式列車的技術基礎。

　　磁浮式列車可能是平面運輸的下一步。這是一個高科技解決方法。它是一個複雜的技術系統，包含了導軌設計這種高難度問題。目前沒有正式投入運營的商業磁浮系統。在日本，正在考慮修建東京與大阪之間的磁浮式列車；這可能將旅行時間由原來的 2.5

小時（新幹線）減少為不到 1 小時。

　　運輸專家對磁浮式列車持有大量不同的觀點。一些專家覺得它是未來發展的真正方向，在 50 年後，磁浮式高速列車將成為國際標準列車，如果美國不進行必要的磁浮列車研究與開發，將失去加入國際市場的大好機會。

　　而另一方面，一些專家則相信這些決不會發生。他們認為磁浮式列車決不可能在經濟上可行；他們認為磁浮式列車的投資成本太過高昂。

有關磁浮式列車的觀點

　　現在，人們對美國建設磁浮式列車有許多觀點。一些人認為與州際公路系統與航空系統一樣，將來會有全國範圍的磁浮式高速鐵路系統。隨著車輛速度達到 400 英里／小時甚至更高，從海岸到海岸的想法也許是可行的。這些成為現實需要強有力的政治支援。並且，要開發這種全國範圍的系統還需要在一些人口相對稀少的地區如懷俄明州建設昂貴的線路。這是關於磁浮式列車的一個觀點。

　　有關磁浮式列車的另一個觀點是將它作為航空運輸的支線系統，並作為相對短的飛行航線的緩解運輸方式。此觀點認為，磁浮式列車在 500-600 英里距離的旅行中具有相當大的競爭力。如果加上往返機場的時間，可以說在相對短途的旅行中，這種平面運輸方式的競爭力相當大，磁浮式列車（或高速鐵路）的大部分市場將是距離在 400-600 英里的旅行。

　　這種觀點認為磁浮高速鐵路並不是一個全國範圍的運輸系統，而是一個與航空系統直接銜接，提供到達機場的運輸服務，並且只在短距離旅行中具有競爭力。例如，人們不從匹茨堡飛到克利夫蘭，然後在克利夫蘭再乘坐飛機到西海岸──如果是以克利夫蘭為航空中心點──相反地，你可以乘坐磁浮式列車以 300 英里／小時的速度從匹茨堡的市中心到克利夫蘭的機場，再由航空系統到達休斯頓或三藩市。同樣，磁浮式列車只作為到達機場的短途運輸系統也正在研究。

再論增量式高速鐵路

　　除了直接發展磁浮式列車，鐵路發展的另一個方向是我們前面介紹過的增量式高速鐵路。增量式高速鐵路的一個特徵是客貨運列車在同一條線路上運行，而且運行速度在 120-150 英里／小時。美國對這種觀點比較有興趣。這主要是基於財政原因提出的方

案。增量式高速鐵路系統的成本要少得多，因為它是對現有線路的改造而不是花大量資金重新修建一條新線路。

在 Daniel Roth 的著作裡，他意識到在擁有線路的鐵路貨物運輸公司與運營客運列車的政府部門，如美鐵公司之間達成必要的合作很成問題。

增量式高速鐵路的運營問題

在同一條線路上同時運行貨物和旅客列車，會有許多的問題需要解決。旅客列車的運行速度將達到 125 英里／小時甚至更高；貨物列車的運行速度一般要比這低得多，因此，兩者相互干擾是一個問題。線路的定線和結構對兩種運輸是不同的。很明顯，時速為 125 英里／小時的旅客列車與滾裝煤炭列車的定線要求一定不同。它們對信號燈複雜性要求也不一樣。

兩種系統對平交道口的安全保護要求的差異也非常大。這裡的重點不是保護客車和卡車，而是保護旅客列車。為什麼？因為，對生命與貨物價值進行比較的話，一列貨運列車與一個乘坐 4 名司機的卡車發生的事故與一列承載 400 名乘客的旅客列車與卡車發生的事故性質大大不同。因此，我們要求更高的安全。

另一個例子——假設一列裝載危險物品的貨運列車，後跟著一列旅客列車。雖然兩列車相撞的概率非常小，一旦有列車乘客捲入，危險品洩漏事故的消極影響會大得多。

此外，還存在線路通過能力的問題。在過去 10 年裡，美國鐵路貨物運輸需求已增加，而且某些線路還出現了運能不足現象——線路的通過能力不足。如果再加入大量的旅客列車與貨物列車混跑，線路通過能力的問題將更加突出。高速旅客列車與相對低速的貨物列車之間的相互干擾將成為問題。鐵路貨物運輸公司主要依靠運輸貨物營利，如果由於旅客列車的運營降低了他們的運輸能力的話，他們有經濟理由拒絕線路上運行更多的旅客列車。圖 30.5 強調了貨物列車和旅客列車在同一條線路上運行的一些技術和運營問題。

對此還有另一個有趣的觀點。可以認為這裡定義的增量式高速鐵路，會受到環保社團的青睞，他們會說：「這真是一個好主意。紐約與波士頓之間或奧爾巴尼與布法羅之間的人們放棄客車旅行；他們將坐在列車裡而不是高度污染的客車裡。」但是，事物總是具有兩面性。增量式高速鐵路對環境不利的影響在哪裡？

如果鐵路線路沒有足夠的運輸能力的話，它可能將貨物推向公路運輸。

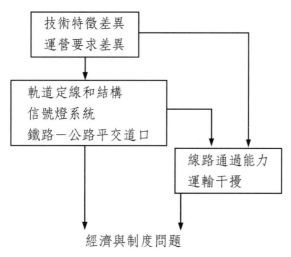

圖 30.5　鐵路客貨運輸的路權分享

資料來源：Roth, D., "Incremental high speed rail in the U.S.: Economic and Intuitional Issues," Thesis for Master of Science in Transportation, Department of Civil and Environment Engineering, MIT, July 1994.

真是如此。如果由於增加了旅客列車而導致鐵路貨物運輸的服務水平下降，貨主將會說：「鐵路運輸的服務實在是太差了，我準備開始採用公路卡車運輸貨物」，這時，它並沒有改善環境。與往常一樣，我們必須理解運輸的系統效應。

美鐵的投資與組織機構

美鐵是在整個美國提供城際鐵路旅客運輸服務的國營組織，主要由聯邦政府投資。美鐵沒有自己的軌道線路（除了東北幹線）。相反地，它的列車在鐵路貨運公司的軌道線路上運行。但是，美鐵擁有、維護並運營自己的移動設備。鐵路乘客透過購買車票來支付美鐵提供的服務。各個州政府從聯邦政府處得到的資金將除了直接用於投資美鐵以外，還用於補助美鐵的運營。

各鐵路貨運公司擁有控制列車的調度權。這樣，美鐵擁有、維護並運營自己的移動設備，但各鐵路貨運公司擁有和維護基礎設施並負責列車調度。此外，美鐵還需向鐵路貨運公司支付線路使用費用。最近，除了傳統的旅客行包與包裹業務，美鐵還開始運輸貨物──這讓鐵路貨運公司很不滿。

因此，基本上鐵路旅客運輸是一個享受補貼的運輸系統。美鐵的資金來源之一為用

戶支付的車票費。美鐵的運營補貼由聯邦政府資金透過州政府直接提供。同時，一些州也可能投資建設航空運輸公司的軌道線路以發展旅客運輸。

現在，Daniel Roth 所作的是考察乘客、州政府、聯邦政府、美鐵和鐵路貨物運輸公司在線路的設備和路權方面之間的關係。例如：美鐵擁有東北幹線和列車調度權。在1970 年，美鐵在政府的支持下購買並擁有了波士頓與華盛頓之間的線路。因此，在這個路段裡，美鐵同時擁有線路權和移動設備。

鐵路貨運公司對旅客運輸的觀點

各鐵路貨運公司對增量式高速列車持有不同的觀點。一些人士極力反對；而另一些人士認為這是一個可行的方法，而且會產生新的潛在市場。他們在許多重要問題上存在著分歧。

通過能力

首先，我們已經討論過通過能力與服務水平是兩個重要問題。如果貨運公司沒有足夠的線路通過能力為自身日益增加的貨運業務服務，那麼他們當然很不樂意為旅客運輸提供線路使用權。因此，線路通過能力是一個關鍵問題。記住，當一個運輸系統的運營能力越接近能力上限，它所提供的服務水平就越低——呈「曲棍球」曲線（見圖30.6）。

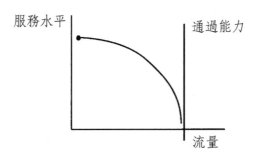

圖 30.6　當運營接近能力上限時的服務水平

責任

其次，各鐵路貨運公司還關心可靠性問題。萬一發生事故怎麼辦？1987 年，在馬

里蘭州巴爾的摩市外，一列美鐵的旅客列車與聯合鐵路運輸公司的列車發生碰撞，造成一定的人員死亡。聯鐵公司的一個工程師因此受到影響。聯鐵公司認為他們只負有部分責任。但是聯邦法院發現他們非常粗心，所有先前仔細協商的責任分擔都根本不受重視。因此，當貨運鐵路運輸公司在自己的線路基礎設施上有旅客列車運營時，風險情況會有所改變。

成本的分擔與分配

第三個是成本分擔與分配的問題。鐵路貨運公司與客運公司共同使用同一條線路，那將如何決定哪一方為使用線路支付多少費用？可以想像，有多少個觀點就有多少種分配成本的方式。

一個極端是，美鐵、旅客運輸公司會說：「這條線路早已在那裡了。你為我們使用線路所投入的資金很少。你根本不應該向我們索取太高的價格。」而貨物運輸公司會說：「你們弄錯了，我們滿載列車運行速度為 60 英里／小時。我們的線路定線、維護和超高設計都是根據這些列車進行的。為了適應你們的高速列車，我們需要對線路進行改造。為了提供旅客運輸服務，我們的投入非常巨大。」

因此，在成本分配問題上，需要進行大量的協商；經濟學家和工程師都在討論這個問題。與運行 60 英里／小時的貨物列車的真實成本相比，運行速度為 120 英里／小時的列車的真實成本是多少？

在所有運輸模式中，成本分配都是一個重要的問題。我們如何在私人飛機與商業飛機之間分配航空運輸中的機場運營費用。關於這個問題有一整套文獻。

增量式高速鐵路的成長路線

另一個問題是增量式高速鐵路的成長路線。關於這個問題有兩種不同的思想學派。一種學派認為增量式高速鐵路不過是一個過渡產品，美國在未來的高速鐵路將擁有自己的專用線。我們將在一些幹道投入合理的資金建設增量式高速鐵路。這些運輸服務有一定的示範效果；它將證明鐵路貨運公司能處理這種運營方式；而後用幾十年時間，透過政治程式和乘客舉雙手贊成乘坐這種旅客列車而發展全國範圍的、真正的、擁有自己專用線的高速鐵路運輸系統。

另一種學派認為增量式高速鐵路是美國鐵路目前能發展的最高境界。增量式鐵路是

一個最終結果，而不是一個過渡產品。我們將對增量式高速鐵路進行投資，並將在波士頓與紐約之間提供 125、135、140 英里／小時的旅客運輸服務，而這就是發展的最終目標。它將是一個可行的運輸服務，有比較合理乘客流量和補貼，但絕對不需要一個發展完善的、擁有專用線的高速鐵路系統，因為建設專用線需要的成本太高了。增量式高速鐵路將減弱政治壓力——而不是為修建一條高速鐵路專用線而發展支持者。

現在，只有時間能判斷到底哪一種觀點是正確的。一些研究人員正試圖從其他技術領域中尋找一個模擬，以預測增量式高速鐵路是美國未來真正高速鐵路（擁有專用線），甚至磁浮高速鐵路的一個過渡階段，還是平面運輸最終目標（見圖 30.7）。

高速鐵路
擁有專用線
速度非常高
150－200 英里／小時
（歐洲與日本）

技術含量較少   技術含量較多

技術含量較少	技術含量較多
·增量式高速鐵路	·磁懸浮列車
·（與貨運公司）共用軌道線路	·軌道專用線
·速度：125－150 英里／小時	·速度：300 英里／小時
·安全問題（平交道口）	·「高科技」
·線路通過能力問題	·非常昂貴（相對而言）
	·技術目前尚未有商業運營

圖 30.7　高速鐵路、增量式高速鐵路與磁懸浮鐵路

30 個關鍵要素與旅客運輸系統

這一節結束了對旅客運輸系統的闡述。與貨物運輸系統一樣，思考旅客運輸系統中技術、系統與制度的三角關係，以及思考如何將第一部分的 30 個關鍵要素應用到各種運輸模式和這些運輸模式的複合運輸中，這是一個很好的練習。

跋

　　本書完稿之際，正值交通運輸世界即將進入二十一世紀的時刻。交通運輸與人類社會發展之間的相互緊密關係是一個長期而豐富的歷史。儘管網際網路和通訊技術帶來了前所未有的經濟改革，但我仍然相信交通運輸將繼續在人類經濟發展和生活品質改善中扮演一個重要的角色。

　　交通運輸領域無疑也會受到新科技的影響和衝擊，而且新的概念體系會取代現有的交通運輸設施體系，毫無疑問，新的組織關係也將出現，它將控制和形成交通運輸對現代化世界所產生的影響。

　　很難預料交通運輸領域未來的發展會怎樣。某些交通運輸模式會在世界的某些地方以某種方式發展興旺，同時其他模式會在另一些地方以某種方式衰落。可以肯定的是，先進的科技和不斷變化的人類需求會影響交通運輸系統與現代社會的關係。

　　因此，在這些想法下，在本書中，我儘量在基礎水平上建立一個交通運輸系統的理解框架。如此一來，無論交通運輸領域的學生、教師，還是實踐人員，都能對交通運輸系統有一個堅實的基礎和全面的理解，在此基礎上，他們可以進一步進行交通運輸系統的設計和專案研究。

　　同時，在第一章，我們將交通運輸系統作為CLOIS（複雜、巨大、集成、開放的系統）的一個原型系統進行介紹，而且它也是通往更廣泛的工程領域發展的一部分，工程領域注重的是技術、體系和組織結構。這正蘊涵了交通運輸領域研究的未來發展方向。

總參考書目

1. 一般運輸系統與建模

Ballou, R. H., *Business Logistics Management*, 3rd ed., Englewood Cliffs, NJ: Prentice-Hall, 1992.

Daganzo, C. F., *Fundamentals of Transportation and Traffic Operations*, Pergamon, 1997.

Homburger, W. S., *Transportation and Traffic Engineering Handbook*, 2nd ed., Institute of Transportation Engineers (ITE), Washington, D.C., 1982.

Law, A. M. and W. D. Kelton, *Simulation Modeling and Analysis*, 2nd ed., New York: McGraw-Hill, 1991.

Lieb, R., *Transportation*, 4th ed., Dome Publications, 1994.

Long, S. G., *The Annals of the American Academy of Political and Social Science: Transport at the Millennium*, Special Edition, September 1997.

Manheim, M. L., *Fundamentals of Transportation System Analysis*, Vol.1: Basic Concepts, Cambridge, MA: The MIT Press, 1979.

Meyer, M. D. and E. J. Miller, *Urban Transportation Planning: A Decision-Oriented Approach*, New York: McGraw-Hill, Inc., 1984.

Morlok, E.K., *Introduction to Transportation Engineering and Planning*, New York: McGraw-Hill, 1978.

Sheffi, Y., *Urban Transportation Networks: Equilibrium Analysis with Mathematical Programming Methods*, Englewood Cliffs, NJ: Prentice-Hall, 1985.

2. 運輸需求與經濟

Ben- Akiva, M., and S. Lerman, *Discrete Choice Analysis: Theory and Application to Travel Demand*, Cambridge, MA: The MIT Press, 1985.

Gómez-Ibáñez, J., W. Tye , and C. Winston, *Essays in Transportation Economics and Policy*, Brookings Institution Press, 1999.

Krugman, P., *Geography and Trade*, Cambridge, MA: The MIT Press, 1991.

Meyer, J. R., et al., *Competition in the Transportation Industries*, Cambridge ,MA: Harvard

University Press, 1964.

*3.*運輸統計資料

Pisarski, A. E., "Commuting in America II: The Second National Report on Commuting Patterns and Trends," ENO Transportation Foundation, 1996.

"Transportation Statistics Annual Report 1997," Bureau of Transportation Statistics, United States DOT.

*4.*公路運輸／客車運輸

Downs, A., *Stuck in Traffic-Coping with Peak-Hour Traffic Congestion*, Brookings Institution Press, 1992.

Dunn, J. A., Jr., *Driving Forces: The Automobile, Its Enemies and the Politics of Mobility*, Brookings Institution Press, 1998.

Graber, N. and L. Hoel, *Traffic and Highway Engineering*, Revised 2nd Edition, Pacific Grove, CA: Brooks/Cole Publishing Company, 1999.

Jones, D., D. Roos and J. Womack, *The Machine that Changed the World*, New York: Rawson Associates, 1990.

Mannering, F. and W. Kilaresky, *Principles of Highway Engineering and Traffic Analysis*, 2nd ed., New York: John Wiley and Sons, 1998.

"Curbing Gridlock: Peak Period Fees to Relieve Traffic Congestion," Vol. 1 and 2, TRB Special Report 242, Washington, D. C.: National Academy Press, 1994.

*5.*智慧型運輸系統

Ashok, K., "A Framework for Dynamic Traffic Prediction," Ph. D. Thesis, Massachusetts Institute of Technology, August 1996.

Branscomb, L. M. and J. H. Keller (eds.), *Converging Infrastructures: Intelligent Transportation and the National Information Infrastructure*, Cambridge, MA: The MIT Press, 1996.

Chen, K. and J. C. Miles (eds.), *ITS Handbook 2000: Recommendations from the World Road Association (PIARC)*, Norwood, MA: Artech House, 1999.

Klein, H., "Institutions, Innovations, and the Information Infrastructure: The Social Construction of Intelligent Transportation Systems in the U. S., Europe, and Japan," Ph. D. Thesis, Massachusetts Institute of Technology, June 1996.

McQueen, B. and J. McQueen, *Intelligent Transportation Systems Architectures*, Norwood, MA: Artech House, 1999.

Walker, J., ed., *Advances in Mobile Information systems*, Norwood, MA: Artech House, 1999.

"A Strategic Plan for Intelligent Vehicle Highway Systems in the US," ITS America, 1992.

"Technologies for Intelligent Vehicle Highways," *Technology Tutorial Series*, Vol. 2, SPIE, November 1994.

6. 公共運輸

Bernick, M. and R. Cervero, *Transit Villages in the Twenty-First Century*, New York: McGraw-Hill, 1997.

Gray, G. E. and L. Hoel(eds.), *Public Transportation: Planning, Operations and Management*, 2nd ed., Englewood Cliffs, NJ: Prentice-Hall, Inc., 1992.

Hoffman, A., "Toward a Positioning Strategy for Transit Services in Metropolitan San Juan: An Initial Typology of Public Perception of Transit Options," Thesis for Master of Science in Urban Studies and Planning, Massachusetts Institute of Technology, February 1996.

Vuchic, V. R., *Urban Public Transportation Systems and Technology*, Englewood Cliffs, NJ: Prentice-Hall, 1981.

APTA 1999: Transit Fact Book, American Public Transit Association, 1999.

7. 都市方面：運輸、都市型態和問題

Brookings Review, Special Issue on "The New Metropolitan Agenda," Brookings Institution Press, Fall 1998.

Downs, A., *New Visions for Metropolitan America*, Brookings Institution Press, 1994.

Garreau, J., *Edge City: Life on the New Frontier*, Doubleday, 1991.

Gybczynski, W., *City Life*, Touchstone, Simon & Schuster, 1995.

Hanson, S. (ed.), *The Geography of Urban Transportation*, 2nd ed., New York: Guilford Press, 1995.

Jacobs, J., *The Economy of Cities*, New York: Random House, 1969.

Mitchell, W., *e-topia*, Cambridge, MA: The MIT Press, 1999.

Mumford, L., *The City in History*, Harcourt Brace, 1961(also MJF books).

Norquist, J. O., *The Wealth of Cities: Revitalizing the Centers of American Life*, Addison-Wesley, 1998.

Pucher, J. and C. Lefèvre, *The Urban Transport Crises in Europe and North America*, Mac-Millan Press, LTD, 1996.

Weiner, E., *Urban Transportation Planning in the U.S.: An Historical Overview*, rev. ed., U. S. DOT, 1992.

Winston, C. and S. Chad, *Alternate Route: Toward Efficient Urban Transportation*, Brookings Institution Press, 1998.

Wright, C. L., *Fast Wheels, Slow Traffic: Urban Transport Choices*, Temple University Press, 1992.

8.鐵路旅客運輸

Lynch, T., ed., *High Speed Rail in the U. S.: Super Trains for the Millennium*, Gordon and Breach Science Publishers, 1998.

Phelan, R. S., "Construction and Maintenance Concerns for High Speed Maglev Transportation Systems," MSCE Thesis, Massachusetts Institute of Technology, June 1990.

Phelan, R. S., "High Performance Maglev Guideway Design," Ph. D. Thesis, Massachusetts Institute of Technology, January 1993.

Roth, D., "Incremental High Speed Rail in the U. S.: Economic and Institutional Issues," MST Thesis, Massachusetts Institute of Technology, July 1994.

Vranick, J., *Supertrains: Solutions to America's Transportation Gridlock*, St. Martins Press, 1991.

Wilner, F. N., *The Amtrak Story*, Omaha, NE: Simmons-Boardman Books, Inc., August 1994.

"In Pursuit of Speed: New Options for Intercity Passenger Transport," Special Report 233, Transportation Research Board, National Research Council, Washington, D. C., 1991.

9.機場

de Neufville, R., *Airport System Planning: A Critical Look at the Methods and Experience*, The MacMillan Press, 1976.

"Airport System Capacity-Strategic Choices," TRB Special Report 226, Transportation Research Board, National Research Council, Washington, D.C., 1990 .

*10.*貨運：鐵路和公路運輸

Armstrong, J. H., *The Railroad: What It Is, What It Does*, 3rd ed., Omaha, NE: Simmons-Boardman Books, Inc, 1993.

Caplice, C. G., "An Optimization-Based Bidding Process: A New Framework for Shipper-Carrier Relationships," Ph.D. Thesis, Massachusetts Institute of Technology, June 1996.

Dong, Y., "Modeling Rail Freight Operations under Different Operating Strategies," Ph. D. Thesis, Massachusetts Institute of Technology, September 1997.

Kwon, O. K., "Managing Heterogeneous Traffic on Rail Freight Networks Incorporating the Logistics Needs of Market Segments," Ph. D. Thesis, Massachusetts Institute of Technology, August 1994.

Railroad Facts, 1999 Edition, Association of American Railroads, Washington, D. C., October 1999.

*11.*遠洋貨運

Stopford, M., *Maritime Economics*, 2nd ed., New York: Routledge, 1997.

"Intermodal Marine Container Transportation Impediments and Opportunities," TRB Special Report 236, National Academy Press, Washington, D. C., 1992.

*12.*貨物複合運輸

Muller, G., *Intermodal Freight Transportation*, 4th ed., ENO Transportation Foundation, 1997.

*13.*區域運輸問題

Yaro, R. D. and T. Hiss, "A Region at Risk: The Third Regional Plan for the New York-New Jersey-Connecticut Metropolitan Area," Regional Plan Association, Washington, D.C.: Island Press, 1996.

"New England Transportation Initiative: Final Report," Cambridge Systematics, Inc., February 1995.

"Turning Point: Special Report on 'The Boston Conference: Shaping the Accessible Region'," Special section of *The Boston Globe*, October 10, 1994.

14.發展中國家的運輸問題

Dimitrou, H., *Urban Transport Planning: A Developmental Approach*, New York: Routledge, 1992.

Dutt, P., "A Standards-Based Methodology for Urban Transportation Planning in Developing Countries," Ph.D. Thesis, Massachusetts Institute of Technology, September 1995.

15.可持續運輸／能源

Greene, D. L., *Transportation and Energy*, ENO Transportation Foundation, 1996.

Sperling, D., *Future Drive: Electric Vehicles and Sustainable Transportation*, Washington, D.C., Island Press, 1995.

Sperling, D. and S. A. Shaheen (eds.), *Transportation and Energy: Strategies for a Sustainable Transportation System*, ACEEE, Washington, D.C., 1995

Transportation Research Board/National Research Council, "Expanding Metropolitan Highways: Implications for Air Quality and Energy Use," Special Report 245, Washington, D.C.: National Academy Press, 1995.

Transportation Research Board/National Research Council, "Toward a Sustainable Future: Addressing the Long-Term Effects of Motor Vehicle Transportation on Climate and Ecology," Special Report 251, Washington, D.C.: National Academy Press, 1997.

16.運輸技術

Office of Economic and Policy Analysis, The Port Authority of New York and New Jersey, *The Technology Review Study: Significant Emerging Technologies and Their Impacts on the port Authority*, October 1994.

Scientific American, "Special Issue: The Future of Transportation," October 1997.

"Technology/Research and Development Forum on Future Directions in Transportation R&D," Washington, D.C.: National Academy Press, 1995.

"Transportation Science and Technology Strategy," Committee on Transportation Research and Development, Intermodal Transportation Science and Technology Strategy Team, National Science and Technology Council, September 1997.

"U. S. Department of Transportation Research and Development Plan," lst ed., May 1999.

17. 運輸行業組織／管理方法／機制

Luberoff, D. and A. Altshuler, *Mega-Project-A Political History of Boston's Multibillion Dollar Artery/Tunnel Project*, Taubman Center for State and Local Government, Harvard University, Cambridge, Ma, 1996.

National Transportation Organizations: Their Role in the Policy Development and Implementation Process, ENO Transportation Foundation, 1997.

18. 運輸歷史

Goddard, S., *Getting There: The Epic Struggle between Road and Rail in the American Century*, Chicago: The University of Chicago Press, 1994.

Lay, M. G., *Ways of the World: A History of the World's Roads and of the Vehicles that Used Them*, New Brunswick, NJ: Rutgers University Press, 1992.

Sobel, D., *Longitude*, New York: Walker & Co., 1995.

Transportation History and TRB's 75th Anniversary, containing Hoel, L.A., "Historical Overview of U.S. Passenger Transportation," and Sussman, J.M., "Transportation's Rich History and Challenging Future-Moving Goods," Transportation Research Circular, Number 461, Transportation Research Board/National Research Council, Washington, D.C., August 1996.

America's Highways: 1776-1976, U.S. Department of Transportation, Federal Highway Administration, Washington, D.C., 1976.

Vance, J.E., *Capturing the Horizon: The Historical Geography of Transportation since the Sixteenth Century*, John Hagelin Press, 1995.

19. 運輸管理／經濟趨勢和觀點

Chandler, A. D., Jr., *Strategy and Structure: Chapters in the History of the Industrial Enterprise*, Cambridge, MA: The MIT Press, 1962.

Chandler, A.D., Jr., *The Visible Hand: The Managerial Revolution in American Business*, Cambridge, MA: Harvard University Press, 1977.

Day, G. S. and D. J. Reibstein (eds.), *Wharton on Dynamic Competitive Strategy*, New York: John Wiley & Sons, 1997.

Drucker, P., *Management: Tasks, Responsibilities, Practices*, New York: Harper & Row,

1974.

Hamel, G. and C. K. Prahalad, *Competing for the Future*, Boston, MA: Harvard Business School Press, 1994.

Hammer, M. and J. Champy, *Re-engineering the Corporation: A Manifesto for Business Revolution*, Harper Collins Publishers, Inc., 1993.

Hardy, C., *The Age of Unreason*, Boston, MA: Harvard Business School Press, 1990.

Hughes, T., *Rescuing Prometheus*, New York: Pantheon Books, 1998.

Kanter, R. M., *World Class: Thriving Locally in the Global Economy*, New York: Simon & Schuster, 1995.

Levitt, T., *Thinking about Management*, The Free Press, 1991.

Micklethwait, J. and A. Wooldridge, *The Witch Doctors: Making Sense of the Management Gurus*, Times Books, Random House, 1996.

Mitchell, W., *City of Bits: Space, Place and the Infobahn*, Cambridge, MA: The MIT Press, 1995.

Negroponte, N., *Being Digital*, Knopf, 1995.

Osborne, P., and T. Gaebler, *Reinventing Government-How Government Can Get More Effective and Efficient, in Partnership with the Private Sector*, Addison Wesley Publishing CO., Inc., 1992.

Perrow, C., *Normal Accidents: Living with High-Risk Technologies*, Basic Books, 1984.

Porter, M., *Competitive Strategy: Techniques for Analyzing Industries and Competitors*, The Free Press, 1980.

Schon, D. A., *The Reflective Practitioner: How Professionals Think in Action*, Basic Books, 1983.

Senge, P., *The Fifth Discipline: The Art and Practice of the Learning Organization*, New York: Currency Doubleday, 1990.

Swartz, P., *The Art of the Long View: Planning for the Future in an Uncertain World*, New York: Currency Doubleday, 1990.

專業辭彙對照表

Advanced Public Transportation System, APTS	先進的公共運輸系統
Advanced Rural Transportation System, ARTS	先進的鄉村運輸系統
Advanced train control, ATC	先進的列車控制系統
Advanced Transportation Management System, ATMS	先進的運輸管理系統
Advanced Traveler Information System, ATIS	先進的旅行者資訊系統
Advanced Vehicle Control System, AVCS	先進的車輛控制系統
Aggregation	集計
air flow control system	空中交通流量管理系統
air traffic control system	空中交通管制系統
Air transportation	航空運輸
Amtrak	美鐵公司，美國（全國）鐵路客運公司
Ashok Formulation	Ashok 系統流程
Assignment	交通分配，交通指派
auto rack car	汽車擱架車
Automated highway system, AHS	自動公路系統
Automatic Vehicle Location, AVL	自動車輛定位
automatic vehicle location	自動車輛定位
available yard time	車場等待時間
bimodal demand	雙峰需求
bulk	散裝的，大宗的
Bus Lane	公車專用車道
Capacity	運能，容量
car cycle	車輛周轉
car fleet	貨車隊（指所有車輛總數）
Car pooling, Carpool	汽車共乘
chassis	汽車底盤
city sprawl	都市蔓延
clearing house	清算所
Commercial Vehicle Operations, CVO	商用車輛運營
commuter boat	市郊渡船

Complex, Large, Integrated, Open Systems, CLIOS	複雜、巨大、集成、開放的系統
congestion price	擁擠定價
Containerization	集裝箱化
Customer	客戶，乘客，顧客
customer friendly	用戶友好
deadhead time	空車行駛時間
dedicated bus lane	公車專用車道
Delay	延誤，延遲
Demand	需求，要求
deterministic queuing	確定隊長模型
Dispatching	調度
door to door	戶及戶
double stack	雙層貨櫃車輛
double-bottoms	雙底拖車
Dredging	疏浚
East Japan Railway	日本東方鐵路公司
Edge city	邊緣城市，周邊城市
Electronic data interchange, EDI	電子資料交換
Electronic Toll and Traffic Management, ETTM	電子收費和運輸管理
empty car	空車
Environmental impact	環境影響
Equilibrium analysis	平衡分析
Federal Aviation Administration	聯邦航空局
Federal Maritime Administration	聯邦海運管理局
Federal Railroad Administration	聯邦鐵路管理局
Federal Transit Administration	聯邦公共運輸管理局
Flexibility	靈活性，機動性
Fuel	燃油，石油，燃料
gandola car	敞車
gantry crane	門式起重機
Gas tax	燃油稅，汽油稅，燃料稅
General aviation	專用航空（航班飛機以外的民航飛行）
golbal positioning system, GPS	全球定位系統
grade-crossing	（鐵路和公路運輸的）平交道口

green band	綠波帶
ground holds	（飛機）地面等待
ground holds	地面等待
hazardous materials	危險物品
high-occupancy vehicle, HOV	高乘載車輛
High-speed rail	高速鐵路
hopper car	漏斗車
hub-and-spoke operation	軸輻式線路網運營
hypersonic flight	超音速飛行
Incremental assignment	增量式交通分配，增量式交通指派
Information technology, IT	資訊技術
insight model	領悟模型
Intelligent Transportation System, ITS	智慧型運輸系統
interline move	路網間運輸
Intermodal Surface Transportation Efficiency	平面複合運輸效率化法案 Act, ISTEA
intermodal transport	綜合運輸、複合運輸
intermodalism	複合運輸
intermodal	複合運輸的
Interstate Commerce Commission, ICC	（美國）州際商業委員會
Interstate System	州際運輸系統
in-transit visibility	運輸過程可視性
Investment	投資
ITS World Congress ITS	世界代表大會
Just-in-Time	即時供應
Kelly act	Kelly 法案
Key points to transportation	運輸系統關鍵要素
Kwon model	Kwon 模型
Land use	土地利用，土地使用
landing fee	機場使用費
less-than-truckload operation, LTL	（公路）零擔貨物運輸
Level-of-precision	精確水平，精確度
Level-of-service	服務水平，服務品質
Life-cycle costing	生命周期成本
loaded car	重車
Load-screening	裝載篩選

logistics	物流
long-haul	長途運輸
Mag-lev	磁懸浮
Maintenance	維護
make up	（列車）編組
market segmentation	市場區隔
Massachusetts Bay Transportation Authority, MBTA	麻薩諸塞州海灣交通局
measure of effectiveness	效果衡量指標
Modal share	運輸模式分擔，運具分擔
Monopoly	壟斷，獨家經營
motor carrier	傳送機、輸送機
National Commission on Intermodal transportation	國家複合運輸委員會
National Information Infrastructure, NII	美國國家資訊基礎結構
Noise	噪音
ocean shipping	海洋運輸
origin-destination	起迄點
paperless transaction	無紙交易
Passenger transportation	旅客運輸
per diem	車輛每日租金
physical component	實體元件
Power system	動力系統
Prediction of demands	需求預測
probabilistic queuing	隨機隊長模型
Probability density function	概率密度函數，隨機密度函數
pseudo-random	偽隨機的
queuing diagram	排隊示意圖
Queuing stability	排隊穩定性
ramp metering	匝道流量控制
random number	隨即亂數
Rationalization	合理化，合理化縮減
receiver	收貨人
refrigerator car	冷藏車
regenerative braking	再生制動

Reliability	可靠性
right-of-way	路權，過境權
Ring roads	（繞城）環路
Rule of 45 minutes	45 分鐘規則
schedule adherence	正點率
schedule	運行時刻表
service frequency	服務頻率
Service Planning Model (SPM)	（運輸）服務設施規劃模型
shipper	托運人
Short Take-off and Landing Aircraft, STOL	短距離起落航空器
single-occupancy vehicle, SOV	單乘載車輛
space-time diagram	時距示意圖
speed bump	減速丘
spreader and latch	撒布機和門閂
straddle carrier	跨車（鐵路與公路間裝卸貨櫃用）
suburbanization	郊區化
Supply chain management	供應鏈管理
Surface Transportation Board	陸面（地面）運輸管理委員會
tandem-trailers	前後拖車
tank car	油罐車
telecommuting	通訊上班
TOFC, Trailers On Flatcar	載有拖車的平車
Total Logistics Costs	全程物流成本
traffic calming	交通寧靜
traffic light synchronization	信號燈同步
Transit System	捷運系統
Transit time	中轉時間
transponder	轉發器
Transportation Supply Relationship	運輸供給關係
Trigger point system	觸發點系統
Trip distribution	旅次分配，旅次指派
Trip generation	旅次生成
truckload operation, TL	（公路）整車貨物運輸
UPS	優比速
Urban sprawl	城區蔓延

Urban transportation planning process	城市交通規劃過程
User-equilibrium	用戶平衡
Utility (util)	效用
Value of time	時間價值
vanpool	上下班車輛合用
vehicle-hour delay	車輛－小時延誤
Vicious cycle	惡性循環
VLA, Very Large Aircraft	超大型航空器
wayside reader	路邊讀卡機
weight-in-motion	動態稱重
"X"-day percentX	日百分比
yield management	投資收益管理
Zones	區域，（交通）小區

國家圖書館出版品預行編目資料

運輸系統導論／Joseph Sussman 著；
吳建平譯. --初版.—臺北市：五南圖書
出版股份有限公司, 2004 [民93]
面； 公分.
含參考書目
譯自:Introduction to transportation
systems
ISBN 978-957-11-3696-7（平裝）
1.交通與運輸
557   93014187

5G22

運輸系統導論
Introduction to Transportation Systems

作　　者 — Joseph Sussman

譯　　者 — 吳建平

發 行 人 — 楊榮川

總 經 理 — 楊士清

總 編 輯 — 楊秀麗

主　　編 — 高至廷

責任編輯 — 張維文

出 版 者 — 五南圖書出版股份有限公司

地　　址：106台北市大安區和平東路二段339號4樓

電　　話：(02)2705-5066　傳　　真：(02)2706-6100

網　　址：https://www.wunan.com.tw

電子郵件：wunan@wunan.com.tw

劃撥帳號：01068953

戶　　名：五南圖書出版股份有限公司

法律顧問　林勝安律師事務所　林勝安律師

出版日期　2004年 9月初版一刷
　　　　　2021年10月初版六刷

定　　價　新臺幣550元

經典永恆·名著常在

五十週年的獻禮——經典名著文庫

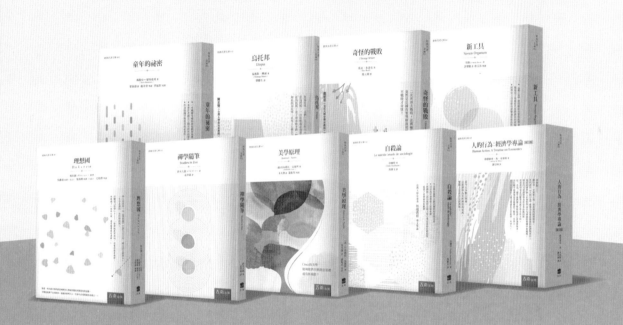

五南，五十年了，半個世紀，人生旅程的一大半，走過來了。

思索著，邁向百年的未來歷程，能為知識界、文化學術界作些什麼？

在速食文化的生態下，有什麼值得讓人雋永品味的？

歷代經典·當今名著，經過時間的洗禮，千錘百鍊，流傳至今，光芒耀人；

不僅使我們能領悟前人的智慧，同時也增深加廣我們思考的深度與視野。

我們決心投入巨資，有計畫的系統梳選，成立「經典名著文庫」，

希望收入古今中外思想性的、充滿睿智與獨見的經典、名著。

這是一項理想性的、永續性的巨大出版工程。

不在意讀者的眾寡，只考慮它的學術價值，力求完整展現先哲思想的軌跡；

為知識界開啟一片智慧之窗，營造一座百花綻放的世界文明公園，

任君遨遊、取菁吸蜜、嘉惠學子！